Ernst Trost

Josef Krainer II.
Der letzte Landesfürst

Zum Gedenken an Prof. Franz Spenger
(Seckau 1915 – 1996)

Ernst Trost
Josef Krainer II.
Der letzte Landesfürst

Ibera & Molden Verlag

*Autor und Verlag danken Herwig Hösele
für seine wertvolle Mitarbeit und große Hilfe
bei diesem Buch.
Weiters danken wir auch
Petronella Dobay, Andrea Fank,
Franz Fluch und Sylvia Fritz.*

Die Deutsche Bibliothek – CIP-Einheitsaufnahme
Trost, Ernst
Josef Krainer II. / Ernst Trost. – Wien :
Ibera Verlag, 1996
ISBN 3-900436-34-7

© 1996 by Ibera & Molden Verlag/ European University Press, Wien
Photo auf dem Schutzumschlag: Franz Hubmann
Umschlaggestaltung: Georg Schmid
Lektorat: Helga Zoglmann
Herstellung: Ibera Verlag

ISBN- 3-900436-34-7
Alle Rechte vorbehalten, auch der auszugsweisen Wiedergabe
in Print- oder elektronischen Medien

Inhalt

Steirischer Advent	7
Guter Boden, fester Grund	18
Schwarz und Rot und Braun	30
Das „Exil", das zur Heimat wurde	51
An der Weltenwende	65
Ferne und Nähe	78
Glauben und Wissen	99
Semmering hin und zurück	114
Der Tag, an dem der Vater starb	130
Der starke zweite Mann	139
Josef Krainer II.	151
„In die Burg gehen …"	181
„Es werden die Stürme kommen…"	197
„Wo der Draken haust…"	209
„Nach dem Unmöglichen greifen…"	226
Der Landesfürst	242
An der Grenze	280
In einem anderen Land	298
Der Panther ist los	320
Leben nach der Politik	350
Zeittafel	366
Anmerkungen	372
Personenregister	376

Steirischer Advent

"...aber Sie werden verstehen, daß ich bei diesem Ergebnis als Landeshauptmann zurücktrete".

Josef Krainer am 17. Dezember 1995

Ein Wintermorgen wie aus jenen fernen Zeiten, da der Winter noch ein Winter war: an diesem grauen 17. Dezember 1995 biß die Kälte in die Wangen, und die Schritte knirschten im Schnee. In dem unauffälligen Bungalowhaus im Grazer Vorort Andritz flammten früh die Lichter auf. Und Josef Krainers kurzer Weg zum schnellen Abschied von der Macht begann mit dem Kirchgang. Gleich nach dem Frühstück fuhr er im privaten Audi mit seiner Frau hinunter in die Theodor-Körner-Straße zur modernen Salvatorianerkirche. „Gaudete! Freuet euch!" jubelt an diesem dritten Adventsonntag das Eingangslied, und der Priester trägt in froher Erwartung der Ankunft des Herrn ein rosa Meßgewand. Der Landeshauptmann ahnte zu dieser Stunde noch nicht, was auf ihn zukommen, wie sehr dieser Tag sein Leben verändern würde. Nach dem Schlußsegen begab sich Krainer, nur von seiner Frau begleitet, ins nahe Wahllokal in einem Behindertenzentrum. „Es waren relativ viele Journalisten da, mehr denn je", erinnert er sich.[1] Den Photographen und Kameraleuten zuliebe schob der Landeshauptmann das Kuvert mit seiner Stimme etwas langsamer in die Urne, wie das eben bei solchen Gelegenheiten von den Politikern verlangt wird. Und dann konnte er nichts mehr tun, als nur darauf zu warten, was die Wähler sagen würden.

Die Wahl der Waffen kann Duelle entscheiden, die Wahl des Wahltags Wahlen. Die Amtszeit des ersten Mannes der Steiermark wäre erst im Herbst nächsten Jahres abgelaufen. Dann erst hätte ein neuer Landtag gewählt werden müssen. Aber weil sich das politische Klima in Österreich durch die Auseinandersetzungen um die Sanierung des Bundesbudgets immer mehr erhitzt hatte und der Druck der Opposition auf die SPÖ-ÖVP-Koalition ständig stieg, wurden den Bürgern nach nur 14 Monaten Neuwahlen beschert. Und da entschloß sich Krainer, zum selben Termin auch den Landtag wählen zu lassen. „Ich ging von der ehrlichen Überzeugung aus, daß wir dadurch für das Land ein ganzes Arbeitsjahr gewinnen würden."

Gestützt auf seriöse Meinungsumfragen rechneten ÖVP-Strategen zwar mit Stimmenverlusten zugunsten der FPÖ, aber auch die Sozialdemokraten unter dem wenig populären Landeshauptmann-Stellvertreter Peter Schachner-Blazizek würden schwere Einbußen erleiden, ja manche fürchteten sogar, daß die SPÖ nach einer solchen Niederlage nicht mehr koalitionsfähig sein könnte. Dazu war eine Verschlechterung der wirtschaftlichen Lage und der allgemeinen Stimmung zu erwarten wegen all der

Belastungen, die im kommenden Jahr die unvermeidlichen Sparmaßnahmen bringen würden, nicht nur auf Bundesebene, sondern auch im Land. Die Steirische VP hatte in der Vergangenheit mit Landtagswahlen kurz nach der Nationalratswahl mehrmals gute Erfahrungen gemacht. Wegen der Weihnachtsfeiertage war ein solcher Termin jedoch ausgeschlossen, darum blieb nicht viel anderes übrig, als den Landtag gleichzeitig mit dem Parlament wählen zu lassen. Und so nahmen die Dinge ihren Lauf.

Bei Befragungen nur über die Person des Landeshauptmanns lag Josef Krainer weit vor allen Konkurrenten, in der eigenen Partei und bei den anderen. Darum war der 65jährige auch bereit, noch einmal anzutreten.

Die Wahlwerbung wurde völlig auf ihn abgestellt. Es sollte die letzte Krainer-Wahl sein. Und Josef Krainer hatte diese Wahl von Anfang an als einen Volksentscheid über seine Person gewertet – sollte ihm nicht die Mehrheit der Steirer das Vertrauen aussprechen, dann würde er zurücktreten. „Das war mir ehrlich, und ich habe mich nachher gefragt, ob ich es wohl auch deutlich genug gesagt hatte." Viele Steirer haben diese Ankündigung oder Drohung nämlich nicht ernst genommen. Denn der Name Krainer war seit einem halben Jahrhundert so eng mit der steirischen Identität verbunden wie der Panther im Wappen oder der Erzherzog Johann.

Gegen Mittag erhielt der Landeshauptmann telephonisch erste Ergebnisse aus kleinen Gemeinden, aus St. Gallen im Ennstal, aus Thörl bei Bruck an der Mur, aus einigen Orten in der Südsteiermark: „Bereits zu diesem Zeitpunkt war mir klar, daß die Sache völlig anderes gelaufen ist, als wir es uns vorgestellt hatten."

Krainer legte sich kurz hin, um Kraft für einen langen und schweren Tag zu schöpfen. Dann telefonierte er neuerlich, und die Hiobsbotschaften häuften sich, sie erreichten ihn aus allen Ecken des Landes: überall Verluste der ÖVP, aber vor allem unerwartete Gewinne der SPÖ. So mancher Wähler hatte wenig Unterschied zwischen Bund und Land gemacht, aus Angst um die Renten und andere Sozialleistungen für die SP Bundeskanzler Vranitzkys gestimmt und auch auf dem Landtagsstimmzettel die SPÖ angekreuzt. Typisch für diese Haltung war ein alter Mann, der sich später bei Krainer entschuldigte: „Wissen's, Herr Landeshauptmann, i hob Sie immer g'wählt, aber diesmal is' es ja um meine Pension gangen, da hob i net anders können." Das war die Wirkung eines persönlichen Briefs des Kanzlers an alle älteren Österreicher, in dem er sich ihnen als Garant ihrer angeblich von den Sparkonzepten der ÖVP bedrohten Altersversorgung ans Herz gelegt hatte.

Krainer wußte, wieviel es geschlagen hatte. Und er mußte in diesen Stunden sogar darum bangen, ob die ÖVP stimmenstärkste Partei bleiben würde. (Ein einziges Mal, 1953 unter seinem Vater, dem „alten" Krainer, als ebenfalls Nationalrat und Landtag gleichzeitig gewählt wurden, war sie um 2.616 Stimmen hinter die SPÖ gerutscht, doch dank der Wahlarithmetik hatte sie ein Mandat mehr, und Krainer sen. blieb Landeshauptmann. Bei Nationalratswahlen hingegen lag die SPÖ in der Steiermark 1953, 1959 und seit 1970 immer vor der Volkspartei.)

Josef Krainer der Jüngere hatte inzwischen seinen Entschluß gefaßt: „Jetzt gehe ich." Für ihn sei die Erfolgshaftung in der Politik etwas Seriöses, Verpflichtendes, bemerkte er Wochen danach. Und das sei sein wesentlicher Beweggrund gewesen. „Dann habe ich zu meiner Frau gesagt: ‚Du, ich werde zurücktreten', und sie hat nur gesagt: ‚Na gut'. Das mag den Eindruck erwecken, daß ich mit ihr darüber nicht diskutiert habe, daß ich sie nicht gefragt habe, aber bei allen wichtigen Entscheidungen bestand zwischen uns immer eine innere Übereinstimmung, da war langes Reden überflüssig. Wir waren uns so oft im Positiven einig, und nun auch bei meinem Abgang."

Vor dem Haus wartete bereits der Chauffeur mit dem dunkelgrünen Dienst-BMW, um Josef Krainer in seinen Amtssitz, in die Burg, zu fahren. Die ÖVP-Spitzenleute waren in der Parteizentrale am Karmeliterplatz versammelt. Dort herrschte Grabesstimmung nach all den Horrorziffern aus sämtlichen Bezirken der Steiermark. Trotzdem glaubte noch niemand an eine Ende der Krainer-Ära. Selbst Gerhard Hirschmann, der geschäftsführende Landesparteiobmann und engste Vertraute des Landeshauptmanns, konnte sich einen Rücktritt nicht vorstellen – bis ihn Krainer zu einem Gespräch unter vier Augen in die Burg rief und ihm ohne große Vorreden eröffnete: „Du, für mich ist die Sache entschieden, in dieser

Situation gibt es nur eines für mich, nämlich die Konsequenzen zu ziehen. Ich geh'." Und dann bat er Hirschmann, die übrige Führungsmannschaft herzuholen. „Ja, so war er halt." Auch einige Monate danach liegt Wehmut in der Stimme Gerhard Hirschmanns, wenn er dieser schicksalhaften Augenblicke gedenkt. „Aber bei aller Tragik hatte dieser Abschied auch etwas Heroisches, Großartiges."[2]

In der Burg hatte sich inzwischen der innerste Kreis um Krainer versammelt – neben Hirschmann Waltraud Klasnic, Franz Hasiba, Bernd Schilcher, Martin Bartenstein, Erich Pöltl, Hermann Schützenhöfer, Reinhold Lopatka, Herwig Hösele. Der Landeshauptmann hatte zuerst jedem einzeln seine Entscheidung kundgetan: „Und ich habe von vornherein deutlich gemacht, daß da keine Diskussion mehr stattfindet. Ich habe gesagt: ‚Freunde, das ist mein fester Entschluß, daran ändere ich ganz sicher nichts mehr. Da ist keine taktische Variante im Spiel, damit das ganz klar ist.' "

Niemand unternahm den Versuch, ihn umzustimmen. „Wir wußten, daß das keinen Sinn hatte", sagt Bernd Schilcher. „Für mich bedeutete das das Ende einer Epoche. So richtig ist es mir jedoch erst bewußt geworden, als Josef Krainer den Rücktritt dann vor der Fernsehkamera bekanntgab. Da ist etwas unwiederbringlich dahingegangen, eine Periode, die nicht mehr wiederholbar ist. Es war unendlich traurig…"[3]

Eine ähnliche Stimmung sollte bald auch viele Steirer überkommen, die an diesem Sonntagnachmittag um 17 Uhr mit der ersten Hochrechnung auf dem TV-Schirm nicht nur von Vranitzkys bundesweitem Wahlerfolg erfuhren, sondern auch von der schweren Niederlage Josef Krainers im eigenen Land und von den unerwarteten Gewinnen der steirischen SPÖ im Schlepptau des siegreichen Kanzlers. „Die sind in Vranitzkys Lift nach oben gefahren", meinte Gerhard Hirschmann später. Die ÖVP verlor im Land fast acht Prozent ihrer Stimmen und fünf Mandate. Damit stand es im Landtag 21: 21 (weiters FPÖ 10, die Grünen 2, das Liberale Forum 2), zum erstenmal seit 1945 hatte die Volkspartei keine Mehrheit im Landesparlament. Und nach einigen bangen Stunden blieb ihr zumindest als einziger Trost, daß in der Endabrechnung doch 2.414 Wähler mehr „schwarz" als „rot" gestimmt hatten.

Während die Masse der Bürger gespannt der ersten Ergebnisse harrte, hatte Krainer noch seine Kinder in sein Büro geholt und ihnen seinen Entschluß eröffnet. Er bat sie, nicht mit hinunter zu den Journalisten und den Fernsehkameras zu gehen. Er selber begab sich dann an der Spitze seiner politischen Mitstreiter aus seinem Büro einen Stock tiefer in den „Weißen Saal". Sonst ist dieser in klassizistische Vornehmheit getauchte Repräsentationsraum den verschiedensten Festlichkeiten vorbehalten, am Wahlabend – vor der Machtübernahme der Computer war es noch eine Wahlnacht – wird er zum TV-Studio, und die Journalisten warten auf die ersten Stellungnahmen der Sieger und der Geschlagenen. Die Gesichter der Damen und Herren im Gefolge des Landeshauptmanns sagten viel und doch noch nicht alles. Als sich die Kamera auf Josef Krainer richtete, rückten seine Leute hinter ihm zusammen, als ob sie ihm die Mauer machen wollten, für andere glichen sie eher einer bedrängten Herde, die sich in ihrer Verlassenheit durch engsten Körperkontakt zu schützen sucht. Das Antlitz der Niederlage ist von schmalen Lippen gezeichnet, und so manches gezwungene Lächeln endet in einem verdächtigen Zukken um die Mundwinkel. Die Blicke sind trüb, und der matte Glanz in den Augen mag von unterdrückten Tränen herrühren. In solchen Momenten wandelt sich Politik auf einmal zu einer sentimentalen Angelegenheit, und hinter der Fassade der Macht werden die Herzen bloßgelegt.

Während die anderen geknickt schienen, übte sich Josef Krainer im aufrechten Gang. Den Kopf trug er hoch, die Brauen waren zusammengekniffen, und das Kinn hatte er vorgeschoben, als ob es gelte, einem Gewittersturm zu trotzen, aber es waren nur die Blitzlichter der Photographen. Als der ORF-Interviewer ihn darauf anredete, daß er „die größte Niederlage der ÖVP seit dem Krieg erlitten" habe, blitzte es zornig aus Krainers Pupillen, und ein kurzes Schlucken ließ seinen Adamsapfel rollen. Doch in der nächsten Sekunde hatte sich der Landeshauptmann gefaßt, um mit etwas belegter Stimme jene Sätze zu sprechen, die die Steiermark erschütterten, und auch im übrigen Österreich einige Bewegung auslösten: „Wir haben eine ganz schwere Niederlage erlitten, und ich sage gleich, dieser Wahlkampf war ja ganz auf meine Person zugeschnitten; ich danke allen, die uns die Treue gehalten haben, aber Sie werden verstehen, daß ich bei diesem Ergebnis als Landeshauptmann zurücktrete."

Einem Augenblick geschockten Schweigens folgte jenes Stimmengewirr, wie es auf der Bühne von den Statisten als Zeichen des Staunens und der Betroffenheit gefordert wird. In den hinteren Reihen flakkerte kurzes Beifallsgeklatsche auf. Und es war nicht zu erkennen, ob es dem Triumphgefühl eingeschworener Krainer-Feinde entsprang oder bereits ein Zeichen der Hochachtung vor der Größe dieses Schritts war. Es wurde jedoch vom allgemeinen Raunen im Saal abgewürgt. Krainers Konkurrenten in den anderen Parteien, selbst der Glückssieger Landeshauptmann-Stellvertreter Schachner-Blazizek, schauten betreten drein. Anscheinend hatte niemand Krainers Rücktrittsdrohung im Wahlkampf ernst genommen.

Sogar den Journalisten hatte es kurz die Sprache verschlagen. Der ORF-Mann, der seiner Überraschung wieder Herr geworden war, stieß noch einmal nach: „Das ist bereits fest?" Krainer darauf: „Das ist für mich eine Selbstverständlichkeit. Ich habe ja die Steirerinnen und Steirer gefragt, ob sie meinen, daß es sinnvoll wäre, und hatte auch die ganz ernste Absicht, zur Verfügung zu stehen, die ganze nächste Periode. Das Ergebnis ist so, daß man es nicht anders deuten kann, und ich glaube, es ist eine Sache des politischen Anstands, die Konsequenz daraus zu ziehen. Die Sache war auf meine Person zugeschnitten – das heißt, daß ich die Verantwortung auch voll und ganz tragen muß. Ich wünsche diesem Land einen guten Neubeginn im Sinne einer konstruktiven Arbeit für das Land, die Aufgaben sind ja groß genug."

Rosemarie Krainer saß allein daheim in Andritz vor dem Fernsehapparat: „Unser Sohn Franzi hat angerufen: ,Wir sind alle in der Burg, gell, wir halten alle zusammen.' Ich habe meinen Mann bewundert, wie er das so drübergebracht hat, mit welcher Haltung."

„Knalleffekt", „Bombe", „Sensation", „Schock" usw. waren die Vokabel, die Schlagzeilenmacher und Kommentatoren am nächsten Morgen benützten. Sie begriffen und würdigten jedoch auch das politische und menschliche Drama und den Mut und die Größe dieses vorläufigen Finales einer steilen, glanzvollen und von zwingender Zielstrebigkeit geleiteten Laufbahn: Josef Krainer war Dr. juris, Generalsekretär der Katholischen Aktion der Steiermark, Universitätsassistent, Nationalratsabgeordneter, Bauernbunddirektor, Agrarlandesrat und geschäftsführender Obmann der Steirischen Volkspartei und schließlich 15 Jahre der Erste Mann im Land und in seiner Partei, ein dynamischer Erneuerer, den man immer wieder gerne nach Wien geholt hätte, aber er blieb in seiner Heimat, viele betrachteten ihn als wahren Landesfürsten – die einen nannten ihn so voller Respekt und Bewunderung, für andere klang in dieser Qualifikation auch ein Schuß Kritik mit. Er war wohl der Letzte, dessen Amtsauffassung einen solchen Titel verdiente. Und in wahrhaft aristokratischer Weise, nämlich im ursprünglichen griechischen Sinn des Wortes von den „Besten", die die Staatsgeschäfte führen sollten, hatte er nun den Schlußpunkt gesetzt. So wurde eine seiner dunkelsten Stunden auch zugleich eine seiner stärksten und leuchtendsten.

„Ein unheimlich starker Abgang", diese Phrase ist durch das gleichnamige Stück eines Grazer Autors fast sprichwörtlich geworden.[4] Josef Krainer hat uns vorgeführt, was damit gemeint sein könnte...

Guter Boden, fester Grund

*„Das war nicht meine Zeit,
ich konnte doch nicht meinem Vater nachfolgen."*

Josef Krainer
zu den Bestrebungen, ihn bereits 1971 nach dem Tod des Vaters
zum Landeshauptmann zu machen

Kerzen flackern und knistern, der Geruch des schmelzenden Wachses und der Waldduft der Kränze mischen sich zum Parfum der Trauer, und die Stille summt von den Geräuschen einer schweigenden Menge – das Schlurfen von Tausenden Füßen über den Teppich, Hüsteln, geflüsterte Gebete, unterdrücktes Schluchzen. An diesen letzten Novembertagen des Jahres 1971 war der Weiße Saal der Grazer Burg Stätte eines anderen Adieus. Die Steiermark weinte um ihren Landeshauptmann. Josef Krainer, der Vater, war am 28. November im Alter von 69 Jahren bei der Jagd durch plötzliches Herzversagen gestorben. Er wurde im offenen Sarg aufgebahrt, im geliebten Steireranzug. Und nun pilgerten die Steirer in endlosem Zug noch einmal zu dem Mann, der ihr Land nach dem Krieg 23 Jahre hindurch geführt und geformt hatte. „Unten am Tor in der Burg mußte sich, wer zu ihm wollte, in die lange Reihe einordnen, die langsam die Steinstufen hinauf in den Weißen Saal führt." So schilderte Hanns Koren, Freund, Mentor und politischer Weggefährte des alten wie des jungen Krainer, dieses bewegende Abschiednehmen. „Ununterbrochen, von der Früh bis zum Abend, kamen sie, blieben stehen vor der Bahre, verneigten sich oder machten das Kreuz im stillen Gebet und sprengten nach frommem Brauch das Weihwasser auf seine Stirne." Für Koren war es „die letzte große Audienz, die der Landeshauptmann seinen Steirern in der alten fürstlichen Burg gewährte".[5]

Irgendwann stand dann auch der älteste Sohn, der 41jährige Josef, noch einmal in stummer Andacht vor dem Katafalk. Und da muß er bei allem Schmerz wohl auch den Auftrag, die Verpflichtung verspürt haben, das politische Erbe des Vaters zu übernehmen. Er hat dabei sicherlich nicht an die unmittelbare „Thronfolge" gedacht, obwohl Freunde aus seiner Generation kurz danach eine Unterschriftenaktion zu seinen Gunsten starteten: „Ich war jedoch der festen Überzeugung, daß so etwas überhaupt nicht in Frage komme. Das war nicht meine Zeit, ich konnte doch nicht meinem Vater nachfolgen."

Aber Josef Krainer wußte, daß der Vater stolz auf seinen Sohn war – auf den Nationalratsabgeordneten und Bauernbunddirektor. Eine Woche vor dem Tod des Landeshauptmanns hatte der junge Krainer in der Landwirtschaftskammer einen eindrucksvollen Wahlerfolg erzielt. „Der Vater hat eine Riesenfreud' gehabt." Josef Krainer denkt gerne an die langen, intensiven Gespräche zurück, meist an einem Samstagnachmittag, im Haus am Fritz-Pregl-Weg, über alles, was den Landeshauptmann bewegte. Da wurde der Sohn zum Vertrauten des Vaters.

Schriftsteller und Psychologen haben viele Geschichten oder Fallstudien über die Nöte eines begabten Sohnes im Schatten oder unter dem Druck eines starken Vaters verfaßt. Nur allzuoft standen solche Beziehungen im Zeichen quälender Konflikte, und so mancher Sohn vermochte diese Last nicht zu tragen, ist in die Mittelmäßigkeit geflüchtet, hat einen anderen, nicht selten völlig konträren Weg gesucht, wenn er nicht gar am Vater zerbrochen ist. Josef Krainer dem Jüngeren ist dieses Schicksal erspart geblieben, oder er hat sich ihm widersetzt, war, nicht zuletzt dank einer hervorragenden intellektuellen Bildung und Ausbildung, selber gefestigt genug, sich unter und neben der massigen Gestalt seines Vaters zu behaupten, seine eigene Persönlichkeit zu entwickeln und gestaltend in die Politik einzugreifen, bereits zu Lebzeiten des alten Krainers.

Im Gegenteil, der Krainersohn schöpfte Kraft aus dem Leben, das ihm das patriarchale Familien- und Landesoberhaupt vorlebte. Familienbande, Heimatverbundenheit samt einer engen Bindung an die Religion waren keine abgedroschenen Leerformeln einer trivialen, verlogenen Daseinsidylle, sondern bestimmende Ordnungsfaktoren für Josef Krainers ebenso geradlinigen wie zielstrebigen Aufstieg. Dazu konnte er sich auch aus dem geschichtlich-geistigen Reichtum der Landschaften nähren, die den festen Boden und guten Grund für sein Heranwachsen und Groß- und Größerwerden bildeten.

Josef Krainer hat seine ersten Kinderjahre in der Landeshauptstadt Graz verlebt, aber da war immer noch die Nähe der rauheren Obersteiermark, aus der die Eltern stammten, das Murtal bei Knittelfeld, die Einfachheit der wortkargen Bauern dort, die sanfte Bergkulisse der Niederen Tauern mit dem Seckauer Zinken und der Hochalm – im Sommer, an den beiden „Hochalmtagen", ist man in aller Früh aufgebrochen, um die Messe im Maria-Schnee-Kirchlein auf dem Gipfel nicht zu versäumen. So war es, so ist es noch Brauch. Vom bescheidenen Feldbaumerhof der Großeltern im Forst zwischen Kobenz und Seckau öffnet sich der Blick auf die Türme und Mauern der Benediktinerabtei, und in der romanischen Basilika im italienischesten Renaissance-Mausoleum nördlich der Alpen liegt Erzherzog Karl von Innerösterreich[6]. Sein Leichnam war in einer dreitägigen Prozession von funebrem Pomp im Oktober 1590 von Graz in das damalige Augustiner-Chorherrenstift überführt worden – und beide Krainer sind schon als Kinder ehrfurchtsvoll staunend vor der Gold- und Marmorpracht gestanden und haben die steinerne Gestalt des neben seiner Gemahlin, der Wittelsbacherin Maria von Bayern, auf dem Sarkophag ruhenden Habsburgers betrachtet, des einstigen Landesfürsten, ohne zu ahnen, daß sie in dessen Burg beide selber einmal die Regierungsgeschäfte führen würden.

Im südweststeirischen Hügelland seiner Jugendjahre hat Josef Krainer dagegen den weltlichen Landespatron Erzherzog Johann zum historischen Nachbarn. Vom väterlichen Ziegelwerk in Gasselsdorf nach Stainz, dem Sitz der Grafen Meran, der Nachkommen des Prinzen, sind es knappe 25 Kilometer. Wer die Kinderferien im wesentlich kargeren oberen Murtal verbracht hatte, wo man zur Jause am Feld aus verkrüppelten Birnen gepreßten sauren Most trank, dem erfüllten sich hier erste Träume vom Süden. Obwohl der Horizont im Westen von der Koralpe und im Süden vom Bacherngebirge abgeschlossen wird, geben die sanften Wellen, Hänge und Kuppen der Weinberge mit ihren einsamen Pappeln, Buschenschenken und Kapellen auf Hügelhöhen den Rhythmus der Landschaft an. Zur Grenze ist es lange nicht so weit wie nach Graz, doch die wurde erst nach 1918 gezogen.

Zu Zeiten, da die Nachkriegsösterreicher das Überschreiten von Grenzen noch fast wie ein Wunder empfinden mußten, tat sich Josef Krainer ein großes, fernes Land auf – die Vereinigten Staaten von Amerika; im tiefen Süden der USA durfte der 22jährige als Fulbright-Student an der University of Georgia den American way of life und das amerikanische Demokratiemodell erfahren, aber er wurde auch mit der damals noch herrschenden strikten Rassentrennung konfrontiert. Wer jedoch in jenen Jahren von „drüben" heimkam, wurde hier als ein anderer Mensch angesehen, und er war es auch.

Obwohl Josef Krainer den bäuerlichen Hintergrund der Familie, seine Wurzeln in einer traditionsbestimmten Gemeinschaft nie vergaß oder gar verleugnete, war er längst in den geistigen Landschaften der Universitäten, Diskussionszirkel und Bibliotheken heimisch geworden, und von den zwölf Monaten am europäischen Zentrum der Johns Hopkins University in Bologna nach dem Abschluß des Jusstudiums schwärmt er immer noch voll jugendlicher Begeisterung. Von kaum wo hat er mehr mitgenommen als von dieser Stadt, und aus dieser Phase glückhafter geistiger Auseinandersetzungen auf höchster Ebene; er wurde mit der italienischen Sprache und Kultur vertraut, und der internationale Kreis seiner ehemaligen Lehrer, Studienkollegen und Freunde bildet heute ein weltweites Netz hervorragender Leute in Spitzenpositionen.

Nie sei ein Landeshauptmann besser und gründlicher auf sein Amt vorbereitet gewesen, sagte Hanns Koren, als Josef Krainer am 4. Juli 1980 die Nachfolge Fritz Niederls antrat. In der Steiermark ging zwar das Wort um, daß sich der junge Krainer vom alten nur durch den Doktortitel unterscheide, aber trotz des so überzeugenden väterlichen Vorbilds und einer angeborenen, natürlichen Volksverbundenheit und des ererbten Instinkts eines Vollblutpolitikers waren sein Denken, seine Visionen und sein Führungsstil doch Produkte des völlig anderen Bildungswegs, der dem Sohn im Gegensatz zum Vater gegönnt war.

Der jüngere Josef Krainer ist in die politische Klasse hineingeboren, während sein Vater am untersten Ende der dörflichen Gesellschaftsskala aufwuchs. Von seiner Herkunft her war dieser für ein Dasein als Bauern- oder Holzknecht bestimmt. Materielle Voraussetzungen für eine bessere Erziehung fehlten völlig. Auch die Aufstiegschancen über das damals übliche kirchliche Ausleseverfahren blieb ihm verwehrt. In jedem Dorf hatte der Pfarrer ein Auge für begabte Buben, die einmal Priester werden könnten. Intelligenz, rasche Auffassungsgabe, einen wachen Geist und unstillbaren Wissensdurst zeigte auch der Feldbaumer Seppl – so hieß Krainer nach dem Vulgonamen des Heimathauses – sehr früh. Er hatte das Zeug zum Studieren. Doch das Fürstbischöfliche Knabenseminar in Graz blieb ihm verschlossen – durch das Wort „unehelich" im Taufschein. Der „Makel", ein „lediges" Kind zu sein, galt zu jenen Zeiten noch als unüberwindliches Hindernis für den Priesterberuf.

Die „Schanzlkeusche" am Ortsrand nahe dem Bahndamm gehört nicht gerade zu den Häusern, auf die man sich in St. Lorenzen bei Scheifling allzuviel einbildet. Auch eine Gedenktafel fehlt, die daran erinnert, daß hier am 16. Februar 1903 ein künftiger Landeshauptmann geboren wurde. Es war purer Zufall. Theresia Krainer, als Magd bei einem Bauern verdingt – in der Obersteiermark sagte man dazu „Dirn" –, hatte ihre Schwester, eine Eisenbahnerfrau, besucht, um sie als Taufpatin für das bald zu erwartende Kind zu gewinnen. Da rutschte sie aus, stürzte über die Treppe, die Wehen setzten ein – und so kam es, daß Josef Krainer das Licht der Welt in der „Schanzlkeusche" erblickte. Der Vater war der Wegmacher Raimund Moser. Er hat Theresia nie geheiratet. Die Krainer-Kinder haben sich später jedoch immer gefreut, wenn der Großvater, ein gemütlicher alter Mann – er hatte es noch bis zum Straßenmeister gebracht –, für ein paar Tage nach Gasselsdorf oder Graz kam.[7]

Die Vaterstelle bei dem kleinen Seppl vertrat der Bauer Josef Brandl. Er hatte Theresia Krainer zur Frau genommen, als Josef gerade sieben Jahre alt war, und den winzigen Feldbauerhof in Forst bei Kobenz erworben. In der Kobenzer Volksschule wurde ein Oberlehrer, übrigens ein Sozialdemokrat, auf den aufgeweckten Buben aufmerksam und versorgte ihn mit Lesestoff. Zeitungen interessierten ihn über alles, und zusammen mit seinem Freund Hans Vollmann begann er auch sehr frühzeitig mit dem „Politisieren". Mit 15 Jahren wurde er „Knecht" beim Kobenzer Bauern Kajetan Hirn, vulgo Tuscher. Im Sommer arbeitete er auf der Tuscher-Alm in der Gaal, und in der Familie ist überliefert, wie der Bauer einmal auf die Hütte „nachschauen" ging und sich darüber ärgerte, daß der Spiritus vorzeitig ausgegangen war. „Ja, sauft denn den der Bua?", fragte er. Die Lösung des Rätsels war jedoch eine völlig andere – der Seppl pflegte im Schein der Spirituslampe die halbe Nacht zu lesen.[8] Und an der Straße von Kobenz nach Seckau steht heute noch der Tuscher-Stadel, die feste, alte Scheune, in der das politische Wirken Josef Krainers seinen Anfang genommen hat.

Unter dem mächtigen Gebälk hat der redegewandte Sepp junge Landarbeiter um sich versammelt, um ihnen zu einer Zeit, da sie oft nur zum Hofinventar zählten, ihre Rechte bewußtzumachen. Denn nur gemeinsames Handeln könnte ihre Stellung verbessern. Weil die meisten Bauern von einer solchen Agitation – in ihrem Jargon hieß es eher „Leut aufhetzen" – wenig hielten, waren einige solcher Versammlungen mit Gewalt gesprengt worden, und die Wirte hatten auch wenig übrig für derartige „aufrührerische" Reden. Nur der eigene Dienstherr öffnete ihm seine Tenne für diese Zusammenkünfte. Dabei war Krainer ja kein marxistischer Revoluzzer, er warb für einen Verein christlicher Land- und Forstarbeiter, und seine Mentoren waren engagierte Priestergestalten, die im Umfeld des „roten" Knittelfeld die Arbeiterschaft – zumindest im bäuerlichen Bereich – nicht widerstandslos den „Sozis" überlassen wollten.

Das damalige Kirchenverständnis schloß das Eingreifen eines Bischofs, Pfarrers oder Kaplans in den politischen Tageskampf nicht aus, dazu gehörte auch, daß von der Kanzel Propagandaparolen verkündet wurden, und sich auch mancher Priester den Wählern stellte und ein Mandat suchte. So wurde Prälat Ignaz Seipel 1921 Bundeskanzler. Und einige dieser den Christlichsozialen verbundenen Geistlichen hatten auch das Naturtalent Josef Krainers erkannt, den vielversprechenden jungen Mann in die Partei gelotst und ihn sorgfältig aufgebaut.

Das soziale Gewissen, die Sorge um die Menschen, den Respekt vor den sogenannten kleinen Leuten, das alles hat der „alte" dem jungen Krainer eingepflanzt. Damit ist er groß geworden. Im Vergleich zur gesellschaftlichen Vorschule des Vaters ist die des Sohnes jedoch eine Art Kontrastprogramm. Der junge Krainer erhielt seine rhetorische Feuertaufe auf keinem Heuboden, sondern in den geschliffenen

Redeschlachten des Debattierklubs an der University of Georgia; und später, in der Katholischen Aktion, gehörte er zur Front jener, die – zumindest im Prinzip – gegen jegliche neue Form von Klerikalismus auftraten. Statt wie einst im Zeichen des Kreuzes um politische Macht zu ringen, sollten die Katholiken vielmehr versuchen, christlichen Geist über alle Parteigrenzen und Lager hinweg ins öffentliche Geschehen einzubringen, die Kirche selber jedoch aus dem Tagesstreit herauszuhalten – es sei denn, es ging um Fragen, die sie und ihre Lehre unmittelbar betrafen.

Doch in den zwanziger Jahren wurden zwischen Schwarz und Rot noch Glaubenskriege ausgetragen, und da brauchten die Christlichsozialen so kämpferische und energische Burschen vom Schlag Krainers. Mit 18 hatte er bereits die Ortsgruppe Kobenz des Verbands der christlichen Land- und Forstarbeiter gegründet, und 1924, erst 21jährig, war er Landesobmann. Um sich dank einer geregelteren Arbeitszeit mehr der Politik widmen zu können, war Krainer inzwischen Forstarbeiter, also Holzknecht geworden. Abends ratterte er auf seinem Motorrad von einer Landarbeiterversammlung zur anderen, und sein Bekanntheitsgrad – wie man das heute ausdrücken würde – wuchs sehr schnell. Die Partei kümmerte sich auch um die Weiterbildung dieses hoffnungsvollen Aufsteigers. Wie gewohnt verwendete Krainer jede freie Minute zur gezielten Lektüre, um aufzuholen, was ihm an Schulbildung fehlte; sein Studium aber, seine Seminare, seine Examen – das war der wache Umgang mit der so spannungsreichen Wirklichkeit jener Zeit.

Er wurde jedoch auch auf Kurse geschickt, und erste Auslandserfahrungen sammelte er in der Schweiz. Was Athens in Georgia und die Universität dort einmal dem Sohn bedeuten sollten, das war für den Landarbeiterfunktionär Solothurn mit seiner Höheren Lehranstalt für Forsttechnik. Die Wochen eines Fortbildungslehrgangs, weiters die Arbeit als landwirtschaftlicher Praktikant in dem so stabilen, sauberen, wohlgeordneten und reichen Nachbarland hat er nie vergessen. Noch 1971 erinnerte er in Zürich bei einer Pressekonferenz daran: „Durch diese Aufenthalte habe ich Einblick bekommen in den Fleiß, die Sparsamkeit und überhaupt in die Geistigkeit des Schweizer Volkes."[9] Für Krainer behielt die Schweiz zeitlebens diesen Vorbildcharakter – als Modell dafür, was ein kleines Land zu leisten vermag, und die „Neue Zürcher Zeitung" war für ihn der Inbegriff eines Weltblatts und unverzichtbare Lektüre.

1927, in jenem Jahr, da in Wien der Justizpalastbrand mit seinen tragischen Folgen zur Generalprobe für den Bürgerkrieg wurde, entschloß sich Josef Krainer, die Laufbahn des Berufspolitikers einzuschlagen. Der 24jährige trat im Herbst in Graz seine Stelle als geschäftsführender Obmann und Landessekretär des christlichen Landarbeiterverbands an. Ein Jahr danach heiratete er ein Kobenzer Bauernmädchen, das er schon in der Schulzeit verehrt hatte – Josefa Sonnleitner. Zuerst pendelte Krainer noch zwischen Kobenz und Graz, erst 1930 konnte das Ehepaar endgültig in die Landeshauptstadt übersiedeln. Da war bereits das erste Kind, die Tochter Anna, geboren. Die junge Familie bezog im Hinterhof des Hauses der Christlichen Gewerkschaften in der Elisabethinergasse 21 in einem ebenerdigen Anbau eine bescheidene Wohnung. Dort ist dann am 26. August 1930 der erste Sohn zur Welt gekommen. Er wurde nach dem Namenspatron beider Eltern Josef getauft.

Schwarz und Rot und Braun

*"Wenn ich mich recht erinnere,
habe ich meinen Vater damals zum ersten
und einzigen Male in Uniform gesehen."*

Josef Krainer zum 34er Jahr

„Da können wir ruhig hineinfahren. Ich bin selber neugierig, wie's ausschaut. Ich war ja schon so viele Jahre nicht mehr hier." Ein paar Monate nach seinem Rücktritt lenkt der noch gar nicht so alt wirkende Altlandeshauptmann seinen Wagen über den Mühlgang in die Hofeinfahrt des Hauses Elisabethinergasse 21 – auf der Suche nach seiner frühesten Kindheit. „Da hat sich nicht viel verändert, soweit ich mich erinnern kann. Hier war es schön zum Spielen." Die im Wind wehende Wäsche vor dem ebenerdigen, eher ärmlichen Anbau im Hof signalisiert, daß das erste Grazer Domizil der Krainer noch immer bewohnt ist. Das ehemalige Haus der Christlichen Gewerkschaften beherbergt ein Lehrlingsheim der Arbeiterkammer. Heute wie damals ist es keine vornehme Adresse. Gegenüber dehnt sich der langgestreckte Kloster- und Spitalsbau der Elisabethinen. Dieser Teil der Murvorstadt gehört zum V. Bezirk, zum Gries. Aber traditionsbewußte Grazer teilen ihre Stadt noch immer in Pfarren ein, da spricht man vom Domviertel, von der Stadtpfarre, von Herz

Jesu und Mariahilf. Josef Krainer ist heute in St. Veit daheim, seine frühesten Jahre verbrachte er in St. Andrä – in unmittelbarer Nachbarschaft ist zwei Jahrzehnte früher der Dirigent Karl Böhm aufgewachsen, und bevor Johann Weber 1969 Bischof der Diözese Graz-Seckau wurde, hat er in St. Andrä als Pfarrer gewirkt.

Man war zwar in der Stadt, aber im Krainerhaushalt blieb das bäuerliche Element noch stark spürbar. Sparsames Wirtschaften bestimmte eine einfache Existenz. Daß die Karriere des Vaters zwar ziemlich rasch so steil nach oben führte, hatte vorerst keine allzu positiven materiellen Auswirkungen auf die Familie. Weil die Land- und Forstarbeiter sich oft nicht einmal die ohnehin niedrigen Beiträge für ihren Verband leisten konnten, war die Kasse meist leer, und auch der Obmann und Sekretär konnte nicht sicher sein, am Monatsersten sein Gehalt ausbezahlt zu bekommen. Darum mußte Krainer noch einige Posten mehr übernehmen: er wurde Sekretär der christlichen Bauarbeitergewerkschaft, geschäftsführender Obmann der Landwirtschaftskrankenkasse und Vizepräsident der Landarbeiterversicherungsanstalt. Diese Ämteranhäufung bezeugte entweder einen großen Mangel an geeigneten Leuten für den sozialpolitischen Bereich bei den Christlichsozialen oder auch Krainers Tatendrang und Durchsetzungsvermögen in bewegten und kritischen Zeiten. Durch die Weltwirtschaftskrise wurden auch die Bauern schwer getroffen. Die Holz- und Getreidepreise verfielen, und viele Land- und Forstarbeiter standen auf der Straße. Weil sie ja meist auf den Bauernhöfen und in den Holzknechthütten wohnten, hatte so mancher plötzlich kein Dach mehr über dem Kopf. Darum organisierte Josef Krainer 1931/32 eine erfolgreiche Hilfsaktion für arbeits- und obdachlose Land- und Forstarbeiter. Zur Überbrückung der ärgsten Not wurden sie in Landgasthäusern einquartiert und dort auch verpflegt.

Die beiden Kinder Anni und Pep, wie der kleine Josef bald gerufen wurde, dürften ihren Vater nicht viel gesehen haben. Das gehörte und gehört eben zum Alltag einer Politikerfamilie. Denn Josef Krainer hatte zwar nun in Graz ein Zuhause und sogar mehrere Büros, war jedoch ständig im Land unterwegs. Hinter dem Schreibtisch zu sitzen, lag ihm nicht sehr. Die unermüdliche Suche nach dem Kontakt zu den Menschen, diese Bereitschaft, zu hören, was die Leute sagen, was sie drückt, was sie belastet, und ihnen das Gefühl zu geben, mit ihnen und für sie da zu sein, diese Qualitäten haben den alten Krainer nach oben getragen, und der junge hat sie vom Vater geerbt und gepflegt.

Damals jedoch, als der kleine Pep reden, gehen und leben lernte, war Menschlichkeit wenig gefragt, die Erste Republik lag im Sterben, der politische Gegner galt als Feind, den man mit Fäusten und/ oder auch mit der Waffe in der Hand bekämpfte. Bei den letzten freien Landtagswahlen hatten in Krainers Geburtsjahr die Sozialdemokraten die meisten Stimmen gewonnen, in der Mandatszahl (17) blieben sie jedoch mit den Christlichsozialen gleichauf. Die

Als der junge Krainer noch sehr jung war – 1952 bei einem Vortrag vor dem Rotary-Club in Griffin, Georgia, USA.

Das erste Bild – der kleine Bub mit seinen Eltern Josef und Josefa Krainer und der älteren Schwester Anni in den frühen dreißiger Jahren in Graz.

Gasselsdorfer "Exil" – hier fand die Familie Krainer in den Kriegsjahren Zuflucht und Existenz. Das neue Haus (im Vordergrund) wurde erst nach 1945 gebaut.

Pep, der Tormann – "Kicken" in St. Martin im Sulmtal (vorne Mitte mit Ball Josef Krainer, hintere Reihe rechts außen sein Freund Willibald Pennitz).

1944 in Gasselsdorf – die Krainerfamilie (Josef neben seinen Eltern und Anni, vorne die Brüder Fritz und Heinz).

Grazer Heimathaus – die Krainer-Villa am Fritz-Pregl-Weg.

Die Familie ist komplett — Josef mit Anni (hinten), den Eltern, Heinz, Dorli und Fritz 1952 im Grazer Heim.

Als noch Krieg war – im Februar 1944 wurde die Oeverseeschule wegen der Bombenangriffe auf Graz nach Admont evakuiert (Krainer dritter von links). Unten: Schulzeit im Oeversee-Realgymnasium – Josef Krainer (links außen stehend) mit seiner Maturaklasse 1949.

In den steirischen Bergen – Josef Krainer mit einem Freund auf der Tauplitz.

Unten: Die obersteirische Heimat – mit Professor Franz Spenger und Pater Benedikt Vollmann in Seckau (im Hintergrund die Benediktinerabtei).

In die "Neue Welt" – Josef Krainer in Wien 1951 vor der Abreise als Fulbright-Student in die USA.

Als "foreign student" in Amerika – Josef Krainer durfte im Kunst-Department der State University of Georgia Modell sitzen.

Studentsein in Athens –
„Mein Tisch mit Bett", schrieb „Pep"
auf dieses Photo von seinem Quartier.

Unterwegs in Georgia – mit dem Auto amerikanischer Freunde.

Begegnung mit der Geschichte – Josef Krainer besuchte in den Semesterferien 1952 den ehemaligen Bundeskanzler Kurt Schuschnigg in St. Louis.

Ferienjob in Oregon – Josef Krainer als Sägearbeiter (zweiter von links).

Steirisches Paar – Josef Krainer verlobte sich 1955 mit Rosemarie Dusek. Sie war mit ihm als Fulbright-Stipendiatin in Georgia.

Doktor juris – Promotion 1954 in der Aula der Karl-Franzens-Universität (Josef Krainer erster von links). Bild unten: Hochzeit 1957 in Maria-Straßengel - Josef und Rosemarie Krainer werden von Pater Benedikt getraut.

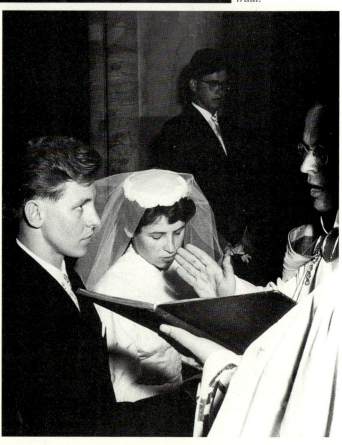

NSDAP konnte damals nur 3,6 Prozent der Stimmen erreichen und kein Mandat. Josef war gerade ein Jahr alt, als der Heimwehrführer Walter Pfrimer, ein Judenburger Rechtsanwalt, mit 14.000 Mann mehrere kleinere Städte besetzte, Graz einkreiste und die Machtergreifung seines Heimatschutzes in Österreich verkündete. Dieser Mini-„Marsch auf Rom" wurde von der Exekutive schnell gestoppt, die gewaltsamen inneren Auseinandersetzungen an den verschiedensten Fronten dauerten an. So entwickelte sich die Steiermark zu einem der gefährlichsten Spannungszentren in Österreich. 1933 nutzte Bundeskanzler Engelbert Dollfuß die Selbstausschaltung des Parlaments durch den Rücktritt seiner drei Präsidenten zur Errichtung eines autoritären Regimes. Am 11. September nahm Josef Krainer seine Frau zur Großkundgebung auf den Grazer Trabrennplatz mit, bei der Dollfuß den Ständestaat proklamierte.

Der Sohn war noch nicht vier, als im Februar 1934 in Eggenberg und Andritz geschossen wurde und erst das Artilleriefeuer des Bundesheers den Widerstand des Schutzbunds zu brechen vermochte. Irgendwelche schattenhafte Bilder von damals sind in ihm jedoch hängen geblieben: „Es herrschte eine bedrückte Stimmung daheim, und der Vater war von den Februar-Ereignissen zutiefst betroffen. Bei aller Gegnerschaft hatte er durch seine Gewerkschaftsarbeit doch gute Kontakte zu einigen Sozialdemokraten. Und wenn ich mich recht erinnere, habe ich ihn damals zum ersten und einzigen Male in Uniform gesehen."

Krainer kannte natürlich auch Koloman Wallisch gut, den Arbeiterführer und Nationalratsabgeordneten aus Bruck an der Mur, der eine Woche nach dem Schutzbundaufstand in Leoben durch ein Standgericht zum Tod verurteilt und sofort hingerichtet wurde. Das Bürgerkriegsgeschehen hatte allein in der Steiermark mindestens 59 Menschenleben gefordert.

Nur ein paar Monate später war der „Sieger" vom Februar, Bundeskanzler Dollfuß, tot, am 25. Juli 1934 von einem Wiener SS-Kommando am Ballhausplatz ermordet. „Ich weiß noch, wie die Mutter bitterlich geweint hat. Er hat so gute schöne Augen gehabt, hat sie gesagt. Sie hat Dollfuß ja erst kurz vorher bei der Kundgebung am Trabrennplatz aus nächster Nähe gesehen." Während des sogenannten „Juli-Putsches" erwiesen sich die bewaffneten Gruppen der Nationalsozialisten in der Steiermark am schlagkräftigsten. Eine kurze Zeit hindurch hielten sie einige Teile des Landes unter ihrer Kontrolle. Für den Fall eines Gelingens des Umsturzversuchs stand der ehemalige Landeshauptmann Anton Rintelen als Bundeskanzler auf ihrer Regierungsliste. Die Bilanz der neuerlichen blutigen Kämpfe – 88 Tote und 164 Verwundete, überfüllte Gefängnisse und ein zutiefst gespaltenes Land.[10]

Der Dollfuß-Nachfolger Kurt Schuschnigg hat höchsten Bedarf an verläßlichen und starken Persönlichkeiten, denn allzu viele fähige Männer verweigerten sich der neuen Ordnung. Der 1934 eingesetzte Landeshauptmann Karl Maria Stepan hielt große Stücke von Josef Krainer. Er sorgte dafür, daß der einstige Holzknecht 1935 stellvertretender Landesobmann des Bauernbunds wurde oder, wie man dem Zeitgeist entsprechend markiger sagte, „Landesbauernführer" und im Jahr darauf Präsident der Kammer für Arbeiter und Angestellte in der Steiermark sowie Vizepräsident der Landwirtschaftskammer; schließlich mußte der 32jährige auch noch die silberne Ehrenkette des Vizebürgermeisters der Stadt Graz tragen – samt den dazugehörigen Lasten. Wie er alle diese Funktionen wahrnehmen und bewältigen konnte, ist seinem Sohn bis heute ein Rätsel. Im selben Alter befand sich Josef Krainer junior noch in einer Art Wartestellung für künftige höhere Aufgaben: Nach fünf Jahren als Generalsekretär der Katholischen Aktion nahm er gerade eine Assistentenstelle an der Universität an. In den gewalterfüllten dreißiger Jahren dagegen war der Menschenverschleiß in der Poltik so groß, daß die Jungen wesentlich früher drankamen als in einer „normaleren" Ära.

Josef Krainer war zu einem wesentlichen Träger des „Systems" geworden, jener ständestaatlichen Gliederung der Gesellschaft, die die alten Partei- und Demokratievorstellungen negierte. Auch wenn er sich nun als Vizebürgermeister in den ungeliebten Frack zwängen mußte und auf einmal zur Prominenz zählte, so hatte er sich die Verbindung zur Basis doch bewahrt. Er war jetzt zwar hoch oben, aber hatte nie vergessen, daß er von ganz unten gekommen war, und darum gab er sich keinerlei trügerischen Illusionen über die Stimmung unter der Bevölkerung hin.

Gleich einigen niederösterreichischen Bauernführern dürfte Krainer manchen autoritären Entwicklungen kritisch gegenübergestanden sein. Es mußte ihm wohl bewußt gewesen sein, daß diese Autorität vor allem in der Steiermark in den Jahren vor dem Anschluß nur noch eine bedingte war. Obwohl es einen starken sozialdemokratischen Untergrund gab, sind nach dem Februar 1934 bedeutende Teile der Arbeiterschaft im obersteirischen Industriegebiet zu den Nationalsozialisten übergelaufen. Das Bürgertum fühlte seit jeher mehrheitlich deutschnational, und es hatte auch einige Schlüsselpositionen in Wirtschaft und Kultur besetzt. Mehr als 30.000 Steirer waren „Illegale", das heißt, sie gehörten der verbotenen NSDAP an. Da mögen einen Mann wie Krainer, der das Land in- und auswendig kannte, wohl des öfteren Zweifel gequält haben, ob sich dieser österreichische Staat noch retten ließe. Bei den politischen Gegnern hatte er sich einen guten Namen gemacht, weil er zumindest in menschlichen Bereichen Unrecht gutzumachen versuchte, einigen verfolgten Sozialdemokraten half und trotz seiner eindeutigen Einstellung auch Gesprächslinien zur nationalen Seite offenhielt. Das alles minderte jedoch nicht seinen totalen Einsatz für dieses Österreich, an das er bedingungslos glaubte.

Die Mutter und die Kinder hatten jetzt noch weniger vom Vater. Ihr Wohnstandard verbesserte sich allerdings durch die Übersiedlung in die Mariengasse 14, in ein modernes Haus, das erst 1930 gleichzeitig mit der benachbarten Arbeiterkammer im Stil der Neuen Sachlichkeit erbaut worden war. Es gehörte zum beschlagnahmten Besitz der Sozialdemokraten. Heute dient es als Studentenheim. In der Mariengasse war auch mehr Raum für einen vergrößerten Hausstand. 1935 war Fritz zur Welt gekommen, dann folgten 1939 noch Heinz und – mit großem Abstand – 1948 schließlich Dorli. Obwohl die Geschwister keine politische Laufbahn einschlugen, ist ihnen Pep immer sehr nahe geblieben. Der Krainer-Clan zählt zu der immer rarer werdenden Spezies der intakten Familie. Die Ferien verbrachten die Kinder bei der Großmutter in der Obersteiermark. Es war ein vertrautes und geliebtes einfaches Leben. Josef Krainer empfindet immer noch das ehrfürchtige Erschauern im gedämpften Licht der Seckauer Basilika angesichts der mächtigen romanischen Säulen und der seltsamen Tier- und Dämonengestalten auf den Kapitellen. „Für mich kleinen Buben war da alles von einem großen Geheimnis erfüllt." Einer seiner Kobenzer Vettern war in die Benediktinerabtei eingetreten. Pater Benedikt Vollmann wurde zum geistlichen Begleiter der Krainer-Familie von der Taufe bis zum Grab: „Bei seiner Primiz mußte ich ein Gedicht aufsagen. Die Großmutter war die Primizmutter." Wie viele andere halbwüchsige Grazer wurde Josef mehrmals für ein paar Wochen nach Salvore verschickt, in das Kinderheim der Stadt Graz am Meer bei Umag in Istrien. „Uns Buben wurde allen eine Glatze geschoren – wegen der Läuse, und wir mußten Lebertran einnehmen, aber ich war gerne dort."

Trotz der neuen Wohnung träumten die Eltern als bäuerliche Menschen vom eigenen Grund und Boden. Jetzt konnte es sich Krainer auch leisten, am Fritz-Pregl-Weg, gleich bei der für Sonntagsspaziergänge so beliebten Panoramagasse einen ideal gelegenen Bauplatz zu erwerben; und wenn er ein wenig Abstand vom turbulenten Geschehen in Staat, Stadt und Land gewinnen wollte, dann wanderte der Vizebürgermeister und Kammerpräsident mit den Kindern auf den Rosenberg hinauf, um nachzuschauen, wie da die Mauern und der Dachstuhl ihrer künftigen Heimstätte wuchsen.

Das Haus der Krainer war bezugsfertig, da stürzte das Haus der Österreicher krachend zusammen, und viele hatten tatkräftig dazu beigetragen. Krainer mußte miterleben, wie nationalsozialistische Demonstranten Bürgermeister Hans Schmid zwangen, bereits am 24. Februar 1938 am Rathaus die Hakenkreuzfahne zu hissen. Die Nationalsozialisten beherrschten die Straße, und Hitler verlieh Graz dafür den zweifelhaften Titel „Stadt der Volkserhebung". Wie der Vater diese schicksalshaften Tage verbracht hat, kann der Sohn nicht erzählen. „Ich habe da keine Erinnerungen im Zusammenhang mit dem Vater. Er war nie da. Ich sehe nur die verweinten Augen der Mutter, wie wir am Abend des 11. März vor dem Radio gesessen sind und Schuschniggs Abschiedsrede gehört haben, und sein ‚Gott schütze Österreich'." Von da an hatte auch die Krainer-Familie Gottes Schutz und Schirm mehr denn je nötig.

Das „Exil", das zur Heimat wurde

„Wir waren nur froh, daß der Vater wieder daheim war."
Josef Krainer über die Zeit nach dem Anschluß 1938

„Es war in aller Früh. Wir haben noch geschlafen. Da hörten wir Lärm auf der Straße, der Vater ist auf den Balkon hinaus, und dann wurde wild an die Tür geschlagen, und schon standen ein paar Uniformierte in der Wohnung..." Der 12. März 1938, der Tag, an dem sie den Vater abgeholt haben, hat sich dem Sohn ins Gedächtnis gegraben. Bis dahin war der Vater jemand, der Politik machte, nun machte die Politik mit ihm, was sie wollte. Mit aller Brutalität brach die Politik über die Familie herein. Sie wurde zum Objekt der Politik, und bald war im Dasein der Krainer nichts mehr so, wie es bisher war. Anni, die ältere Schwester, erinnert sich sogar an ein paar Kugeln, die die Gestapoleute oder SS-Männer vor dem Haus in die Luft gejagt haben sollen. Als sie in aller Früh an die Tür pochten, wollte der Vater zuerst noch über den Balkon ins nächste Haus flüchten. Es war jedoch zu spät. Das Kommando stellte die Wohnung auf den Kopf, und Krainer wurde mit barschen Worten aufgefordert mitzukommen. Die Kinder, Anni und Pep, und auch der dreijährige Fritz klammerten sich an ihn, wollten ihn nicht gehen lassen, wollten ihn zurückhalten: „Wir schrien und weinten, doch die Männer zerrten den Papa aus der Wohnung", erzählt die Tochter.[11]

Krainer wurde in einen wartenden Lastkraftwagen zu einer Schar anderer Verhafteter geschoben und ins Paulustor gebracht, dem Grazer Polizeigefängnis. „Ihr Mann steht unter Schutzhaft", erklärte der Anführer des Kommandos, Sigfried Uiberreither. Sein Anblick bedeutete für die Mutter einen zusätzlichen Schock. Denn Uiberreither war, was man einen guten Bekannten nennt. Als Krankenkassabeamter hatte er in der Elisabethinergasse Tür an Tür mit Krainer gearbeitet. Uiberreither entschuldigte sich quasi bei Frau Krainer: „Ich bin selber gekommen, um Ihren Mann abzuholen, damit ihm nichts passiert. Er war immer ein anständiger Mensch." So zitiert ihn heute der Sohn.

Einige Wochen später sollte Uiberreither Gauleiter und Landeshauptmann werden. Als selbstherrlicher und machttrunkener Landesdiktator trat er in seinem Herrschaftsbereich auf, als ob er der „Führer" selber wäre. Anscheinend hielt er jedoch seine schützende Hand über Krainer. Während Spitzenleute des alten Regimes wie Landeshauptmann Karl Maria Stepan oder der Landesleiter der Vaterländischen Front Alfons Gorbach mit dem legendären ersten Transport am 1. April 1938 ins Konzentrationslager Dachau geschafft wurden, kam Krainer nach etwa drei Wochen Haft wieder frei – aus Anlaß des mit hysterischem Jubel gefeierten Hitler-Besuchs in Graz.

Der achtjährige Josef drängte sich in der Menge in der Keplerstraße, als Hitlers Konvoi vom Hauptbahnhof kommend in die Stadt fuhr: „Wir waren nur froh, daß der Vater wieder daheim war."

Die materiellen Grundlagen für dieses Daheim, die hatten sich hingegen mit einem Schlag verflüchtigt. Der Multifunktionär und Berufspolitiker Josef Krainer war über Nacht arbeitslos. Er, der kaum gewußt hatte, wie er seine vielen Termine unter einen Hut bringen sollte, saß plötzlich vor einem leeren Kalender. Ein ähnliches Gefühl des Nichtmehrgebrauchtwerdens, des Überflüssigseins dürfte auch sein Sohn mehr als ein halbes Jahrhundert später unmittelbar nach dem Rücktritt verspürt haben. Für den Vater kamen zur Trauer um seine untergegangene Welt politische Ohnmacht und Rechtlosigkeit. Krainer wurde als Träger des verhaßten „Systems" von den Nazis zum Bürger zweiter Klasse gestempelt, galt als „politisch unzuverlässig", und die Geheime Staatspolizei hielt ein wachsames Auge auf ihn. Er brauchte auch nicht einzurücken, weil er auf Grund seiner Vergangenheit „wehrunwürdig" war. Die Wohnung in der Mariengasse durfte die Familie behalten, das Grundstück und der Neubau am Rosenberg wurden jedoch beschlagnahmt, in dem Haus Wehrmachtsoffiziere einquartiert.

Der Vater hatte nun also auch sein Hafterlebnis hinter sich. Irgendwann einmal eingesperrt zu werden, verhört zu werden, in einer Zelle zu sitzen oder die Härten einer Lagerzeit zu überstehen, das war in der ersten Hälfte dieses Jahrhunderts fast ein fixer

Bestandteil jeder Politikerexistenz, egal, welcher Couleur einer war. Erst Krainers Sohn entstammt jener glücklicheren Generation, der solche Erfahrungen erspart geblieben sind. Was politische Verfolgung und Unterdrückung heißt, begriff Josef junior jedoch sehr früh. Die Kinder haben das Geschehen nach dem Anschluß ja bewußt miterlebt, Josef mehr, Anni vielleicht etwas weniger: „Die Nazis haben uns plötzlich Kommunisten geschimpft, wir haben nicht einmal gewußt, was damit gemeint ist." Und unter dem Trauma der Verhaftung des Vaters haben die Kinder noch lange gelitten.

Das vorrangigste Problem für Josef Krainer war es jedoch, die Familie zu ernähren und eine neue Berufsbasis zu finden. Außer von der Politik verstand er vor allem viel vom Holz. Daher nahm ihn ein Freund und Gesinnungsgenosse, der Baumeister Anton Bauer, als Holzfachmann, als Holzeinkäufer in seinen Betrieb auf. Und Bauer verdankten die Krainer auch eine neue Heimat. Er bot ihnen ein kleines Anwesen mit einer Ziegelei im weststeirischen Sulmtal an, in Gasselsdorf, etwa 50 Kilometer südwestlich von Graz. Nur am Ziegelwerk wollte er eine Beteiligung behalten. Kurz zuvor war der Hof der Schwiegermutter Anna Sonnleitner in Kobenz wegen einer Straßenerweiterung enteignet worden, und mit der dafür gezahlten Entschädigung und einigen Ersparnissen konnte sich die Familie den Kauf leisten.

Josef Krainer lernte rasch alles, was man von der Ziegelfabrikation wissen mußte, und nahm in Gasselsdorf die Arbeit auf. Seine Frau und die vier Kinder übersiedelten samt der Kobenzer Großmutter erst 1941 aufs Land. Die Grazer Wohnung gaben sie jedoch nicht auf. Der älteste der drei Brüder, der bereits das Oeverseegymnasium besuchte, fiel nun unter die Kategorie der Fahrschüler. Für ihn und Anni hieß es um halb fünf Uhr aufstehen. Der Zug ging um viertel sechs und war um halb acht in Graz. Die Geschwister verbrachten also täglich mehr als fünf Stunden auf der Bahn – in getrennten Waggons, der erste war für die Burschen reserviert, der zweite für die Mädchen. Es war eine fröhliche Gemeinschaft, und die älteren Schüler haben den jüngeren beim Aufgabenmachen geholfen.

Spricht man heute mit Josef und seinen Geschwistern, dann erscheint das Gasselsdorfer „Exil" in verklärtem Licht, als ob sie dort eine schwere Zeit einigermaßen unbeschwert überdauert hätten. Und da dürfte auch etwas dran sein. Nie vorher oder nachher haben sie ihren Vater häufiger gesehen, konnte er sich seinen Kindern mehr widmen als in Gasselsdorf. Nicht zuletzt deshalb empfanden sie diese von höheren Gewalten erzwungene „Auswanderung" aus Graz keineswegs als eine Verbannung, ganz im Gegenteil, sie fühlten sich im Sulmtal in kurzer Zeit daheim, selbst wenn ihnen anfangs im Vergleich zur Obersteiermark vieles fremd und ungewohnt erschien. „Zuerst haben wir den Dialekt der anderen Kinder kaum verstanden, und von der Großmutter höre ich noch, wie sie einmal gesagt hat: ‚Einen alten Baum soll man nicht verpflanzen.' " Und Anni meint rückblickend: „Wir sind gern dahin gegangen. Es war für uns eine wunderbare Lösung. Wir Kinder empfanden diese Freiheit am Land als großartig und hatten keine Sehnsucht nach der Stadt. Und die Landwirtschaft hat uns wirklich Freude gemacht."

Wer sich später einmal fragte, welche Voraussetzungen der Universitätsassistent und Jurist Josef Krainer für das Amt des Bauernbunddirektors und eines Agrarlandesrats mitbrachte, der mußte die Antwort in Gasselsdorf suchen. Hier sind die Krainer wieder zu Bauern geworden, auf einer winzigen Wirtschaft, die sich kaum Hof nennen durfte. Doch ein paar Hektar Boden genügten. Sie erzeugten fast alles selbst, was zum Leben nötig war. In der Mangelwirtschaft jener Kriegsjahre wurden sie der privilegierten Gattung der Selbstversorger zugeordnet. Im Stall standen fünf Kühe, dazu kamen vier Schweine, ein paar Schafe, eine Schar Hühner, Gänse, der Garten usw. Als Bäuerin schaltete und waltete die Mutter, unterstützt von der Großmutter, und die Kinder packten überall kräftig mit an. Pep erlernte die Landwirtschaft von der Pike oder – bodenständiger ausgedrückt – von der Heu- und Mistgabel auf. Er, der sich später einmal mit den Zwängen und Nöten eines durch Mechanisierung und revolutionäre Anbau- und Vermarktungsmethoden völlig gewandelten und umstrukturierten Bauernstands auseinandersetzen mußte, hatte seine ersten praktischen Erfahrungen noch mit einer manuellen landwirtschaftlichen Produktionsweise gesammelt, die sich seit dem Mittelalter wenig verändert hatte.

Der nächste Gegenstand in der Gasselsdorfer Lebensschule, von dem der junge Krainer noch als Landeshauptmann zehren konnte, ließe sich am besten mit „Arbeiterkunde" umschreiben. Zwischen Bauern und Arbeiterschaft bestand und besteht oft eine Kluft, weil sie einander zuwenig kennen. Pep entdeckte bereits als Bub die ihm vorher fremde Welt der Ziegelarbeiter, und das durchaus nicht aus der Chefperspektive. Wenn nämlich Not am Mann war, halfen Pep und seine Geschwister auch in der Ziegelei aus. Sie verrichteten dort alle möglichen Zureich-, Pack- und Tragdienste; so transportierten sie den schweren, nassen Lehm von der Grube zum Werk und gerieten dabei mit den Ziegelarbeitern in engste Tuchfühlung. Josef fand leicht Zugang zu ihnen, und nach dem Krieg, als das neue Haus und ein größerer Stall errichtet wurden, da packte er selber kräftig zu und spielte praktisch den Bauleiter. „Da war der Pep ganz in seinem Element", sagt sein Bruder Heinz.[12] „Er konnte die Leute so anspornen und begeistern, daß alles zügigst voranging. Die Arbeiter haben ihn gern gehabt, und wenn wieder ein Abschnitt vollendet war, konnte er mit ihnen auch dementsprechend feiern."

Bevor der stattliche Neubau stand, wohnte die nunmehr fünfköpfige Familie eher in einer Keusche. Anni: „Wir hatten nur ein Schlafzimmer und schliefen zu zweit im Bett, auf mit ‚Maisfedern' gefüllten Strohsäcken. Als der Pep größer wurde, richteten ihm die Eltern einen winzigen Verschlag am Dachboden ein, damit er mehr für sich sein konnte." Unter das Dach hatte er sich schon vorher gerne zurückgezogen, um Reden zu halten, ganz allein, ohne Zuhörer, sozusagen als Training für die Zukunft, weil ihn seine natürliche rhetorische Begabung dazu drängte.

Die von den Zeitgenossen überlieferte Vita bedeutender Persönlichkeiten, mögen das nun Heilige, Könige, Präsidenten oder Feldherren sein, Demokraten oder Diktatoren, neigt zur Legendenbildung. Die Gegenwart wird auf die Vergangenheit projiziert, da forscht man im Kind nach dem Mann und sucht den Ansatz seiner besonderen Talente und Fähigkeiten bereits im Kinderwagen. Bei Josef Krainer sind sich alle, die ihn von früh an begleitet haben, einig: er war der geborene Führertyp. Bei den Brüdern gab er selbstverständlich den Ton an, war Rädelsführer bei sämtlichen jugendlichen Unternehmungen, stand bei jedem „Kuft" – wie in der Steiermark ein mit den Fäusten ausgetragener Revierkampf so schön heißt – mit den Buben des Nachbardorfs an der Spitze seines Rudels und hatte auch sonst genügend Autorität und Ausstrahlung, um stets eine Schar von Freunden um sich zu sammeln. Dazu sein Bruder Heinz: „Unsere Bienenhütte war das Hauptquartier, und der Pep war dort der Chef. Alles hat sich um ihn gedreht." Und glaubt man den Erzählungen, dann war ihm keiner böse deswegen.

Diese seine Qualitäten kamen dem Krainer-Sohn auch in der von oben nach unten völlig durchorganisierten Gesellschaft des Dritten Reichs zugute. Wie jeder gesunde „deutsche Junge" mußte er Braunhemd und Schnürlsamthose der „Pimpfe", des Deutschen

Jungvolks, tragen, zuerst in Graz im Fähnlein 19 und dann in St. Martin im Sulmtal. Willibald Pennitz[13], drei Jahre älter als Krainer, wurde damals sein engster Freund. Der spätere Sportchef der Grazer „Südost Tagespost" war sein Jungzugführer: „Der Pep ist mit elf Jahren zu uns gekommen, und ich habe ihn dann zum Jungenschaftsführer gemacht. Aber wir waren fast nur auf dem Sportplatz und haben hauptsächlich Fußball gespielt. Und da war er auch nicht schlecht." So wurde der Sohn des Regimegegners ein winziges Glied auf der untersten Ebene der Hierarchie des Hitler-Staats: „Von zu Hause her habe ich natürlich genau gewußt, was da los war, was das wirklich ist, aber a Hetz war da auch. Und ich war mit großer Begeisterung dabei. Es hat sich alles ums ‚Kicken' gedreht, ich war im Tor, und einmal wurden wir sogar Bannmeister von Deutschlandsberg. Als mich der Vater einmal in der Uniform gesehen hat, hat er gesagt: ‚Heut bist aber besonders fesch, Bua.'" Das Kompliment muß nicht unbedingt ironisch gemeint gewesen sein. Der Vater war stolz darauf, daß sich der Pep „so gut machte". Pennitz: „Ich weiß es noch genau, der Alte hat eine Freud' gehabt, und hat mir gesagt, das ‚taugt ihm, daß er bei dir Jungenschaftsführer ist'."

Das ist allerdings nicht als Sympathieerklärung für die Nazis zu werten oder als opportunistisches Mitläufertum. Dem ständig unter Beobachtung stehenden Vater war es wohl recht, daß sich sein Ältester in die Ordnung des Systems fügte. Er wollte in Ruhe gelassen werden, den Aufpassern und Spitzeln kein

Material liefern und sich durch äußerliches Wohlverhalten seine innere Freiheit bewahren. Eine solche Überlebenstaktik aber verlangte, daß im Hause Krainer ständig die Vorsicht waltete, alle Ablieferungsverpflichtungen penibel erfüllt wurden, niemals ein Schwein „schwarz" geschlachtet wurde und der Sohn im Gleichschritt marschierte, forsche Lieder lernte und einen schneidigen DJ-Führer abgab. Und genauso, wie er sich bei den „Pimpfen" pünktlich zum „Dienst" meldete, stand er auch am Sonntag in aller Früh auf, um mit dem Rad oder zu Fuß die drei Kilometer nach St. Martin zurückzulegen und dort in der Kirche zu ministrieren.

Ideologische Kompromisse zu schließen, war Josef Krainer senior nicht bereit. Er hielt zwar gute persönliche Beziehungen zu einigen lokalen Nazi-Größen, aber jeder wußte, wo er stand. Wie im Krainer-Haus wirklich gedacht und geredet wurde, kann Willibald Pennitz bezeugen: „Ich stamme aus einer liberalen und großdeutschen Familie, und alle meine Onkel und Cousins waren national. Pep dagegen hat seine kritische Einstellung gegenüber den Nazis von den Eltern gehabt und sie auf mich übertragen, obwohl er der jüngere war. Vor allem die langen Gespräche mit dem Vater haben mir viel gegeben. Er hat oft mit mir politisiert und sich sehr locker und offen über alles geäußert. Er wußte, daß er von mir nichts zu befürchten hatte, ich war ja ein Freund der Familie. Und er hat mir auch Bücher zum Lesen gegeben, die längst auf dem Index gestanden sind. Die ganze Familie hat mir sehr imponiert. Ich hab' dann schon begriffen, was da passiert ist und wie die Nazis mit der Familie umgesprungen sind. Von Krainer habe ich auch gewußt, daß der Gorbach und der Stepan im KZ sind, und er hat mit mir auch über die geistig Behinderten geredet und wohin die geschickt würden. Das alles hab' ich in diesem Hause erfahren."

Bis er 1944 als 17jähriger einrücken mußte, fuhr Pennitz unter der Woche mit Pep täglich mit der Wieser Bahn nach Graz und wieder zurück. Pennitz ging auf die Handelsakademie, und Krainer war weiterhin an der 4. Klasse der Oberschule für Jungen, wie das Oeverseegymnasium nun hieß. Das ehrwürdige Schulgebäude in der Oeverseegasse entspricht dem Standardmodell der meisten höheren Lehranstalten in der Monarchie von Wien bis Lemberg, Hermannstadt oder Esseg. Und auch der aufs erste etwa befremdliche Name hat etwas mit der k. k. Geschichte zu tun. Er erinnert an den Krieg der verbündeten Preußen und Österreicher um Schleswig-Holstein gegen Dänemark 1864, als sich die 27er, das Grazer Hausregiment „König der Belgier", beim Sturm auf Oeversee auszeichneten. Die Kaserne der „Belgier" lag in unmittelbarer Nachbarschaft der Schule. Oeversee blieb über alle Regimewechsel hinweg in der Grazer Schullandschaft ein fester Begriff.

Über Josef Krainers ersten fünf Oberschuljahren lag der Schatten eines größeren Krieges. Sehr früh mußte bereits der ersten gefallenen Lehrer gedacht werden, und bald zogen die ältesten Schüler unmittelbar nach einer erleichterten „Kriegsmatura" die Uniform an. Zuerst wurde der Unterricht durch

Luftschutzübungen unterbrochen, ab 1944, als auch die Steiermark Ziel der alliierten Bombenangriffe war, kündigte das Heulen der Alarmsirenen immer öfter den Ernstfall an. 1940 konnte sich der Erstklässler Krainer über erzwungene Ferien freuen, weil in der Schule von 22. November bis 20. Dezember Buchenlanddeutsche einquartiert waren, deutsche Siedler, die Hitler aus der einstens österreichischen, dann rumänischen und nun der Sowjetunion überlassenen Bukowina „heim ins Reich" geholt hatte. 1941 diente Graz als Etappe des Jugoslawienfeldzugs, und die Buben durften neuerlich drei Wochen daheim bleiben, da in ihre Schule eine Feldbäckerei eingezogen war. Dazu wurden die Schüler immer wieder für Winterhilfswerk-, Spinnstoff-, Altpapier- und andere Sammlungen an der Heimatfront eingesetzt. Und immer mehr mußten an die wirkliche Front oder zum Arbeitsdienst. Ein rückblickender Jahresbericht von 1946/47 kritisiert, daß „unter diesen dauernden Störungen naturgemäß die Qualität des Unterrichts in Mitleidenschaft gezogen wurde, dazu kam noch, daß von 34 Lehrern zeitweise 18 eingerückt waren, daher gab es zum erstenmal Frauen im Lehrkörper".[14] Pensionierte Professoren wurden reaktiviert, und neben einigen fanatischen Nationalsozialisten versuchten andere vorsichtig und zumindest in gewissen Grenzen auch noch etwas vom Geist guter österreichischer Schultradition zu bewahren.

Der große Einschnitt kam dann mit der Evakuierung der ersten bis fünften Klassen nach Admont im

Februar 1944. Wegen der Nähe zum Hauptbahnhof, zur Kaserne und einigen Rüstungsbetrieben schien die Oeverseeschule besonders gefährdet zu sein. In anderen Grazer Schulen wurde nämlich noch bis ins Jahr 1945 unterrichtet. Josef Krainers vierte Klasse „logierte" im Hotel Post, dort und in einigen Räumen des Benediktinerstifts fanden die Unterrichtsstunden statt. Die Freizeit wurde meist am Fußballplatz verbracht, die Oeverseer gewannen sogar einmal gegen eine Wehrmachtsmannschaft. Josef Krainer erinnert sich auch eines Luftkampfs über dem Ort: „Wir sind alle auf die Straße gerannt und haben zum Himmel gestarrt. Die Maschinen flogen so tief, daß wir die Piloten in den Kanzeln sehen konnten."

Im Oktober hieß es dann wieder packen. Die älteren Buben wurden zum „Schanzen" ins Burgenland geschickt, zum Bau des „Ostwalls" in Strem bei Güssing. Sie schaufelten Panzer- und Schützengräben aus, die die immer näher kommende sowjetische Angriffswalze an der Grenze des Reichgebiets aufhalten sollten. Josef Krainer denkt ungern an diese sechs Wochen zurück: „Nach fünfzig Jahren hatten wir ein Treffen in Strem. Ein einheimischer Kaufmann führte uns zu einigen Überresten des ‚Ostwalls'. Alles hat sich total verändert. Es war keine angenehme Zeit. Wir schliefen in einem Stadel, draußen waren Balkenlatrinen. Wir mußten Löcher graben, in denen wir bei Tieffliegerangriffen Deckung suchten. Das nahe Güssing ist auch bombardiert worden. Die Verpflegung war schlecht und der Boden hart. Es war kalt und naß. Wir hatten alle

Durchfall." „Schickt was zum Essen", hat der Pep in seinen Briefen gebeten", erzählt Anni. „Sie haben immer Hunger gehabt. Wir haben ihm fleißig Packerln geschickt. Die Eltern waren erbost darüber, daß es den Buben dort so schlecht gegangen ist. Sie haben interveniert und protestiert, damit die Buben wieder heimkommen."

Zuerst ging es jedoch wieder zurück nach Admont. Ein Teil der Schüler blieb dort bis übers Kriegsende, Josef Krainer dagegen wollte nach Hause, verschaffte sich einen Marschbefehl und machte sich im März 1945 auf den Weg nach Graz: „Wir mußten in Gösting aussteigen, weil der Hauptbahnhof gerade wieder einen Luftangriff hinter sich hatte. Um in die Mariengasse zu gelangen, mußte ich über Schutt- und Trümmerhaufen klettern. In unsere nur leicht beschädigte Wohnung war der ausgebombte Hausmeister, ein alter Sozialdemokrat, mit seiner Familie eingezogen. Irgendwann ist dann ein Zug in Richtung Wies gefahren. Bei Preding wurde er jedoch von Tiefliegern beschossen, und wir sind in den Wald neben dem Bahndamm geflüchtet…" Schließlich kam der Pep doch noch heil in Gasselsdorf an und wurde von der Mutter wie der verlorene Sohn begrüßt, nur der Vater, der war weg, war untergetaucht…

An der Weltenwende

*"Unsere russischen Kriegsgefangenen haben sich
vor die Familie gestellt, weil sie von uns immer
gut behandelt worden sind."*

Josef Krainer über das Kriegsende 1945

„Ich bin in aller Heimlichkeit los, zuerst mit dem Fahrrad und dann zu Fuß, hinauf in die Wälder. Auf einer Lichtung ist er mir entgegengekommen – im Wetterfleck, den Hut tief im Gesicht, ein Jagdgewehr hat er umgehängt gehabt, und ein paar Handgranaten in der Tasche. Wir haben uns umarmt. Er hat nur gefragt: ‚Wie geht's der Mutter?', und ich habe ihm berichtet, was daheim los war, und ihm auch eine Botschaft von Freunden überbracht." Es war kurz vor Ostern 1945. Die Rote Armee, Einheiten der 3. Ukrainischen Front, hatte im Burgenland gerade die Grenze überschritten. Da wurde der 15jährige Pep als Kurier auf den Radlpaß hoch über Eibiswald zum Vater gesandt. Wenn sich Josef Krainer in der Endphase des Kriegs nicht versteckt hätte, wäre er aller Wahrscheinlichkeit nach noch dem letzten „Aufräumen" unter Regimegegnern und Widerstandskämpfern zum Opfer gefallen.

Solange er noch in Gasselsdorf sein konnte, hatte Pep einiges davon mitbekommen, wie der Vater wieder Kontakte von früher neu knüpfte und sich für die Zeit danach rüstete. Des öfteren waren alte Freunde zu Gast, Fronturlauber oder auch der ehemalige Landeshauptmann Stepan, der wie Gorbach aus Dachau entlassen worden war. Man tauschte Nachrichten aus, schmiedete Pläne und sprach sich Mut zu. Wenn der Vater die verbotenen „Feindsender" hörte, oder auch nur „den Schweizer", Radio Beromünster, waren die Fenster verdunkelt, und er hatte das Ohr dicht am Apparat.

Nach dem mißglückten Attentat auf Hitler am 20. Juli 1944 wurde der Vater verhaftet und nach Graz ins Gefängnis gebracht. Da fuhren der NS-Ortsgruppenleiter Arnold und der Bürgermeister Josef Schelch selber zum Gauleiter, um Krainer wieder herauszuholen. Gorbach mußte neuerlich ins KZ, und Pep, der die Sommerferien daheim genoß, wurde mit Lebensmitteln zu dessen Familie geschickt: „Seine verzweifelte Frau hat mir aufgetragen, dem Vater zu sagen, dem Alfons geht's gar nicht gut."

Im Frühjahr 1945 war dann Krainer wieder dran. Fanatische Nationalsozialisten, die das Ende nahen sahen, wollten so viele ihrer Gegner wie nur möglich mit in den Abgrund reißen. So fanden noch im April am Grazer Feliferhof Massenhinrichtungen statt. Am 18. März wurde Krainer vom Gendarmeriepostenkommandanten Hiermann und vom Bürgermeister gewarnt, daß er verhaftet werden sollte: „Du Krainer, morgen holen's di". Der Kreisleiter von Deutschlandsberg ließ eine Schar ausgewiesener Antinazis zusammenfangen, und neun von ihnen wurden in einem Bombentrichter auf der Hebalm „liquidiert", erschossen. Auch der Name Josef Krainers stand auf der Todesliste. Er konnte sich jedoch ohne großes Abschiednehmen rechtzeitig davonmachen.

„Nur die Mutter und der Pep haben gewußt, wo der Vater war", sagt Anni. „Er hat uns in einem Brief geschrieben, er sei irgendwo in den Wäldern, er fühlte sich nicht schuldig und wollte nur sein Leben retten. Die Mutter hat uns darauf vorbereitet, daß wir vielleicht von der Gestapo verhört würden. Wir haben uns vorgenommen, tapfer zu sein, selbst wenn sie uns den Revolver vorhalten würden. Das ist uns Gott sei Dank erspart geblieben, aber die Mutter hat in diesen Wochen einmal einen Nervenzusammenbruch erlitten." Der Krieg war auch für die Buben längst kein Abenteuer mehr. Sie fühlten die ständige Bedrohung und bangten um den Vater. Alle wußten, daß das Ende nahe war, aber vor den Schrecken, die damit verbunden sein würden, davor hatten sie durchaus berechtigte Angst. Bei gutem Wetter dröhnte der Himmel von den amerikanischen Bombengeschwadern, und wenn sie über Graz ihre tödliche Last abluden, klirrten in Gasselsdorf die Fenster. Als Wien bereits gefallen war und die Zeitung die Bildung einer österreichischen „Marionetten-Regierung von Stalins Gnaden" unter Karl Renner mit ein paar abfälligen Sätzen kommentierte, war abends von den Kuppen der Weinberge am Horizont das Wetterleuchten des Artilleriefeuers zu sehen, und fernes Donnergrollen kündete von der festgefahrenen Front in der Oststeiermark. Der Vater hingegen suchte Sicherheit an einer anderen, nicht so deutlich abgesteckten Front.

Peter Assigall ist etwa gleich alt wie der junge Krainer. Und er war dabei, als dessen Vater auf dem ansehnlichen Stindlweber-Hof in Stammeregg nahe dem Radlpaß an der heutigen Grenze zu Slowenien als Knecht getarnt Unterschlupf fand. Der für die Gegend exotische Name Assigall stammt von einem französischen Soldaten, der in den Napoleonischen Kriegen in der Südsteiermark hängengeblieben ist und eine Einheimische geheiratet hat. Und der alte Assigall und der alte Krainer waren gute Freunde. Der Sohn öffnet eine Schupfentür: „Das war die Schmiede, da hat der Krainer gearbeitet." Weil jedoch aus der damals noch deutschen Untersteiermark mehr und mehr Partisanen einsickerten, durchstreiften des öfteren SS-Kommandos das Gebiet. Darum verzog sich Krainer auf ein noch höher gelegenes, schwer erreichbares Bergbauerngehöft. Beim Krottmayer vulgo Glirsch zeigt man im Bewußtsein ihrer historischen Bedeutung die versteckte Falltür im Boden einer Kammer. Hier konnte sich Krainer verkriechen, sobald sich eine Patrouille näherte.

Die Deutschen kamen nur bei Tag, die Nacht gehörte den Partisanen. Sie verlangten von den Bauern Verpflegung, Most und Wein, holten das Vieh aus den Ställen und verschleppten einige Nazis oder Leute, die sie dafür hielten. Über irgendwelche geheime Widerstandslinien wußten sie jedoch von Krainer, und er konnte mehrmals vermittelnd und helfend eingreifen und durch Verhandlungen verhindern, daß eine deutsche Wehrmachtseinheit am Radlpaß noch zum letzten Gefecht antrat. In der Hitze des ersten

Wahlkampfs nach dem Krieg versuchten sozialistische Propagandisten vergeblich, Krainer wegen seines angeblich so guten Verhältnisses zu den gefürchteten Tito-Leuten mit dem Beinamen „Partisanenseppl" schlechtzumachen.

In Gasselsdorf leitete inzwischen Krainers Kompagnon, Baumeister Bauer, das Werk. Es wurde in Tag- und Nachtschichten gearbeitet, denn nach all den Bombenzerstörungen waren Dachziegel ein kriegswichtiges Gut. Im Betrieb waren neben Fremdarbeitern aus verschiedenen Ländern russische Kriegsgefangene eingesetzt, und Mutter Krainer mußte sie alle verköstigen. In der Landwirtschaft stand ihr ein Nachbar hilfreich zur Seite.

Während die Produktion ziemlich normal weiterlief, wurden Pep und seine Geschwister Zeugen eines geschichtlichen Zerfallsprozesses. Das Gebälk des Dritten Reichs war bereits durch und durch morsch und krachte mit viel Getöse zusammen, und die Südsteiermark wurde zur Rückzugsstraße der deutschen Balkanarmeen mit ihren letzten Verbündeten im Troß. Zuerst hielten ungarische Truppen in Gasselsdorf Rast, dann Wlassow-Kosaken und diverse deutsche Einheiten mit Mann und Roß und Wagen, und wenn einem Lkw das Benzin ausging, dann blieb er einfach am Straßenrand stehen. Die Soldaten hatten nur das Bestreben, der Rache der Partisanen oder der sowjetischen Gefangenschaft zu entgehen und vor den Briten oder Amerikanern zu kapitulieren.

Die Bevölkerung fürchtete um ihr Hab und Gut, und auch die Krainer vergruben Lebensmittel und

Wertsachen in einem nahen Weingarten. Und dann hatte die Zeit auf einmal einen Bruch, sie stand still, obwohl die Uhren weiterliefen. Dieselben Zeitungen und Sender sprachen über Nacht eine völlig andere Sprache. Der Krieg war aus, und keine Glocken läuteten, viele waren auch von den Türmen geholt und eingeschmolzen worden. Die NS-Bonzen hatten sich aus dem Staub gemacht, und unmittelbar nach der Kapitulation am 8. Mai 1945 wurde in Graz eine Landesregierung gebildet – mit dem Sozialdemokraten Reinhard Machold als Landeshauptmann und einem Christlichsozialen, dem Universitätsprofessor Alois Dienstleder, als Stellvertreter. Die Sowjets verlangten eine Woche danach, neben drei Sozialisten und drei Christlichsozialen auch noch drei Kommunisten in die Regierung aufzunehmen. Die Rote Armee war erst in der Nacht zum 9. Mai in Graz einmarschiert. Und die meisten Steirer haben die erste Begegnung mit „den Russen" fest in ihrem Gedächtnis gespeichert, auch der junge Krainer: „Sie sind am 9. Mai mit Panzern und Lkws vorgefahren, ein Offizier ist ins Haus gekommen und hat sich etwas zu essen bereiten lassen. Er war blond, blauäugig, sehr bestimmend, aber nicht unhöflich."

Gasselsdorf blieb von den Begleiterscheinungen der „Befreiung" nicht verschont: Plünderungen und Vergewaltigungen waren wie überall an der Tagesordnung. „Unsere russischen Kriegsgefangenen haben sich vor die Familie gestellt, weil sie von uns immer gut behandelt worden sind." Es sollte jedoch nicht bei den Russen bleiben. Als einziges Bundesland wurde die Steiermark im Mai 1945 von fünf verschiedenen Armeen besetzt, bis auf die Amerikaner haben die Gasselsdorfer alle kennen und fühlen gelernt. US- Panzerspitzen stießen ins Ennstal vor. Die Engländer trafen von Kärnten kommend in Judenburg auf die Sowjets, und über die Pack erreichten sie Köflach. Im Süden folgten der Roten Armee die jugoslawischen Partisanen: „Ein wilder Haufen in bunt zusammengewürfelten Uniformen, manche in deutschen Monturen oder auch in Steirerröcken, aber alle mit dem roten Stern auf den Mützen", so schildern die Krainer-Geschwister den Einmarsch der Partisanen: „Mit denen hatten wir es am schwersten" – und als Draufgabe rückten noch die Bulgaren an, die sich erst in letzter Stunde auf die Seite der Sieger geschlagen hatten. „Und alle, alle haben bei uns gelagert." In den ersten Wochen herrschte die Angst, daß Titos Truppen einen Gebietsstreifen im südlichen Grenzland nicht mehr hergeben würden. Als jedoch die Russen Ende Juli die Steiermark entsprechend dem Jalta-Abkommen den Briten überließen, zogen auch die Partisanen ab. Die Engländer wurden als die wahren Befreier begrüßt. „Zu uns kamen ein paar Offiziere, und Mutter kochte ihnen Tee."

Unmittelbar nach Kriegsende war der Vater wieder daheim. Die diversen Besatzer respektierten ihn als politisch Verfolgten. So gewann Krainer sofort große Autorität, versuchte die Bevölkerung zu schützen, wo und wie es ihm nur möglich war, verhandelte mit den Kommandanturen der diversen

Besatzer und tat den ersten offiziellen Schritt zurück in die Politik – er wurde Bürgermeister von Gasselsdorf. Übrigens – dieses Amt hat er erst im Mai 1950 abgegeben, als er längst Landeshauptmann war.

„Der Krainer hat in diesen unsicheren Wochen Unglaubliches für die Leute geleistet", dafür kann Willibald Pennitz aus eigener Erfahrung Zeugnis ablegen. „Er hat sich vor niemandem gefürchtet und vielen geholfen, vor allem den Frauen. Ich hatte mich im Mai nach Hause durchgeschlagen. Doch die Partisanen haben Jagd auf heimkehrende Soldaten gemacht, und wen sie erwischten, den haben sie nach Jugoslawien geschafft. Auch mich haben sie verhaftet, weil mich irgend jemand denunziert hat. Ich wurde in einen Erdäpfelkeller gesperrt. Meine Mutter rief verzweifelt den Krainer an, und der hat mich sofort herausgeholt. Und dann war ich auch mit dem Pep wieder zusammen."

An der Seite des Vaters erfuhr der Älteste, wie die Demokratie wiedergeboren wurde, obwohl ihre Geburtshelfer meist selber keine geborenen Demokraten waren. Sie mußten erst das Vokabular eines ihnen eher fremden, neuen politischen Idioms erlernen, sich aus den Fesseln autoritärer Denkschemata befreien, den Ballast ihrer Vorurteile abwerfen und die Feindbilder aus der Zwischenkriegszeit verdrängen. Wenn Tochter Anni davon erzählt, wie der Vater in die Landespolitik zurückberufen wurde, dann klingt das wie eine klassische Lesebuchgeschichte: „Da sind einige Männer aus Graz zu uns gekommen, und sie sind um den Tisch gesessen, und haben den

Vater gebeten, wieder in der Politik mitzuarbeiten – ‚Krainer komm mit, wir brauchen dich!' Das höre ich heute noch."

Und gebraucht wurde damals jeder Mann, der eine unbelastete Vergangenheit hatte, sich zu einem neuen Österreich bekannte und voll guten Willens, Mut und Optimismus bereit war, beim Wiederaufbau der schwer getroffenen Steiermark mitzuarbeiten. Über die Grenzen des eigenen Bundeslandes vermochte man kaum hinauszusehen, wurde doch selbst die Reise in die nahe Landeshauptstadt zu einem hindernisreichen Unterfangen. Josef Krainer freilich organisierte sich ein Fuhrwerk nach Graz und befand sich unter den rund 60 altgedienten ehemaligen Christlichsozialen, die am 18. Mai 1945 im Haus der Kreuzschwestern in der Kreuzgasse die Steirische Volkspartei gründeten, als Landesorganisation der Österreichischen Volkspartei. Die war bereits am 17. April, ebenfalls auf kirchlichem Boden, im Wiener Schottenstift ins Leben gerufen worden, zu einem Zeitpunkt, da in Graz Gauleiter Uiberreither noch den Kampf bis zum Endsieg proklamierte.

Es muß wie ein geistiges Ärmelaufkrempeln gewesen sein, als sich Krainer mit aller Leidenschaft in das erwachende politische Leben stürzte. Als geschäftsführender Landesleiter wurde er dem Landesparteiobmann Dienstleder zur Seite gestellt, und am 7. Juli rief er bereits die Bezirksleiter aus dem ganzen Land zu einer ersten Tagung nach Graz. Viel Zuversichtliches und Zukunftsträchtiges hatten sie ihm nicht zu berichten: überall Lebensmittelknappheit, gesprengte Brücken und Geleise, unbefahrbare Straßen, demontierte Industrieanlagen, die von den Kampfhandlungen verheerte Oststeiermark, vom Bombenkrieg schwer getroffene Fabriken und Städte (in Graz über 20.000 zerstörte Wohnungen), 56.000 Volksdeutsche und unzählige andere Flüchtlinge und Heimatlose auf allen Straßen. Es dauerte noch lange, bis sich die endgültige Bilanz der erschütternden Verluste an menschlicher Substanz erstellen ließ: etwa 27.900 Steirer in deutscher Uniform sind gefallen, 12.400 für immer vermißt geblieben, 9.000 Angehörige der Zivilbevölkerung starben im Bombenkrieg, davon allein 2.000 Grazer, 8.000 wurden aus politischen Gründen hingerichtet oder kamen in Gefängnissen und Konzentrationslagern ums Leben, 2.500 Juden und 300 Zigeuner aus der Steiermark und dem zum Gau gehörigen Südburgenland fielen der Vernichtungsmaschinerie des Dritten Reichs zum Opfer.[15]

In Gasselsdorf mußte sich die Familie wieder daran gewöhnen, den Vater nur noch selten zu Hause zu sehen. Durch die Länderkonferenzen in Wien wuchs das viergeteilte Österreich zu einer politischen Einheit, und die für den 25. November 1945 angesetzten ersten freien Wahlen sollten die demokratischen Institutionen schaffen, die für die Selbstbehauptung des besetzten Landes unabdingbar waren. Dabei würden die Volkspartei, die Sozialdemokraten und die Kommunisten auch erfahren, wie stark sie wirklich waren und wo die Österreicher standen. Alfons Gorbach, im Mai krank und geschwächt aus dem KZ heimgekehrt und inzwischen wieder zu Kräften gelangt, wurde beim ersten Landesparteitag am 23. Oktober auf Antrag Josef Krainers zum geschäftsführenden Landesparteiobmann gewählt. Das änderte jedoch nichts an Krainers Schlüsselposition in der Partei.

Der Vater entwarf in der ÖVP-Zentrale am Karmeliterplatz Wahlstrategien – zu jenen Zeiten geschah das alles noch weniger wissenschaftlich, sondern eher nach dem Gefühl, mit Instinkt, die meisten taktischen Entscheidungen wurden einfach „aus dem Bauch" getroffen. Und der älteste Sohn erhielt seine Feuertaufe als Wahlkämpfer. Er klebte in Gasselsdorf und Umgebung Plakate, ging von Haus zu Haus, um Stimmzettel zu verteilen, denn amtliche Formulare, wie sie heute in den Wahllokalen aufliegen, gab es noch nicht. Solche Besuche nutzte er gleich, um mit den Leuten zu reden und sie im Sinne der Volkspartei zu beeinflussen. Bei diesem ersten Dienst im Fußvolk der Partei schillerte bereits seine politische Begabung durch. Sprachlich gewandt und voller Überzeugungskraft, wußte er die Leute für die Sache des Vaters zu begeistern. Und diese Tätigkeit hat ihm auch Spaß gemacht.

Es waren nicht nur Gleichgesinnte, mit denen es Pep zu tun hatte. Das Nachbardorf Pölfing-Brunn war wegen seiner großen Bergarbeitersiedlung eindeutig rot. Neben einem sozialistischen Bürgermeister saßen mehrere Kommunisten im Gemeinderat. Peps jüngere Brüder Fritz und Heinz besuchten dort die Volksschule: „Wir hatten einige gute Freunde im

Ort, und Pep hat sehr oft und gerne mit einem KP-Gemeinderat diskutiert. Und später, als einmal SPÖ und ÖVP gleichviel Mandate erreichten, wurde der Mann der Volkspartei mit Hilfe der Kommunisten zum Bürgermeister gewählt." Der menschliche Umgang mit Andersdenkenden und politischen Gegnern wurde so wesentlicher Bestandteil der demokratischen Grundausbildung des Parteirekruten Josef Krainer.

Die Auseinandersetzungen vor den Wahlen am 25. November waren nicht unbedingt von Fairneß und Vornehmheit gekennzeichnet. Die Wähler wußten jedoch, worum es ging. Überall in Österreich erlitten die Kommunisten eine vernichtende Niederlage, und die ÖVP triumphierte, weil es ihr gelungen war, sich als die „Österreich-Partei schlechthin" zu präsentieren. „Ihre Programmatik, Praxis und ihre Personen waren geprägt vom Willen, den Klassenkampf alten Stils und alter Frontstellung zu überwinden und die Gräben in unserer Gesellschaft zu überbrücken."[16] Diese Diagnose Kurt Vorhofers, einer der besten innenpolitischen Journalisten des Landes, in einem späten Rückblick auf die Entwicklung der ÖVP könnte auch als Definition der künftigen Krainer-Linie genommen werden, für den Vater gültig wie für den Sohn. Dabei müßte man statt von der „Österreich-" nur von der „Steiermark-Partei" sprechen. Gleichzeitig mit dem Nationalrat war am 25. November 1945 auch der Landtag gewählt worden. Mit 53 Prozent und 26 Mandaten erzielte die ÖVP eine klare absolute Mehrheit gegenüber den Sozialdemokraten (41,6 Prozent, 20 Sitze) und den Kommunisten (fünf Prozent, zwei Sitze). Dieses Resultat konnte von der ÖVP nur noch einmal übertroffen werden – 1974, als Landeshauptmann Niederl zusammen mit Parteichef Josef Krainer junior auf die stolze Rekordmarke von 53,3 Prozent kam.

In Wien wurde Leopold Figl Bundeskanzler, in Graz wählte der Landtag am 28. Dezember den obersteirischen Bauernbundvertreter Anton Pirchegger zum Landeshauptmann. Die neue Landesregierung, aus fünf VP- und vier SP-Mitgliedern bestehend, mußte sich im Landhaus geeignete Räume suchen, weil in der Burg die britische Besatzungsmacht residierte. Josef Krainer wurde Landesrat für Gemeindeangelegenheiten und das Forst- und Veterinärwesen, weiters unterstanden ihm das Landesamt für Statistik und die Preisbehörde.

Der Vater saß nun also die meiste Zeit in seinem Büro in Graz oder war in der ganzen Steiermark unterwegs, für den Sohn hatte unmittelbar vor dem Wahltag die so lange unterbrochene Schulzeit begonnen. Das Oeverseegymnasium konnte trotz einiger Bombenschäden wieder geöffnet werden. Und wie früher pendelte Pep mit dem Zug tagtäglich zwischen Gasselsdorf und Graz hin und her.

Ferne und Nähe

„Ohne die integrative Kraft der Mutter würde eine solche Politikerfamilie eine verwaiste sein."

Josef Krainer über seine Mutter

„Der ohnehin auf das Mindestmaß des Erträglichen gekürzte Lehrstoff konnte im laufenden Schuljahr wegen der drei Monate langen Kohlenferien nicht erledigt werden." Dieser Satz im Jahresbericht des Oeverseegymnasiums von 1945/46 verrät die resignierende Verzweiflung einer gequälten Lehrerseele. Die Schule, die doch den Charakter stürmischer junger Leute stabilisieren und ein Hort der Ordnung sein sollte, befand sich weiterhin im Ausnahmezustand. Nur die Schüler, die haben es kaum gemerkt. Für sie war das Chaos längst zum Alltäglichen geworden. In den paar Monaten ohne Unterricht haben sie wahrscheinlich mehr gelernt als in mehreren Schuljahren. Pep und seine Kameraden, die in ihrer Klasse ein freudiges Wiedersehen feierten, waren allesamt älter und reifer als die meisten ihrer Altersgenossen heutzutage. Nachdem ihnen diese End- und Anfangszeit einen Intensivkurs in Lebens- und Überlebenskunst verordnet hatte, war bei den meisten der Bedarf an Geschichte gedeckt, und sie wollten wieder jung sein dürfen und die neue Freiheit genießen – soweit das Nachkriegsnöte und Mangelgesellschaft erlaubten.

Die Schule als Spiegel des Lebens? Zumindest das Haus in der Oeverseegasse entsprach dem allgemeinen Befinden der Steiermark: „Das Dach war beschädigt, die Nordwestecke des Gebäudes aufgerissen worden, alle Fensterscheiben waren zertrümmert und auch Türen weggerissen worden, abgesehen davon, daß durch Besatzungssoldaten der Turnsaal und das Physikkabinett in Mitleidenschaft gezogen worden waren", klagt der Jahresbericht.[17] Wegen des fehlenden Heizmaterials saßen die Schüler im Frühwinter mit klammen Fingern in ihren Mänteln im Klassenzimmer. Weil die Fenster mit Sperrholzplatten vernagelt waren, brannte ständig elektrisches Licht, und ein Stromausfall bedeutete das Ende der Stunde. Die meisten Professoren waren noch die alten, „nur zwei mußten die Schule verlassen, weil sie politisch belastet waren".

1940, bei der Aufnahme Josef Krainers in die Oeverseeschule, befand sich sein Vater im politischen Abseits, war verfemt und stand unter Gestapoaufsicht. Jetzt gehörte er der Landesregierung an und zählte zur steirischen Machtelite. Und als sein Sohn im Juli 1949 zur Matura antrat, lenkte der gerade 46 Jahre „alte" Krainer seit 17 Monaten die Geschicke der Steiermark als Landeshauptmann. Josef der Jüngere profitierte nicht unbedingt vom Aufstieg des Vaters. Einige Lehrer behandelten ihn eher strenger als die anderen. In der sechsten Klasse erwischte es ihn in Latein, und er mußte einen Sommer lang für die Nachprüfung büffeln. Unter dem Eindruck dieser unangenehmen Erfahrung reihte er sich danach jedoch unter die Vorzugsschüler ein, und im Maturazeugnis steht bei Latein ein Gut. Sein Religionsprofessor Franz Leopold beschreibt Josef Krainer als hellwachen, interessierten Schüler, der die Debatte suchte und in der Klasse eine führende Rolle spielte. Krainer hat dann auch in Religion maturiert.[18] Das Thema war für jene Jahre eher ungewöhnlich und spricht für den Lehrer: „Kapitalismus, Marxismus und das Christentum". Bei der mündlichen Englischprüfung ging es um das Auto als gute Investition – mit allem Respekt vor einem Produkt, das damals noch Luxusgegenstand war: „A good investment – the autocar."[19] Um diese Zeit kutschierte der Vater jedoch bereits mit seinem geliebten „Schewi", dem Chevrolet, einem Geschenk der Amerikaner, durch die Lande. Ihm diente der Straßenkreuzer als rollendes Büro, und wenn er müde war, legte er sich auf den Rücksitz und verfiel sofort in Tiefschlaf. Für seine englisch vorgebrachten Pro-Auto-Argumente erhielt der Sohn bei der Matura ein „Sehr gut". An eine Maturareise war nicht einmal zu denken. Dafür brachte Pep zur Feier der Reife ein Faßl Wein von daheim mit.

In jenen Jahren entstand in Gasselsdorf das neue Haus. Während der Ferien arbeitete Pep im Betrieb mit und kümmerte sich um die Buchhaltung. Mit Willibald Pennitz trat der 17jährige einem Volksmusikverein bei, übte sich im „Steirischtanzen" und wirkte bei den öffentlichen Auftritten der Gruppe als Conferencier. Pennitz: „Da ist er phantastisch angekommen. Es war für ihn eine Art Redner-Vorschule." Die Geschwister erinnern sich einer Ansprache am Grab eines verunglückten Freundes: „Da haben die Leute gesagt, der Bua red' schon besser als der Vater."

Obwohl Pep noch keine klaren Berufsziele hatte, erhielt er vom Vater vor allem in Gasselsdorf Anschauungsunterricht in menschennaher Politikpraxis. Josef Krainer war ja vom Wahlkreis West- und Untersteiermark in den Landtag gewählt worden. Die Wochenenden verbrachte er daheim, am Samstagabend hörte er bereits an seinem Stammtisch im Gasthaus Brand im benachbarten Gleinstätten geduldig an, was die Bauern alles so drückte, und am Montag früh stand die Tür für jedermann offen. An jenen legendären Sprechtagen des Landeshauptmanns drängten sich die Leute in Gasselsdorf vor dem Haus, und sie luden bei Krainer alles ab, was sie auf der Seele hatten. Er sollte für große und kleine Probleme zuständig sein und überall helfend eingreifen können, ob das nun der Streit um einen Grenzstein war oder ob einer Schwierigkeiten mit der Frau hatte – der Landesvater als Beichthörer, Friedensrichter und Ombudsmann oder gar als omnipotenter Deus ex machina. Auf eine solche wunschbildhafte Arbeitsplatzbeschreibung stützen sich bis heute so manche unerfüllbaren Ansprüche, die die Leute an den Landeschef stellen. Der junge Krainer erfuhr da sehr früh, was Bürgernähe bedeutet – lange bevor dieser Begriff zum Modewort wurde – und wie man mit den Menschen umgeht. Später hat er in der Burg ähnliche Offenheit praktiziert. „Die Leute sind mit allem zu mir gekommen – wie zum Vater." Und wie zu *einem* Vater, könnte man ergänzen. „Manche haben sich vom Landeshauptmann Wunder erwartet."

Josef Krainer wurde am 6. Juli 1948 vom Landtag zum Nachfolger des wegen gesundheitlicher Probleme zurückgetretenen Landeshauptmanns Pirchegger gekürt. Der Sohn war in der Landstube dabei, als der Vater in seiner ersten Regierungserklärung „Not und Elend auf allen Gebieten des geistigen, wirtschaftlichen und sozialen Lebens" und die „Armut und Bedrängnis unserer Mitbürger" ansprechen mußte. An die Adresse Jugoslawiens richtete er die beschwörende Bitte: „Gebt uns unsere Kriegsgefangenen zurück, erfüllt damit eure menschliche Pflicht gegenüber der Seelennot, die viele Mütter, Frauen und Kinder ertragen müssen, weil sie um das Leben ihrer Lieben bangen." Und er endete mit einem programmatischen Versöhnungsappell: „Wenn wir ein Volk sein wollen, das diese harte Zeit besteht, dann müssen wir vor allem die Kraft aufbringen, die Vergangenheit zu überwinden und frei in die Zukunft zu blicken. Ich rufe daher alle gutgesinnten Steirer auf: blickt nach vorne und nach oben, stellt alles Trennende beiseite."[20]

Das Trennende – damit ist der Umgang mit den ehemaligen Nationalsozialisten gemeint. In seiner engeren Heimat hatte sich Krainer darum gekümmert, daß die sogenannten „anständigen Nazis" verhältnismäßig früh wieder ins normale Leben eingegliedert wurden. Die Volkspartei suchte auch einstige bürgerliche Gegner der Christlichsozialen wie ehemalige Großdeutsche, liberale Landbündler usw. möglichst rasch für sich zu gewinnen. Denn daß die ÖVP in der Steiermark nur durch Einbrüche ins „nationale Lager" auf Dauer die Mehrheit würde behaupten können, war Krainer von Anfang an bewußt. Und dieser politischen Binsenweisheit vermochte sich auch der Sohn ein Vierteljahrhundert später nicht zu verschließen.

Auf der unteren Ebene des eifrigen Wahlhelfers merkte er bald nach der Matura, was damit gemeint war. Am 9. Oktober 1949 hatte sich der Vater zum erstenmal als Landeschef den Wählern zu stellen. In einem häßlichen Wahlkampf feierten so manche Ressentiments, Antipathien und Feindseligkeiten der Vergangenheit Auferstehung. Die Parteien warben um rund 170.000 Wähler mehr als in der Kampagne von 1945. Davon waren 50.000 Heimkehrer und 90.000 „Minderbelastete", also ehemalige NSDAP-Mitglieder, die erstmals wieder wählen durften. Um sie ging es vor allem, sie bildeten jedoch eine eigene Kraft durch den Verband der Unabhängigen – und dieser VdU eroberte auf Anhieb über 94.000 Stimmen (14,6 Prozent). Krainers VP hatte zwar 18.000 Stimmen dazugewonnen, aber über zehn Prozentpunkte verloren. Der Landeshauptmann hat dadurch sehr früh den bitteren Geschmack der Niederlage auf der Zunge gespürt, aber auch gelernt, mit ihr zu leben – und trotzdem die Macht zu behaupten.

In jenem Herbst des Krainerschen Mißvergnügens entschied sich Sohn Josef für ein Studium, das ihm viele Wege offenließ. Er inskribierte an der juridischen Fakultät der Grazer Karl-Franzens-Universität. Während er sich auf die erste Staatspüfung vorbereitete, übersiedelte die Familie in die Landeshauptstadt. Für die Gasselsdorfer Ziegelei fand sich ein verläßlicher Betriebsleiter, in einigen Jahren sollte der zweitälteste Sohn Fritz die Fabrik übernehmen und zu einem florierenden Unternehmen ausweiten.

Das von den Nazis beschlagnahmte Haus am Rosenberg, am Fritz-Pregl-Weg, war nach dem Krieg zum deutschen Eigentum erklärt worden, und Krainer mußte zurückkaufen, was er selber gebaut hatte und was doch sein Eigentum war. Das gemütliche Heim im bäuerlichen Landhausstil mit Veranda, hölzernen Fensterläden und einem großen Garten befand sich in so schlechtem Zustand, daß es einigen Aufwands bedurfte, bis es beziehbar war. Dann wurde es ebenso schnell zum Treffpunkt arrivierter Politiker und anderer Prominenz sowie der jugendlichen Freunde der Kinder. Oft war es auch eine kritische Runde, in der heftig über die politischen Tagesfragen gestritten wurde und der Vater seine Position verteidigen mußte. Diese Atmosphäre lebendiger Auseinandersetzungen gehört für Josef Krainer zu „meinen kostbarsten Erinnerungen".

Wie in Gasselsdorf bildete die Mutter den ruhenden Gegenpol zur Hektik einer Landeshauptmannsexistenz. Eine „First Lady" war sie nicht und wollte sie auch nicht sein. Für Repräsentation war Josefa

Krainer nur zu haben, wenn es sich nicht vermeiden ließ. Sie spielte allerdings keineswegs das Heimchen am Herd, das die Politik als Reservat der Männer betrachtete. Oft besprach sich ihr Mann unter vier Augen mit ihr, und vor wichtigen Entschlüssen fragte er sie nach ihrer Meinung, holte ihren Rat ein. Das kann ihr Sohn Josef bestätigen: „Die Mutter war gegenüber dem politischen Wirken unseres Vaters sehr kritisch und hat sich nicht gescheut, klar zu sagen, daß sie mit bestimmten Entscheidungen nicht einverstanden ist. Sie war nie die nur schweigende Frau. Sie hatte eine eigene Meinung, und die hat dem Vater viel bedeutet." Franz Wegart war öfters Gast zur „Jaus'n" im Haus: „Ich habe diese so eigenständige Frau sehr verehrt. Solange wir gegessen haben, ist sie bei uns gesessen. Und keine ihrer Bemerkungen hat der Vater überhört. Einmal hat er mir gesagt: ‚Weißt du, das ist so wichtig, weil sie einen so gesunden Hausverstand hat.' "[21]

Für die Kinder drehte sich alles um die Mutter, weil der Vater viel zu selten Zeit für sie hatte. Sie strahlte Katholizität aus und erfüllte das Haus mit schlichter, volksverbundener Frömmigkeit. Sie ruhte in sich selbst, und ihrer bescheidenen, natürlichen Würde zollte so mancher „Studierter" Respekt. Peps Jugendfreund Willibald Pennitz sieht sie als bestimmende Zentralgestalt des Hauses vor sich. Ohne große Worte verbreitete sie unbestrittene Autorität. Als eine jener „wunderbaren Mütter, die alle Liebe zu geben und alle Last zu tragen wissen, die ihnen sogenannte ‚große Zeiten' abverlangen", pries sie Gerd

Bacher in einem Essay zum 60. Geburtstag des Sohnes.[22] Und die Kinder reden von der Mutter nur in Tönen höchster Verehrung und Liebe. Krainer sieht sie als Angelpunkt der Familie: „Ohne die integrative Kraft der Mutter würde eine solche Politikerfamilie eine verwaiste sein – dasselbe gilt für meine Frau und meine Familie. Als der Vater weg war und dann von der Politik völlig vereinnahmt wurde, hat sie nicht nur die Landwirtschaft, sondern zusammen mit ihrem unverheirateten Bruder auch die Ziegelei geführt und das neue Haus gebaut. Sie war eine wirklich unternehmerische Frau."

Lange Zeit bereits kränkelnd, ist Josefa Krainer 1964 viel zu früh, erst 59 Jahre alt, an Krebs gestorben. Der Vater Krainer hat den Verlust seiner Frau nie verwunden. Nach dem Tod der Mutter hat dann Anni das Heimathaus zusammengehalten und auf den Vater geschaut, auch dann noch, als sie Franz Strempfl geheiratet hatte, den Direktor der Hauswirtschaftsschule Haidegg.

Auf dem ersten „offiziellen" Familienphoto noch zu Lebzeiten der Mutter im neuen Grazer Heim ist das häusliche Glück unter dem Diktat des „Jetzt, bitte, lächeln"-Kommandos etwas erstarrt und eingefroren. Am wenigsten aufgesetzt wirkt dieses befohlene Lächeln bei Josefa Krainer. Ihr merkt man die Freude darüber an, Vater und Kinder endlich alle wieder einmal auf einem Fleck beisammen zu haben. In diesem Fall ist es ein Sofa, auf dem sie eng zusammengerückt sitzen, im feierlichen Sonntagsstaat, nicht steirisch, sondern städtisch gekleidet, der Vater, der nur die Lippen ein wenig verzieht, mit Smoking-Mascherl, daneben Fritz und Heinz und zwischen Vater und Mutter geschmiegt die kleine Dorli, dahinter stehend, auf die Lehne gestützt, Anni und dicht neben ihr der „Große", der Student – Josef, etwas vorgebeugt, ein sportlicher Typ, das Haar nicht zu kurz geschnitten und leicht gewellt, der Blick offen und wach.

Soviel Geborgenheit und Harmonie, wie sie dieses Photo vermittelt, sind eine ausgezeichnete Startrampe fürs Hinausgehen in die Welt. Was dem Vater in diesem Maße versagt blieb, dem Sohn war es möglich – dieses Sichselbersuchen und -finden im Unbekannten, in der Fremde. Ein anderes Photo, noch gar nicht so lange aus den USIS-Archiven (des US Information Service) zutage gekommen, zeigt Josef vor der amerikanischen Botschaft in Wien, lässig steht er da, eine Aktenmappe unter den linken Arm geklemmt, in einem taillierten Sakko, einer der Mode entsprechend weiten, überlangen Stulpenhose und Schuhen mit dicken Sohlen. Die nun viel kürzeren Haare streben nach oben, er zeigt seine Zähne mit einem breiten, glücklichen „Mir-gehört-die-Welt"-Lachen und blickt erwartungsvoll in die Zukunft, neugierig, im Bewußtsein, am Beginn eines neuen Lebensabschnitts zu stehen – und eines großen Abenteuers, um das ihn viele beneideten. Er hatte sich gerade sein amerikanisches Visum abgeholt. Im Spätsommer 1951 zählte Josef Krainer nämlich zum kleinen Kreis jener Glücklichen, die ein Fulbright- Stipendium für ein Studienjahr in den USA erhalten hatten.

Man brauchte dazu jedoch nicht unbedingt einen Landeshauptmann zum Vater zu haben. Auch ohne sich auf irgendwelche Prominenz im Hintergrund stützen zu können, war die um ein Jahr jüngere Grazer Anglistikstudentin Rosemarie Dusek ausgewählt worden. Sie hatte die Kommission durch ihr exzellentes Englisch beeindruckt. Und am Wiener Sammelplatz vor dem Aufbruch in die Neue Welt entdeckten die beiden Steirer sofort Gemeinsamkeiten, nicht nur weil sie in den USA für dieselbe Universität bestimmt waren. Rosemaries Großmutter stammte aus der Gegend von Kobenz, der Josef von frühester Kindheit an vertrauten Heimat der Eltern. So blieb das Zuhause selbst in der Ferne nah, und aus dieser Nähe sollte eine dauernde, innige Beziehung entstehen. Für Rosemarie war Krainer kein völlig Fremder: „Ich bin einmal mit einem Kollegen im Hörsaal der juridischen Fakultät bei einer Vorlesung Professor Tautschers gewesen, ‚Einführung in die Volkswirtschaftslehre'. Da kam er herein, ist dann zwei, drei Bänke vor mir gesessen, und mein Kollege hat mir gesagt: ‚Schau, das ist der Sohn vom Landeshauptmann.' " Rosemarie hatte am Dolmetschinstitut neben Englisch auch Russisch belegt. Sie interessierte sich für slawische Sprachen, weil sie von Kind an mit Tschechisch vertraut war. Ihr Vater, später Direktor der Zellstoffabrik in Weißenbach an der Enns, hatte neun Jahre lang eine Papierfabrik in Mährisch-Ostrau geleitet, von 1936 bis 1945, und in den ersten Volksschulklassen wurde bis zum Anschluß an das Deutsche Reich 1938 auch tschechisch unterrichtet.

Für Rosemarie war es eine glückliche Kindheit: „Wir haben uns immer auf die Märchen-Aufführungen zu Weihnachten im Stadttheater gefreut, da hat der junge Richard Eybner mitgespielt, und die Erna Korhel." Sehr früh wurde ihre Begabung fürs Klavierspiel offenbar. Mit fünf Jahren hatte sie damit begonnen: „Da konnte ich noch keine Oktav greifen. Mit zehn Jahren habe ich dann, ohne daß es mir jemand angeschafft hätte, täglich mehrere Stunden geübt. Ich hatte eine tschechische Lehrerin, und als ich während des Kriegs für einen Wettbewerb in Prag ausgewählt worden war, fragte man mich gleich, warum ich denn keine deutsche Lehrerin hätte. Und ich habe geantwortet, daß sie die bessere sei." Rosemarie übte weiter, studierte nach dem Krieg in Graz bei Professor Krömer die gesamte große Klavierliteratur und hatte alle Beethoven-Sonaten im Kopf und in den Fingern. Der Flügel steht mitten im Wohnzimmer, doch seit Jahren öffnet sie ihn nur selten. „Mit den Kindern war das Umfeld dafür nicht mehr so, daß ich genügend Ruhe und Zeit zum Spielen gehabt hätte." Die Liebe zur Musik, zu Konzerten, zur Oper hat sie sich jedoch bewahrt.

Mit dem ersten Bruch in ihrem Leben mußte sie 1945 fertigwerden: „Wir haben damals alles verloren." Der Vater hatte sie mit ihrem Bruder rechtzeitig aus der Stadt weggeschickt, bei Kriegsende befanden sich die Kinder im Böhmerwald: „Wir sind dann bei Gmünd über die Grenze, dort haben wir in der völlig zerschossenen Bahnhofshalle übernachtet, mit Massen von Flüchtlingen, und die Russen haben geplündert." Nach abenteuerlichen Zugsfahrten gelangten sie schließlich in die Steiermark, zum Großvater nach Wies. Rosemarie maturierte an der Grazer Keplerschule, begann ihr Sprachstudium – und dann kam Amerika, kam Josef Krainer.

1951 reiste man noch mit dem Schiff nach Amerika, mit der „Independence" von Genua nach New York und nach einem Tag in Washington im Schlafwagen weiter in den Süden, nach Atlanta, und von dort ins nahe Athens. Josef und Rosemarie waren der State University of Georgia zugeteilt worden. Für die jungen Leute aus dem demolierten Nachkriegseuropa materialisierten sich Wunschbilder aus Hollywoodfilmen, und aus den bunten, verlockenden Anzeigenseiten von „Life", „Collier's" oder „Look", deren Anblick ihnen beim Durchblättern der Magazine im Amerikahaus das Wasser im Mund hat zusammenlaufen lassen, war Wirklichkeit geworden. Die „students from Austria" glaubten sich im Paradies und verspürten selbst bei geringfügigsten Alltäglichkeiten einen Kulturschock. Für die Steirer hieß es Coca Cola statt Gösser, Ketchup statt Kernöl, Hamburger statt Krainerwürstel. Die Wunderlandkapazität Amerikas nutzte Josef, als er zu Weihnachten eine Platte nach Hause sandte, die er selber besprochen hatte. Seiner Schwester Anni bleibt diese Überraschung unvergeßlich: „Die Familie ist am Heiligen Abend um den Christbaum gesessen, vor dem neuen Plattenspieler, den uns das Christkind gebracht hat, und dann haben wir die Stimme vom Pep gehört und alle geweint."

Die USA standen in den frühen fünfziger Jahren am Höhepunkt ihrer Macht und ihres Ansehens, Harry Trumans Amtszeit neigte sich dem Ende zu, und die GIs bluteten im Schlamm von Korea, um die freie Welt vor dem Kommunismus zu retten. Im Frühjahr erfuhr der junge Krainer, was Wahlkampf auf amerikanisch heißt. Bei den Republikanern bewarb sich General Eisenhower um eine Nominierung für das Duell ums höchste Amt im Staat, während sich bei den Demokraten der intellektuelle, liberale Gouverneur von Chicago Adlai Stevenson durchsetzen sollte. Die österreichischen Studenten gerieten erstmals mit dem Wunder Fernsehen in Berührung und bekamen auch schon etwas vom politischen Gewicht dieses Mediums mit. Aus Josef war Joe geworden, und sein Englisch perfektionierte sich so rasch, daß er bald in den im amerikanischen Lehrbetrieb so beliebten Rollenspielen als Wahl- und Diskussionsredner brillierte. Und er wurde Mitglied der Demosthenian Literary Society: „Das war eine spannende Vereinigung, bei der man debattieren lernte. Diese Diskurse waren so etwas wie früher die Disputationen bei den Jesuiten. Da wurde ein Thema gestellt, das von zwei Sprechern kontroversiell abgehandelt werden mußte; und danach wurde von allen darüber diskutiert. Darauf konnte man sich vorbereiten, anders dagegen bei einem sogenannten ‚Wurfthema', das hat man erst vor der versammelten Society erhalten, und man mußte aufstehen und aus dem Stegreif dafür plädieren." Im „Cosmopolitan Club", der Vereinigung der ausländischen Studenten, wurde Krainer zum Vorsitzenden gewählt, dann gehörte er noch dem „Cardinal Newman Club" an, der katholischen Hochschulgemeinde, und einer interkonfessionellen Gemeinschaft.

Durch den Vater war dem jungen Krainer die österreichische Politikpraxis längst vertraut, das zwanglose Demokratietraining in den USA öffnete ihm jetzt die Augen dafür, unter welchen Defiziten in diesen Belangen das heimische Parteiengerangel noch litt. Als staunender Beobachter machte er Bekanntschaft mit der Anwendung moderner Werbemethoden im Ringen um die Wählergunst, aber er verschloß seine Augen auch nicht vor den Schattenseiten des amerikanischen Traums.

Vierzig Jahre später, als Josef Krainer 1990 an seinem Sechziger vor einer eindrucksvollen und beeindruckten Freundesschar Lebensrückschau hielt, erzählte er von seinem jüngsten Amerikabesuch, von einer nostalgischen Pilgerfahrt nach Georgia und von den fundamentalen Veränderungen: „Vor 40 Jahren gab's dort noch Segregation, das heißt, die Schwarzen mußten in einem eigenen Bus fahren, in ein anderes Restaurant gehen, obwohl sie in den Häusern und in den Familien unserer Freunde immer das große Wort gehabt haben – die Mammy sowieso -, aber sie waren unterprivilegiert. Heute ist auch an der University of Georgia, die zehnmal so groß ist wie vor 40 Jahren, das Problem der rassischen Integration gelöst. Und der einstige Außenminister John F. Kennedys, der 81jährige Professor Dean Rusk, der dort zehn Jahre lang internationales Recht gelehrt hat – jetzt ist er in Pension gegangen –, hat mir gesagt: ‚I am the black students' adviser here at the University of Georgia. – Ich bin derjenige, der für die schwarzen Studenten zuständig ist, der sich um die schwarzen Studenten kümmert.' Und am selben Tag, an dem wir in Atlanta waren, war Nelson Mandela dort und hat am Grabmal des Martin Luther King den Kranz niedergelegt und am Abend vor 70.000 Schwarzen im Stadion der Atlanta State University eine atemberaubende Rede gehalten."[23]

Das Amerika-Erlebnis hat Krainer nie losgelassen, und er hat die Erfahrung dieses Kontinents auf sehr amerikanische Weise gemacht: „Nach Semesterschluß wollte ich nach Oregon, dort hatte mir Otto

Zundritsch, ein Wiener Fulbright-Kollege, den ich am Schiff kennengelernt hatte, einen Job organisiert. Mit einem etwas älteren amerikanischen Freund, er war bereits ein Kriegsveteran, ging es auf die Reise. Er mußte nach Hause, nach Sacramento. Dafür kaufte er sich einen nagelneuen Dodge '52, weil der in Georgia um einiges billiger war als in Kalifornien. Dann fuhren wir los – er mit seiner Frau, ein Südafrikaner, ein Holländer, ein christlicher Araber aus Bethlehem und ich. Fürs Gepäck hatten wir einen Anhänger. Wir waren fünf Tage und fünf Nächte unterwegs und haben uns am Steuer abgewechselt. Nur einmal übernachteten wir in einem Motel in Oklahoma. Anschließend trampte ich nach Eugene in Oregon und arbeitete dort in einem Sägewerk. Ich habe im Haus des Besitzers gelebt und wurde wie ein Sohn behandelt. Die Mutter hat das Frühstück gemacht, und um sechs Uhr früh fingen wir an. Die ‚lumbermill', die Säge, war mitten im Wald. Ich stand an der ‚Chain', trug dicke Handschuhe und mußte die sortierten Bretter auf den richtigen Stapel schaffen, acht Stunden täglich. Die Bezahlung war gut, und ich war schwere Handarbeit von daheim gewohnt. Am Wochenende nahm mich die Familie zum Rodeo mit, oder ich konnte mir das Auto borgen und zum Fluß baden fahren. Als der Sohn vom Urlaub aus Hawaii zurückkam, waren meine vier Wochen um. Er mußte als Reserveoffizier einrücken und nahm mich in seinem Wagen nach Kalifornien mit. Und von da ab war ich wieder per Autostopp unterwegs, quer durchs Land." In St. Louis besuchte

Krainer den dort lebenden ehemaligen österreichischen Bundeskanzler Univ.-Prof. Dr. Kurt Schuschnigg. „Ich war mit einem Kollegen zusammen, der aus einem nationalen Haus stammte und sich über Schuschnigg nur abfällig äußerte und nichts von ihm wissen wollte. Nur mit Mühe konnte ich ihn überreden, mitzukommen. Schuschniggs Frau hat uns an der Straßenbahn abgeholt, dann sind wir ihm in seinem Studio im Keller gegenübergesessen. Es war bis zur Decke vollgepfropft mit Büchern, und in der Mitte stand der Schreibtisch. Wir haben ihm Fragen gestellt, wie das wirklich war 1938, ein unvergeßliches Gespräch, und mein Freund war durch die Persönlichkeit Schuschniggs auf einmal völlig umgedreht."

Diese Begegnung mit der jüngsten österreichischen Geschichte in St. Louis war nur ein Zwischenspiel in der ständigen aufregenden Auseinandersetzung mit einer so anderen Gegenwart, in der unendlich viel Zukunft steckte. Als sich Josef Krainer in New York wieder auf der „Independence" einschiffte, trug er das gewichtigste Gepäck im Kopf. Das Kapital, das er aus den USA heimbrachte, waren neben seinen Englischkenntnissen ein geschärfter politischer Verstand und eine beachtlich erweiterte Weltsicht – ja, und Rosemarie. Das heißt, nach dem Ende des Universitätsjahrs waren die beiden noch getrennte Wege gegangen. Rosemarie fuhr mit einer griechischen Freundin nach Florida, verbrachte einige Zeit in einem Quäkerlager bei Boston und kehrte schließlich auf einem anderen Schiff zurück nach

Europa: „Im Herbst hat er mich dann angerufen, und wir haben uns öfters getroffen, bis wir schließlich ‚miteinander gegangen' sind, wie man damals sagte."

Jahre danach, als Krainer Landeshauptmann geworden war, sprach eine ORF-Reporterin Rosemarie Krainer auf die Rolle der amerikanischen Politikerfrauen an, wie sie ihr in den USA übers Fernsehen vor Augen geführt worden war: „Die Art, wie die Frauen am politischen Geschehen teilnehmen, war für uns eher ungewöhnlich." Daß sie selbst einmal an der Seite eines Politikers stehen würde, hatte sie sich in ihrer Amerikazeit noch nicht vorstellen können: „Mein späterer Mann war ja noch nicht politisch tätig, aber irgendwie habe ich schon gewußt, daß er in irgendeiner Weise sehr engagiert sein würde."[24]

Wieder zurück in der Heimat, brachte Josef Krainer sein Jusstudium zu Ende und machte das Gerichtsjahr. Der frischgebackene Dr. juris ruhte sich keineswegs auf dem akademischen Lorbeer aus, sondern nahm noch eine Chance wahr, seine Perspektiven auszudehnen, zusätzliche Internationalität zu gewinnen und sich über jegliche österreichische Provinzialität zu erheben. Er ging zu einem Postgraduate-Studium an das „Bologna Center of Advanced International Studies" der amerikanischen Johns Hopkins University, sein Fach hieß „Internationale Beziehungen", man darf jedoch ohne zu übertreiben „Hochschule für Weltpolitik" dazu sagen. Zu den „Vätern" des Studienzentrums zählte Paul Nitze, Kennedys späterer Marineminister, der als US-Chefunterhändler bei den Abrüstungskonferenzen mit

> **The Bologna Center**
>
> *This is to certify that*
> **Joseph R. Krainer**
> *has fulfilled* **with distinction** *the academic requirements at The Bologna Center of the School of Advanced International Studies of The Johns Hopkins University for the academic year* **1955-56**
> *In Testimony Whereof, we have hereto affixed our signatures and the seal of The Bologna Center this* **11th** *day of* **June** *A.D.* **1956**

den Sowjets mehr als einmal Schlagzeilen machte. Einer der prominentesten in der Schar exzellenter Professoren ist Alfred Grosser, der Pariser Politologe, der so viel für das deutsch-französische Verständnis geleistet hat. Krainers Studienkollegen aber sitzen heute an Schaltstellen überall in der Welt, und dieses „oldboys"-Netz von Bologna – hierzulande würde man von „Alten Herren" reden – hält fest zusammen. Auf vielen seiner Reisen als Landeshauptmann traf Krainer Johns Hopkins-Absolventen in gewichtigen Positionen, und so mancher hat bei Europatrips nur seinetwegen einen Abstecher nach Graz gemacht.

Die eindringliche Art, in der Josef Krainer von Bologna erzählt, verrät, was ihm diese zwölf Monate bedeutet hatten und noch immer bedeuten. Die Unterrichtssprache war Englisch. Daneben lernte Krainer jedoch die italienische Sprache, Lebensart und Kultur kennen und lieben, und er tauchte tief in die geistigen und künstlerischen Sphären des rinascimento ein. Vielleicht rührt davon seine intellektuelle Vielseitigkeit her, dem Ideal des universal gebildeten Renaissancemenschen nachstrebend.

Als Josef Krainer, aus dieser Elitenschmiede kommend, in Graz seine weitere Karriere plante, hatte er den meisten seiner Altersgenossen daheim einiges voraus. „Ganz wenige waren so früh wie er im Ausland und konnten die Erfahrungen der nördlichen Hemisphäre zu beiden Seiten des Atlantiks sammeln", urteilt der Grazer Politologe Wolfgang Mantl. „Damals war man doch schon froh, wenn man ein bißchen nach England gekommen ist. Josef Krainer sprach nun fließend englisch und italienisch. Mit seiner Weltoffenheit und seiner Intellektualität erreichte er damit völlig neue Dimensionen, die auch über die große Instinktsicherheit des Vaters hinausführten."[25] Dem 25jährigen, der nun vor der Berufswahl stand, erschienen die Fußstapfen des Vaters allerdings noch viel zu groß. Er wollte nicht als Satellit im väterlichen Planetensystem kreisen, sondern sich in anderen, eigenen Bereichen bewähren. Nach einer kurzen Praxis im Kartellbüro der Bierbrauerei Reininghaus bezog Josef Krainer im Ordinariat am Bischofsplatz sein Büro als Generalsekretär der Katholischen Aktion.

Glauben und Wissen

„Der Staat und die Gesellschaft brauchen das Engagement der Christen in ökumenischem Geist als ‚Salz der Erde'."

Josef Krainer über Christentum und Politik

„Der Joschi und ich waren oft miteinander bei den alljährlichen Fastenpredigten der Katholischen Hochschulgemeinde in der Dreifaltigkeitskirche in der Sackstraße. Da hörten wir so hervorragende Kanzelredner wie Otto Mauer, Diego Hanns Goetz, Leopold Ungar usw. Und anschließend spazierten wir langsam hinauf zum Fritz-Pregl-Weg, über alles diskutierend, was wir da an Ideen von der Kanzel gehört hatten, und diese Debatten sind dann meist im Haus noch lange weitergegangen. Es war eine geistig unerhört bewegte Zeit."[26] Rupert Gmoser kommt aus einem anderen „Lager". Doch jegliches Lagerdenken war und ist ihm genauso fremd wie Josef Krainer. Gmoser, später als sperriger Nationalratsabgeordneter der SPÖ nur schwer auf der Parteilinie zu halten, hatte als Vorsitzender der Sozialistischen Studenten in den gemeinsamen Universitätsjahren Krainer so manches erbittertes und rhetorisch brilliantes Wortgefecht geliefert. Das hinderte die beiden nicht daran, gute Freunde zu werden. Der eine war der „Ruperl", der andere der „Joschi".

Seit seiner Studententenzeit reden ihn so die Freunde an. Der Name Pep gilt einzig bei den Geschwistern, und vielleicht bei ein paar Kameraden aus frühester Jugend. Auch Gmoser kannte ihn noch aus der „Pimpfen"-Zeit. Bevor die Krainer nach Gasselsdorf zogen, waren die Zehnjährigen in Graz im selben Fähnlein erstem vormilitärischem Drill unterworfen worden. Die beiden sind Tür an Tür aufgewachsen. Die Krainer wohnten neben der Gebietskrankenkasse, und dort arbeitete Gmosers Mutter als Aufräumefrau.

Ihre geistige Verwandtschaft entdeckten Krainer und Gmoser jedoch erst auf der Universität. „Joschi fiel mir sofort durch seine Aufgeschlossenheit allen und jedem gegenüber auf. Wenn jemand, wie etwa ich, aus einer anderern weltanschaulichen Richtung kam, war er von einer unglaublichen Toleranz. Er war stets bereit, auf deine Position einzugehen; und er wollte wissen, wie du dieselbe Predigt erlebt hast, und was du dazu meinst. Diese so erfreulichen Gespräche dehnten sich oft über viele Stunden aus."

Dieses Eingehen auf den anderen, auf den politischen Gegner, war manchem von Krainers Parteifreunden nicht geheuer. „Sie haben ihn als Eiferer, Sektierer oder zumindest als Dogmatiker betrachtet – weil er ganz bestimmte Vorstellungen hatte von dem, was ist und was sein soll." Und wenn manche ÖVP-Größen der alten Schule den jungen Krainer und seine Aktivitäten in der kirchlichen Laienbewegung einordnen wollten, dann gebrauchten sie die Klassifizierung „Linkskatholik" wie ein Schimpfwort.

In der Diözese Graz-Seckau war 1954 Josef Schoiswohl Bischof geworden – asketisch, schlicht im äußeren Auftreten, jedoch empfänglich für alles Neue und bemüht, die Kirche in einer sich wandelnden Gesellschaft als dynamische Kraft zu erhalten. In diesen Jahren vor dem Konzil wurde vieles versucht, probiert oder auch nur vorausgeahnt, was bald zu so umwälzenden Veränderungen im Kirchenbild und im Kirchenleben führen sollte. Weit entfernt von konventionellem klerikalen Denken stützte sich Bischof Schoiswohl gerne auf engagierte Laien. Als eines der wirksamsten Instrumente zum Transport dieser Erneuerungsenergien diente ihm die Katholische Aktion. Und der vielseitige junge Jurist Josef Krainer auf dem Platz des Generalsekretärs schien ihm der geeignete Motor für diese Organisation zu sein.

Krainer stürzte sich in die Tagesarbeit, und wann immer er öffentlich auftrat, brachte er etwas in Bewegung, und wenn es nur ein paar Honoratioren waren, die verärgert den Saal verließen. Als Hauptredner vor 2.000 Leuten beim Bundestreffen der Katholischen Mittelschuljugend 1961 in Salzburg schockierte er mit seinen anscheinend so provozierenden Thesen die anwesende ÖVP-Prominenz. Krainer: „Da war der Drimmel ganz bös auf uns, und der Josef Klaus ist überhaupt weggegangen, weil wir so wahnsinnig revolutionäre Ideen vertreten haben."[27] Heinrich Drimmel war damals Unterrichtsminister und Klaus Landeshauptmann von Salzburg, und einer der „Revoluzzer" hieß Erhard Busek, der Obmann der Katholischen Mittelschuljugend. Mit seinem noch jüngeren Adlatus Wolfgang Schüssel hatte er die Salzburger Großveranstaltung ausgerichtet.

Busek und Krainer fanden sehr früh zueinander. „Für uns Jüngere wurde Krainer sehr rasch zu einer der interessantesten, zentralen Gestalten im österreichischen Katholizismus. In ihm war schon viel von jenem neuen Kirchenverständnis, das dann erst beim Konzil formuliert werden sollte. Die Grundlage dieses Denkens bildete die Gemeindetheologie, dieser innere Zusammenhalt der Gemeinde, die Kirche nicht als Hierarchie, sondern als Gemeinschaft von Gläubigen, das Volk Gottes auf Wanderschaft. Und das Prinzip des Geistigen – der Geist ist es, der lebendig macht. Das war auch die Devise des Salzburger Katholikentages 1963. Vieles von diesen Ideen hat Krainer später in die Politik einfließen lassen. Und dieser Gesinnung ist er bis zum Schluß treu geblieben."[28]

Die Diözesansynode 1960 setzte für die Kirche in der Steiermark neue Markierungen. Krainer hatte dieses Forum führender Katholiken aus allen Dekanaten und Bevölkerungsschichten gemeinsam mit dem etwa gleichaltrigen Kaplan Willibald Rodler vorbereitet: „Ich habe ihn bei dieser Zusammenarbeit als ungemein dynamischen Menschen kennengelernt."[29] Ein solcher direkter Gedankenaustausch auf offizieller Ebene zwischen dem Bischof und den Gläubigen hat seitdem in der Steiermark nicht mehr stattgefunden. Diskutiert und frei geredet wurde jedoch vorher und nachher. Dieser lustvolle Drang nach ständiger geistiger Auseinandersetzung ist tief in Krainers Wesen verankert. Er und seine Freunde stellten sich den Fragen des Glaubens und wurden selber nicht müde, Fragen zu stellen, und indem sie so vieles in Frage stellten, lösten sie immer wieder aufregende Denkprozesse aus und gewannen so Sicherheit in ihrer christlichen Überzeugung.

Zum wichtigsten Vehikel für den Gedankenimport und Ideenaustausch wurde die Katholische Hochschulgemeinde in der Leechgasse. Noch in Krainers Studentenzeit hatte dort Ludwig Reichenpfader junge Leute um sich geschart und sie auf eine kritische Kirchen- und Weltsicht vorbereitet. Wie in der Zwischenkriegszeit suchende und fragende katholische Intellektuelle aus den Schriften des englischen Kardinals John Newman so manches herauslasen, was offiziell nicht gesagt oder gedacht werden sollte oder durfte, so war es nach dem Krieg das spirituelle Frankreich, das neue Richtungen wies. Reichenpfader hatte Paul Claudel und Charles Peguy übersetzt, einiges von der schöpferischen Unruhe im französischen Katholizismus auf seinen Studentenkreis übertragen und ihnen das Werk Teilhard de Chardins nahegebracht. Dieser grenzüberschreitende Wissenschafter wurde zum bestimmenden Theologen für Josef Krainers Glaubensentwicklung. Krainers Definition der eigenen Religiosität basiert auf Teilhards Denken: „Geschichte ist auch Heilsgeschichte, und Glaube ist Gnade – daher ist die eschatologische Dimension unsereres christlichen Glaubens in einer biblischen Spiritualität die letztlich entscheidende Motivation für meine persönliche Kirchlichkeit."[30]

Als Krainer in seiner Geburtstagsrede 1990 die Namen seines Lebens Revue passieren ließ, legte er ein bewegendes Bekenntnis zu Reichenpfader ab: „Er hat uns in ökumenischem Geist christlich geformt, und seine Liberalität begreife ich erst heute ganz, nämlich zu wissen, daß jeder Mensch, was immer er glaubt, wenn er es glaubt und wenn er die Überzeugung in sich trägt, Respekt verdient, weil das Große im Menschen ja seine Unverwechselbarkeit ist, weil jeder einzelne in seiner Größe, in seiner Kleinheit, in seiner Schwäche, in seinen Fehlern, in seiner Schuld, eben in seiner humanen Existenz ein Abbild dessen ist, der uns geschaffen hat – letztlich auch in seiner Karikatur."[31] Diese Worte sollten als ein zutiefst persönliches Glaubensbekenntnis des Katholiken Josef Krainer verstanden werden.

Die Grazer blickten auch nach Wien, wo die Hochschulgemeinde in der Ebendorferstraße von solch faszinierenden Persönlichkeiten wie Otto Mauer und Karl Strobl dominiert wurde. In derselben Rede verbeugte sich Krainer auch vor diesem „niederösterreichischen Weinbauernsohn aus Poysdorf, dieser großen Legende". Er pries Strobl als einen „Neudenker in der österreichischen Kirche während des Krieges und nach dem Krieg, bescheiden, immer Ideen ausprobierend, mit einer untrüglichen Nase für denkerische und menschliche Qualitäten". Die Verbindung zwischen Krainer und Strobl ist nie abgerissen. Des öfteren diente Birkfeld, auf halbem Weg zwischen Wien und Graz, als Ort der Begegnung. Rodler war dort von 1970 bis 1982 Pfarrer:

„Wir haben uns in aller Stille in meinem Pfarrhaus getroffen, die Buseks, die Krainers, Josef Riegler und Egon Kapellari, damals noch Grazer Hochschulseelsorger. Wir selber waren aus der Hochschulgemeinde längst herausgewachsen, und es ging uns da auch nicht um die Politik. Karl Strobl hat, hartnäckig wie er war, zuerst immer eine Stunde lang über das Reich Gottes geredet, das Reich Gottes heute, hier und jetzt, beginnend und sich vollendend. Aus dieser fruchtbaren Spannung heraus hat Krainer gelebt, und das hat er auch bekannt. Das sind sicher die Wurzeln für die Weltschau des Josef Krainer. Vielleicht liegt darin einer der Gründe, warum er schließlich nicht verstanden worden ist."

Die Mutter hat Josef Krainer eine natürliche Volksfrömmigkeit eingepflanzt, prägenden Priesterfreunden verdankt er die theologische Weite. In seinen Kinder- und Jugendjahren war die Kirche noch reich an Männern, die eine Vorbildfunktion ausübten und Religion fesselnd und aufregend zu vermitteln wußten. In der Familie gingen zwei Priester aus der obersteirischen Heimat der Eltern ein und aus: Willi Kahlbacher, einer der engsten Vertrauten und Freunde des Vaters, und der Seckauer Benediktinerpater Benedikt Vollmann. Franz Leopold war ein imponierender Religionsprofessor, und Anton Fastl, der Journalist und Musiker im geistlichen Gewand, wurde zu einer wichtigen Bezugsperson des jungen Krainer. Er hatte sich eine Zeitlang ernstlich mit dem Gedanken getragen, Theologie zu studieren. Willibald Pennitz ist von der Mutter einmal im Gespräch am Fritz-Pregl-Weg gefragt worden, was er wohl davon hielte, wenn der Pep das Priesteramt wählte. Doch bevor Krainer 1956 nach Bologna ging, hatte er sich mit Rosemarie verlobt. Der Kirche ist er jedoch immer verbunden geblieben – so oder so.

Eine religiöse Schlüsselerfahrung wurde ihm in Assisi zuteil. Nach dem Ende des Studiums in Bologna hatte Krainer einen Monat in der Stadt des heiligen Franz verbracht: „Dort habe ich die Sicherheit gewonnen, daß meine Vokation der Weg in einen weltlichen Beruf sei, aber aus christlichem Verständnis heraus. Die Exerzitien in den „Carceri" wurden zum bestimmenden Erlebnis. Der Geist des Ortes, die Person des Franz von Assisi, sein Sonnengesang, all das nahm mich gefangen. Ich habe in diesen Wochen viel gebetet und meditiert, auch am Grabe des Heiligen. Ich habe viel nachgedacht, war in vielem wesentlich unbefangener als später, und bestimmter in den Lebensvollzügen. Und ich war nun sicher, daß ich das Angebot des Bischofs annehmen sollte, für sechs Jahre lang in der Katholischen Aktion zu arbeiten."

Als KA-Sekretär lud Josef Krainer viele jener Theologen nach Graz ein, die die neue Kirche dachten, von Karl Rahner bis zu Urs von Balthasar. Im Kraftfeld dieser Vorträge und Diskussionsrunden sammelte sich bald ein vielfältiger, bunter Kreis an Glaubensfragen interessierter junger Menschen. Wenn da die Stellung des Christen in der Gesellschaft zum Thema wurde, dann war man bald auch bei seiner Position in der Politik angelangt – und wie sie ein moderner, glaubender Mensch durchdringen könnte.

Krainer beruft sich dabei bis heute auf Teilhard de Chardin: „Kern meiner Lebensphilosophie ist es in seinem Sinne, erfüllt von realistischem Optimismus, unverdrossen an der Schöpfung mitzuwirken, und sei es auch mit noch so geringen Möglichkeiten. Der Staat und die Gesellschaft brauchen das Engagement der Christen in ökumenischem Geist als ‚Salz der Erde'. Und die Gesellschaft braucht auch die Kirche als mahnendes Gewissen und Orientierungszeichen. Die Trennung von Kirche und Partei- und Tagespolitik darf nicht als ein Rückzug der Kirche in die Sakristeien mißverstanden werden. Im Gegenteil, die Gesellschaft braucht die religiöse Verantwortung jedes einzelnen Christen."[32] Unter christlicher Politik aber versteht Krainer, daß eine solche „christliche Verantwortung das politische Handeln inspiriert. Natürlich können auch Rahmenvorstellungen der christlichen Soziallehre, die Ideen der Solidarität und Subsidiarität in die Gestaltung der Politik einfließen. Das ist jedoch eine sehr weltliche, sehr persönliche Entscheidung. Wir sind aus einer anderen Geisteshaltung gekommen als die Integralisten, die in der Zwischenkriegszeit die Kirche auf unmittelbarere Weise politisiert haben. Wir waren im Sinne von Karl Rahner stets für eine liberale Katholizität, in unserem Bemühen um eine an der Bibel orientierte spirituelle Grundhaltung." In der Hochschulgemeinde wirkten noch die Ideen der ‚Neuländer' nach, „biblisch, liturgisch, christologisch, es war eine vorkonziliare Erneuerungsbewegung."

Krainer strebte selber noch kein politisches Amt

an. Er besaß gleichwohl die Gabe, seine Freunde von der Notwendigkeit zu überzeugen, diese christliche Haltung in einer immer stärker säkularisierten und entchristlichten Umwelt zu behaupten. Busek wertet diese Periode als logische Vorbereitung für später: „Diese starke Zeit der österreichischen Kirche hat er wesentlich mitgetragen. Er ist sehr bewußt da hineingegangen und, nach einer Abkühlungsphase an der Universität, über diesen Weg in die Politik." Dabei hat sich Josef Krainer auch nicht gescheut, sich mit der politisch aktivsten und einflußreichsten katholischen Gruppierung anzulegen – mit dem Cartellverband, dem CV.

Wer in den ersten Nachkriegsjahrzehnten über die ÖVP Karriere machen wollte, mußte eigentlich einer CV-Verbindung angehören. Das war seit Figl und Raab fast ein Gesetz. Die Alten Herren der Norica, der Rugia, der Traungau und wie diese christlichen, nichtschlagenden studentischen Vereinigungen alle heißen, bestimmten in den von der Volkspartei beherrschten öffentlichen Bereichen, wer wo was werden durfte. Das fing beim Bundeskanzler an, und endete beim kleinen Ministerialbeamten. Der CV galt als die Kaderschmiede der ÖVP, und in Wien waren konservativ-katholische Verantwortungsträger ohne Couleur kaum vorstellbar.

Anders in der Steiermark: Da hatte bereits der alte Krainer „neben ein paar Dekorationsstücken aus dem CV oder von noch weiter rechts" den Nachwuchs aus den Reihen der Katholischen Aktion geholt. Unter seinem Sohn wurde diese Personalpolitik noch konsequenter betrieben. Erhard Busek dazu: „Das hat die CVer natürlich furchtbar geärgert. Wir sind ja noch zu einer Zeit Politiker geworden, da der CV geglaubt hat, es müßten alle CVer sein. Und weil der junge Krainer fast völlig ohne sie ausgekommen ist, wurde er von ihnen immer mit scheelem Blick betrachtet." Das kann Fritz Csoklich, der ehemalige Chefredakteur der „Kleinen Zeitung", als langjähriger scharfsichtiger Beobachter der steirischen Szene bestätigen: „In keinem anderen Bundesland ist der stärkste Politiker und spätere Landeshauptmann in einen so tiefen Konflikt mit dem CV geraten wie in der Steiermark. Es sind ja vier Generalsekretäre der KA en suite in die Steirische Volkspartei hinein und haben dort erste Positionen besetzt."[33] Nach Josef Krainer haben der künftige Landwirtschaftsminister, Vizekanzler und VP-Bundesobmann Josef Riegler, weiters Hermann Schaller, von 1986 bis 1991 Agrar- und Umweltlandesrat, und schließlich Hans Hafner, langjähriger Nationalratsabgeordneter und Landarbeiterkammerdirektor, erfolgreich diesen Sprung getan. Um das Maß voll zu machen, wurde der KA-Präsident Hanns Koren zuerst Kulturlandesrat und dann Landtagspräsident. Csoklich: „Die Folge war, daß sich dadurch fast überhaupt kein CVer in der VP-Spitze befand, und das hat sich bei den Beamten fortgesetzt. Es gibt wohl keine Landesparteiorganisation der VP, in der auf diese Weise der CV aus der praktischen Politik so gut wie ausgeschaltet worden ist. Die Reaktion darauf reichte von gehässiger Flüsterpropaganda bis zu offenen Frontalangriffen auf

Krainer aus CV-Kreisen über Jahre hinweg. Selbst heute noch wird in kirchengeschichtlichen Vorlesungen an der Grazer Universität verkündet, daß die Ideologie der Katholischen Aktion vom Faschismus geboren wurde, während der CV die demokratische Tradition des Katholischen aufrechterhält." Josef Krainer ist zwar Ehrenbandträger der Austria Innsbruck, der ältesten CV-Verbindung Österreichs, nicht aber einer steirischen oder Wiener Verbindung.

In Josef Krainers Vision einer christlichen Politik bestand kein Bedarf an exklusiven, privilegierten Männerbünden, die ihre Herrschaftsansprüche mit Jobgarantien untermauerten. Aber wie gehen Christentum und Politik überhaupt zusammen, nachdem christliche Zeichen und Formeln zu oft für politische Zwecke mißbraucht worden sind? Willibald Rodler hält ein politisches Gestalten aus der fruchtbaren Spannung zwischen den Ansprüchen des Reiches Gottes und der Welt heraus für möglich, „soweit man Politik nicht nur als großräumige Strategie begreift, sondern als ein sehr persönliches Zugehen auf den einzelnen Menschen. Und das konnte Josef Krainer. Das hat er gelebt, dazu hat er sich bekannt."

Obwohl sich die Kirche aus der Tagespolitik weitgehend zurückgezogen hat, muß sie auf Grund ihrer Lehre vorrangig in der Familien- und Bildungspolitik gewisse Ansprüche stellen und ihre Stimme hörbar machen. „Aber ein Handbuch zum Nachschlagen, was christliche Politik denn nun eigentlich ist, gibt es sicher nicht, genausowenig wie wir aus der Bibel herauslesen können, was wir etwa zur Sanierung der Sozialversicherung oder zur Reform der Gewerbeordnung zu tun haben." Erhard Busek liegt da auf einer Linie mit Krainer: „Wir beide haben Politik immer als christliche Verantwortung verstanden, etwa im Sinne einer Friedensstiftung durch das ‚Gespräch der Feinde‘, wie es Friedrich Heer extrem ausgedrückt hat. Und als ein Ringen um den Geist. Diese christliche Auffassung war für Krainer sicher auch Quelle seines Denkens und Lebens und Überlebens. Jeder von uns Politikern braucht unendlich viel Kraft, und da ist immer die Frage, wo er nachtankt und woraus er Erneuerungsenergien schöpft. Das mag für die einen Egoismus sein, das Streben, möglichst viel zu verdienen oder Ehren einzuheimsen. Aber man kann seine Quelle auch aus dem Grundsätzlichen speisen, für Josef Krainer war es der Glaube, und er hat ihn auch nicht losgelassen."

In diesen sechs Arbeitsjahren für die Katholische Aktion richtete sich Krainer sein geistiges Haus ein, gründete eine Familie und baute zum Teil mit eigenen Händen und mit Hilfe seiner Brüder das Eigenheim in Andritz. Gemeinsam mit einem Nachbarn konnte er sich in dem neu erschlossenen Gebiet noch die Adresse aussuchen. Und weil dazumal die alljährlichen Aufführungen des Oratoriums „Das Buch mit sieben Siegeln" von Franz Schmidt unter Anton Lippe Höhepunkte des Grazer Kulturlebens waren und geradezu Kultstatus gewannen, erwählte er den Komponisten zum Namenspatron seiner Gasse.

Josef Krainer und Rosemarie Dusek waren 1957 in der spätgotischen Wallfahrtskirche Maria-Straßengel von Pater Benedikt Vollmann getraut worden. Zuerst hatten sie in der Strauchergasse neben der Arbeiterkammer in einem der ersten Grazer Hochhäuser gewohnt. Zu Weihnachten 1961 sind sie ins neue Haus eingezogen. „Es war unverputzt, wir hatten noch keine Terrasse, und ringsum sah es aus wie auf einer Trümmerstätte", erinnert sich Rosemarie Krainer. Bei der Übersiedlung zählte die Familie bereits fünf Köpfe: der älteste Sohn Franz wurde 1958 geboren, Johanna 1959 und Josef 1961, dann folgten noch Ferdinand 1965 und Georg 1966.

Viele von Krainers Freunden erwarteten nun von ihm den endgültigen Wechsel in die Politik. Der zögerte jedoch noch, wohl weil er sich seiner nicht so sicher war, wie die anderen glaubten. Er wollte sich nicht im Schlepptau des Vaters nach oben ziehen lassen, sondern aus eigenem etwas werden. Als ihm nun 1962 sein ehemaliger Professor für Volkswirtschaftslehre, Anton Tautscher, eine Assistentenstelle anbot, griff Josef Krainer zu. Und in diesen vier Jahren an der Universität hat er zeitweise ernstlich über eine akademische Karriere nachgedacht. Daß er das Zeug dafür gehabt hätte, daran zweifelt keiner, der mit ihm im Universitätsalltag in Berührung gekommen ist. Sein langjähriger Mitstreiter Bernd Schilcher war bereits ein ebenso eigenwilliger wie aktiver Hochschulpolitiker, als er in der Institutsbibliothek zum erstenmal auf Krainer stieß: „Da treffe ich einen stattlichen jungen Herrn mit einer Menge Bücher unterm Arm. Auf die Frage: ‚Wird das eine Diss?' antwortete er: ‚Na, möglicherweise ein bißl

mehr.' Und dann wurde er mir als Sohn des Landeshauptmanns und Tautscher-Assistent vorgestellt. Der Professor drängte ihn damals dazu, sich zu habilitieren." Krainer hat sich das auch ernstlich überlegt. „Er hätte auf der Universität zwischen einer Laufbahn als Nationalökonom oder auch als Politikwissenschafter wählen können", urteilt Wolfgang Mantl, der zur selben Zeit als Assistent an der Uni arbeitete. „Krainer hat sich ja von jeher gleichzeitig für das Kulturelle, Ideelle und für das Wirtschaftliche interessiert, weniger dagegen für die juristische Detailarbeit."
Um sich jedoch völlig für die Universität zu entscheiden, war Josef Krainer, obwohl er noch keinerlei Mandat hatte, bereits viel zu sehr in die Politik verstrickt. Er galt als die große Nachwuchshoffnung der Steirischen VP. Josef Krainer liebte die Universität und wertet heute noch sein Verhältnis zu Professor Tautscher als eine Vater-Sohn-Beziehung. „Aber gerade damals an der Uni ist mir so richtig bewußt geworden, daß ich einen politischen Lebensweg einschlagen, eine politische Funktion übernehmen würde. Dann hat man 1966 einen Stellvertreter für den steirischen Bauernbunddirektor gesucht, und der große Bauernführer Josef Wallner, den ich vom gemeinsamen Kirchgang her kannte, hat mich angesprochen: ‚Wollen Sie, oder wollen Sie nicht?' Ich hatte damals auch ein Angebot von der Handelskammer, habe mich jedoch gleich für die Bauern entschieden." Und damit hatte der politische Mensch Josef Krainer die Politik auch als Beruf gewählt.

Semmering hin und zurück

„Ich wollte niemals weg aus der Steiermark."

Josef Krainer zu den mehrfachen Bemühungen,
ihn als Bundesparteiobmann nach Wien zu holen

„Es war am Wechsel, in der Gegend von Mönichkirchen. Ich war mit einem deutschen Gast in meinem VW unterwegs, um ihm die Gegend zu zeigen. Plötzlich stoppte uns ein Gendarm: ‚Der Bundeskanzler möchte Sie sprechen, Sie sollen ihn zurückrufen. Wenn Sie mir folgen, beim Bürgermeister Lueger in St. Jakob im Walde gibt's ein Telephon.' Dort hatte ich Josef Klaus gleich am Apparat: ‚Willst du nicht in meine Regierung?' Und er schlug mir vor, das Unterrichtsministerium zu übernehmen. Ich bat ihn um Bedenkzeit: ‚Darf ich mir das überlegen?' Mit dem Vater konnte ich mich nicht beraten, der reiste gerade durch Amerika. Ich war aber von Anfang an überzeugt, daß das nicht das Richtige für mich sei, und habe Klaus bereits nach einer Stunde abgesagt."

So endete der erste von vielen Versuchen, Josef Krainer nach Wien zu holen. Seine einzige Wiener „Dienstzeit" waren die zwei Jahre (1970/71) im Nationalrat als Mandatar der Steirischen Volkspartei. Rückblickend bedauert Erhard Busek, daß Josef

Krainer niemals Bundesverantwortung übernommen hat: „Es ist immer ein Verlust für die politische Landschaft, daß hervorragende Leute aus den Bundesländern so schwer zu bewegen sind, nach Wien zu gehen. Dem Joschi hat das wohl sein Vater vorgelebt. Der hat immer vom glatten Wiener Parkett gesprochen, als ob die Steirer dort mit den ‚Genagelten' auftreten würden und ausrutschen könnten. Der Sohn ist ein urbaner Typ und hätte sich in Wien sicher durchgesetzt. Möglicherweise wäre seine Lebenszeit als Politiker verkürzt worden,- denn im Bund verbraucht man sich schneller als in den Ländern, die Zyklen einer Laufbahn sind dort schnellebiger. Ich glaube allerdings, daß er für die Bundespolitik einen wesentlichen Beitrag hätte leisten können."

Und vielen wäre es nicht schwer gefallen, sich einen Josef Krainer junior sogar als Regierungschef vorzustellen: „Er war zu groß für die Steiermark und hätte den idealen Bundeskanzler abgegeben", meint Bernd Schilcher. „Ich sah ihn eher am Ballhausplatz als in der Burg und habe nie aufgehört, ihn so zu sehen. Wenn man ihn nämlich im Kreise internationaler Staatsmänner beobachtete, dann merkte man, wie er sich immer wohler fühlte, während andere, echte Landespolitiker in solcher Umgebung den Kopf einziehen und sagen, das ist mir eine Nummer zu groß. Was ihn dennoch in Graz gehalten hat? Vielleicht war es jener Perfektionismus in ihm, der ihm einredete, ich traue es mir nicht ganz zu, bin mir nicht im Letzten sicher, ob ich alles kann und weiß und durchdringe und durchschaue. Auch heute noch ist es ungemein schade, diese Potenz nicht zu nützen – wenn nicht sogar einmal als Bundespräsident."

Der frühe Notruf aus Wien hatte den 39jährigen Bauernbunddirektor Anfang Juni 1969 erreicht. Aber solange der „alte" Krainer Landeshauptmann war, wollte er keinerlei Position einnehmen, die ihn in irgendwelche Konkurrenz zum Vater gebracht hätte. 1971 hatte er eine Kandidatur für das Amt des Bundesparteiobmannes der ÖVP mit dem Argument abgelehnt, daß „zwei Krainer in führender politischer Verantwortung nicht gut tun" würden. Da mußte sich eine schwer angeschlagene ÖVP allerdings schon mit der ungewohnten Oppositionsrolle abfinden. 1969 dagegen stand Klaus der auf eine absolute Mehrheit gestützten, seit drei Jahren amtierenden ÖVP-Alleinregierung vor. Nun war sie in Schwierigkeiten geraten, weil der einzige Steirer im Kabinett, Unterrichtsminister Theodor Piffl-Perčević, aus Protest gegen ein Volksbegehren zur Abschaffung des neunten Schuljahres zurückgetreten war. Vater Krainer hatte ihn noch in einem Expreßbrief aus den USA vergeblich beschworen, durchzuhalten. „...bitte, bitte, bitte keine Rücklegung Deines Regierungsamtes... Bitte keine Flucht."[35] Nach dem „Nein" des Sohnes ernannte Klaus überraschend seinen 34jährigen Kabinettschef Alois Mock zum Piffl-Nachfolger.

Im Katzenjammer nach zwei gegen Bruno Kreisky verlorenen Parlamentswahlen war der junge Krainer 1971 vom damaligen Obmann Hermann Withalm, dem Bundeskammerpräsidenten Rudolf Sallinger und dem Salzburger Landeshauptmann Hans Lechner zum Retter der Partei ausersehen worden. Krainer: „Das war damals wirklich ernst. Während die Journalisten in der Löwelstraße vor unserer niederösterreichischen Landesleitung neben der SPÖ-Zentrale gepaßt haben, wurde ich durch ein Hintertürl eingeschleust. So geheim war das alles. Landeshauptmann Andreas Maurer sollte den Königsmacher spielen – mit mir als Obmannkandidaten. Ich habe ihnen nur gesagt, das sei nicht der Sinn der Sache. Dann haben sie es am Parteitag noch einmal öffentlich probiert. Da war ich bereit, mit einem Obmann Josef Taus als Generalsekretär mitzugehen. Das wollten die anderen jedoch nicht. Und so wurde dann Karl Schleinzer zum Bundesparteiobmann gewählt."

Als Landeshauptleute waren beide Krainer stets darauf bedacht, ihren Mann – einmal auch eine Frau – in Wien zu haben. Für die Steirische VP sollte jemand in der Regierung sitzen. 1952-1959 war Franz Thoma Landwirtschaftsminister, 1953-1956 Udo Illig Handelsminister, 1961-1964 Gorbach Bundeskanzler, 1964-1969 Theodor Piffl-Perčević Unterrichtsminister, 1987-1991 Josef Riegler Landwirtschaftsminister und dann Vizekanzler, 1991-1992 hatte Ruth Feldgrill-Zankel das Ressort für Umwelt, Jugend und Familie inne, und schließlich wurde Martin Bartenstein 1994 Staatssekretär, seit Mai 1995 Umwelt- und seit 1996 auch Familienminister.

Dem politischen Geschehen in Wien und dem Geschick der Bundes-VP gegenüber sind Vater und

Sohn Krainer nie gleichgültig geblieben. Und beide haben auch immer wieder kräftig mitgemischt, Veränderungen gefordert und bewirkt, Reformen angezündet und ihr Gewicht voll eingesetzt, jedoch immer von der sicheren steirischen Basis aus – mit der Grazer Burg am Fuße des weder von türkischen noch von französischen Belagerern je erstürmten Schloßbergs als wahrhaft fester Burg.

Hat sie eine gewisse Angst vor Wien gehemmt, ein Wien-Komplex belastet? Josef Krainer der Jüngere beruft sich auf seine persönliche Intuition: „Die hat mir immer gesagt, du bleibst hier im Lande. Es heißt, mein Vater hätte mich gewarnt: ‚Geh nie nach Wien.' Aber bei uns hat eine solche Absicht ja überhaupt nie bestanden. Ich wollte niemals weg aus der Steiermark, aber ich war natürlich immer selber daran interessiert, daß die Partei in der schwierigen Lage gegenüber Kreisky den besten Obmann hat. Ich bin jedoch nie davon ausgegangen, daß ich das wäre. Das heißt nicht, daß ich nicht gerne nach Wien gefahren bin, noch lieber bin ich dann nach Hause gefahren."

Selbst als Nationalratsabgeordneter hat sich Josef Krainer in Wien keine Wohnung gehalten. „Abgesehen vom Preis wäre ich nie auf eine solche Idee gekommen. Insofern könnte man da schon von einer steirischen Bodenhaftung sprechen." In seiner Parlamentszeit fand Krainer im Stephanushaus der Benediktinerinnen von Subiaco in der Ungargasse Unterkunft. „Die Schwestern finanzieren mit den Gästezimmern ihr Altersheim für Wiener Priester. Und die Oberin war eine Steirerin."

Der Wien-Versuchung war Josef Krainer noch des öfteren ausgesetzt. Wann immer in der von Personalsorgen geplagten ÖVP Not am Manne war beziehungsweise Bedarf an einem starken Mann herrschte, wurde Krainers Name in die Diskussion geworfen. Der allerletzte Ruf ereilte ihn im Frühjahr 1994, zeitgemäß über ein Handy. Es war während der turbulenten Tage kurz vor dem Sturz Erhard Buseks. Die Partei ging wieder einmal auf Obmannsuche. Josef Krainer hatte sich mit seiner Frau zur alljährlichen vorösterlichen Regeneration nach Abano zurückgezogen: „Wir besichtigten eben den Dom von Reggio Emilia. Wegen der angespannten Situation daheim hatte ich entgegen meinen sonstigen Gewohnheiten das Handy eingeschaltet. Und mitten in der Kirche fängt es plötzlich zu piepsen an. Da hat mich der Martin Purtscher aus Bregenz angerufen und gesagt: ‚Mach du es.' Und ich habe ihm geantwortet: ‚Das ist ja absurd. Das ist eine Zukunft, die ich lange hinter mir habe. Diese Funktion hätte ich ja schon 1971 haben können, wenn sie überhaupt erstrebenswert ist. Das gibt doch keinen Sinn."

Seine Aufgabe als Nationalratsabgeordneter im pseudoantiken Rhetoriktempel am Karl-Renner-Ring hat der Mandatar aus der Steiermark jedoch äußerst ernst genommen. Wie sehr ihm das Parlament ein Anliegen war, bekundete Krainer gleich beim ersten Auftritt dort am 2. Dezember 1970 in seiner Reaktion auf die nur Zeit tötende, endlos öde Rede eines SP-Abgeordneten: „Dieses Haus ist sicher keine Gralsburg der österreichischen Demokratie. Aber es hat in der Geschichte des europäischen Parlamentarismus schon einmal das verhängnisvolle Wort von der ‚Quatschbude' gegeben. Wir alle sollten eigentlich dazusehen, daß die Parlamentsverdrossenheit vieler unserer jungen Mitbürger nicht durch solche Methoden zu einer Demokratieverdrossenheit schlechthin wird."[35]

Aggressiv, mit spitzer Zunge, bissigem Humor und voll Lust an der Polemik setzte sich Krainer mit aktuellen Streitpunkten und Debattenbeiträgen auseinander. Das eigentliche Thema seiner Jungfernrede im „Hohen Haus" aber war die Entwicklungshilfe, für die die Regierung Kreisky seiner Meinung nach zuwenig Geld im Budget vorgesehen hatte. Er zitierte den schwedischen Sozialisten Gunnar Myrdal und aus der Enzyklika „Populorum progressio" Papst Pauls VI., schließlich argumentierte er aus tief persönlichem Empfinden für ein stärkeres Engagement in der dritten Welt: „Für unsere Gesinnung gilt in dieser Frage, daß uns nicht die Blasiertheit und der Zynismus der Satten und Etablierten, aber auch nicht die Gefühlsduselei und die Sentimentalität an sich gutwilliger Philanthropen voranbringen kann. Was wir brauchen, ist ein nüchterner, zupackender Idealismus vieler Menschen, auf die wir mit größtem Respekt blicken, die aus der Sicherheit unserer Wohlstandsgesellschaften hinausgehen in die Länder der Armut, des Analphabetismus, der sozialen Unterdrückung, und die als Entwicklungshelfer das ‚Knowhow' der österreichischen Techniker, Facharbeiter, Krankenschwestern, Ärzte, Landwirte und Lehrer mühselig und unter harten persönlichen Opfern weitervermitteln..." Und weil Weihnachten nahte, mahnte Krainer noch, sich „der armen und notleidenden Menschen bei uns in Österreich, aber auch in der weiten Welt zu erinnern und ehrlich bereit zu sein, ihnen nach besten Kräften zu helfen".

Wie nicht anders zu erwarten, registriert das Protokoll „Beifall bei der ÖVP", und Withalm gratulierte Krainer, und auch Friedrich Peter, der Klubobmann der Freiheitlichen. „Und sogar der Kreisky ist zu mir gekommen und hat gesagt: ‚Herr Nationalrat, ich habe Sie zum erstenmal gehört, ts, ts'." Und dieser für Kreisky so typische Zungenschlag sollte wohl Anerkennung bedeuten.

Krainer hatte sich nicht irgendeinen beliebigen Gegenstand vorgenommen, nur weil es die Tagesordnung verlangte. Er wußte, wovon er redete. Für die Jungen waren in den späten sechziger und frühen siebziger Jahren die Probleme der dritten Welt ein brennendes Anliegen, und als Generalsekretär der KA hatte er sich des öfteren mit Entwicklungshilfe und -helfern befassen müssen. An der Gründung des Grazer Afroasiatischen Instituts war er maßgeblich beteiligt. Denn all die Hingabe an die Steiermark hat weder seinen Horizont eingeengt, noch seinen Blick für die Welt als Ganzes getrübt.

In den paar Jahren als Bauernbunddirektor – der Vize ist inzwischen Erster geworden – war es dem jungen Krainer gelungen, sich als eigenständige politische Größe im Land zu etablieren, an der es kein Vorbei gab. Sein Einfluß auf das Parteigeschehen reichte bald weit über die Belange des Bauernbundes hinaus. Und der magnetischen Anziehungskraft des Sohnes war es zu verdanken, daß sich viele talentierte junge Leute, die sich ins gängige konservative ÖVP-Bild fügten wie ein Rockdrummer in ein Streichquartett, im Wahlkampf 1970 hinter den knorrigen, bäuerlichen Vater scharten. Die Art, wie in Graz aus den revolutionären Stürmen von 1968 positive Energien gewonnen worden sind, läßt manchen distanzierten Beobachter von einem „steirischen Wunder" schwärmen. Das künstlerische Kraftwerk Forum Stadtpark, die Provokationen der Grazer Autorenversammlung, die aufregenden Symposien der Steirischen Akademie und das Avantgarde-Festival „steirischer herbst" hatten die einstige verschlafene „Pensionopolis" der Monarchie in das wichtigste Zentrum politischen und kulturellen Geschehens in Österreich außer Wien verwandelt. Wolfgang Mantl schätzt den „steirischen herbst" „in seinen besten Zeiten als ein singuläres Ereignis" ein, „zu dem man von Wien nach Graz angereist ist. Und der Hanns Koren hat als Kulturlandesrat am Vormittag im Künstlerhaus bei der Präsentation irgendeines Plastikschlauches geredet und am Nachmittag ein Marterl auf der Koralpe eingeweiht."

Neben Koren, dem alles integrierenden Übervater dieser manchmal sehr widersprüchlichen Bewegungen und Regungen, nahm auch der junge Krainer eine Schlüsselposition ein. Laut Mantl war „im Grunde er es, der bei uns die geistige 68er-Herausforderung bewältigt und den enormen Schub an neuen kritischen Einstellungen zu vielen Lebensfragen für die Menschen akzeptabel gemacht hat".

Damals zeichnete sich erstmals jene besondere Markierung der Steirischen Volkspartei durch Intellektuelle ab, die nicht zur Stammannschaft gehörten, die nicht aus dem Holz waren, aus dem der überkommenen Auffassung nach ein ÖVPler geschnitzt sein sollte. Oft gegen heftige Widerstände bemühte sich Krainer, Ghettomauern abzubauen und nach allen Seiten hin aufgeschlossen zu sein. So hat er unter den wohlwollenden Augen des Vaters bereits in seinen politischen Anfängen das liberale Image der steirischen ÖVP gepflegt; und bis ans Ende seiner Landeshauptmannszeit blieb er Ansprechpartner für außergewöhnliche Köpfe, die sich weder als Parteimitglieder empfanden, noch auf Parteipositionen Wert legten.

Einer dieser „bunten Vögel", die durch ihren Freund Joschi zur ÖVP gestoßen sind, ist Bernd Schilcher. Er hat sich allerdings neben seiner Universitätskarriere als Professor für Bürgerliches Recht als Landtagsabgeordneter, Klubobmann und zuletzt als Präsident des Landesschulrats voll in ihr Gefüge eingliedern lassen. Für manche Parteifreunde – Parteifeinde mag treffender sein – blieb er dennoch immer ein Außenseiter. Schilcher hat seit dieser Grazer Sturm-und-Drang-Periode dem innersten Zirkel um Josef Krainer angehört: „Er hat etwas geschaffen, was viele probiert haben – einen Kreis von Leuten um sich zu bilden, die nichts unbedingt wollen, die er einfach in regelmäßigen Abständen befragt hat; und das über 30 Jahre hindurch, immer ergänzt und aufgefrischt durch neue Junge. Man hat sich zusammengesetzt, um politische Vorgänge, Ideen und Trends zu kommentieren, Strukturänderungen zu diagnostizieren, um über Menschen zu reden und darüber, wer eher für dieses oder jenes geeignet wäre. Bei diesen berühmten Runden in St. Martin oder in Haidegg sind wir oft stundenlang mit ihm zusammengesessen und haben das breite Feld der Politik beackert. Auch als Landeshauptmann hat er sich dafür Zeit genommen, oft einen ganzen Samstag. Da kriegt man eine andere Beziehung zur Politik. Nicht das unmittelbare Umsetzen steht im Vordergrund, nicht das Machtspiel, sondern das Denken in größeren Zusammenhängen. Und so ist das ‚Modell Steiermark' entstanden."

Die schräge Graphik, das kühne Layout und die knalligen Bilder lassen die erste „Modell Steiermark"-Broschüre eher wie einen „Swinging Styria"-Prospekt im Sinne der alles überwuchernden Popkultur erscheinen denn als „sicheres Erfolgsrezept zum Gewinnen von Landtagswahlen", wie Franz Hasiba dieses optimistische Fortschrittsmanifest definiert. Der Weggefährte beider Krainer und heutige Landtagspräsident ist mit Bernd Schilcher und Alfons Tropper einer der Väter dieses institutionalisierten Brainstormings: „Wir haben uns gesagt, da muß jeder drin Platz haben, auch wenn er kein ÖVPler ist. So konnte durch das Zusammenwirken unterschiedlichster Kräfte ein Langzeitprogramm für die steirischen Landeshauptleute erarbeitet werden, ohne daß es gleichzeitig ein Parteiprogramm sein mußte. Das hat uns dann die Wechselwähler beschert."[36]

Das vom alten Krainer initiierte „Modell Steiermark" diente dem jungen, als er an der Seite von Landeshauptmann Niederl die Wahlschlachten der siebziger Jahre schlug. Und was ist aus diesen Gegenwarts- und Zukunftsmustern geworden? Mit dem Abstand der Jahre schaut Hasiba wehmütig auf den verlorenen Schwung jener Aufbruchsphasen zurück: „Was hat es gebracht außer Mehrheiten? Mehr Offenheit fürs Land, doch nur zu bald wird man auch bei den besten Programmen und Konzepten mit der sogenannten Verwirklichungsproblematik konfrontiert. Zuerst kriegen wir Leute, die ursprünglich nicht zu uns gehören. Doch dann stoßen die schönsten Ideen an ihre materiellen Grenzen. Und wenn wir aus Geldmangel vieles von dem, was wir vorhatten, nicht realisieren können, wenden sich diese ungebundenen Wähler wieder von uns ab."

Josef Krainer hat in den achtziger Jahren das „Modell Steiermark" noch einmal aufleben lassen und seinen politischen „Ziehsohn" Gerhard Hirschmann mit der Geschäftsführung betraut. Obwohl es anfänglich auf hohen Touren lief, drohte es schließlich durch umwälzende soziale Veränderungen und den radikalen Wandel des Wählerverhaltens zum Auslaufmodell zu werden.

Anno 1970 dagegen taugten solche „reale Utopien" noch dazu, dem 67jährigen Landeshauptmann Krainer zum Wahlsieg zu verhelfen. Dabei waren die Aussichten gar nicht so gut. Bei den Nationalratswahlen am 1. März lag die SPÖ in der Steiermark um mehr als zwei Prozentpunkte vor der ÖVP. Nur 14 Tage danach, am 15. März, war die Landtagswahl. Und der junge Krainer wurde gleich an zwei Fronten ins Feuer geschickt. Einerseits mußte er einen Parlamentssitz erobern, andererseits an verantwortlicher Stelle mit vollem Einsatz die Spitzenstellung seines Vaters und der Partei im Lande verteidigen.

Der Wahlmanager Franz Hasiba, seit 1966 Landesparteisekretär, hatte von seinen Vorgängern, dem früh verstorbenen Alfred Rainer, und vor allem von Franz Wegart bewährte Rezepte übernommen, sie jedoch mit einem unkonventionellen Team den für die ÖVP eher unerfreulichen Umständen angepaßt und einen dieser so erneuerungsbedürftigen Zeit entsprechenden Stil gesucht. Dabei verleugnete er jedoch die Vergangenheit nicht. Seit 1957 galten nämlich für die Wahlstrategien der Steirischen VP zwei Gebote: „Du sollst nicht gleichzeitig mit Wien, das heißt mit dem Bund wählen!" und „Du sollst nicht die Partei, sondern die Person des Landeshauptmanns in den Vordergrund stellen." An diese Maxime hat man sich in Graz bis zur verhängnisvollen Dezemberwahl 1995 immer gehalten. Da wurde zwar noch einmal, und zum letztenmal, eine Krainerwahl geschlagen, aber das erste Gebot, das hatte Josef Krainer der Jüngere in einer für ihn schicksalshaften Weise selbst gebrochen.

Dabei war das Abkoppeln der Landtagswahl von der Nationalratswahl ursprünglich alles andere als selbstverständlich. Als 1956 das Parlament vorzeitig aufgelöst wurde, hatte der Landeshauptmann einen Amerikaaufenthalt abgebrochen, um seine Parteiorganisation für die bevorstehenden Schlachten zu rüsten. Die Volkspartei hoffte vom Glanz des Staatsvertragskanzlers Julius Raab zu profitieren und setzte Neuwahlen für den Juni 1956 durch. Krainer dagegen plädierte zusammen mit Wegart dafür, die Landtagswahlen erstmals von den Nationalratswahlen zu trennen. Das widersprach allen österreichischen Gepflogenheiten. Im Parteivorstand wurde darüber mehr als drei Stunden lang heftigst debattiert, bis eine Kampfabstimmung die knappe 8:5-Mehrheit für den Alleingang brachte. Wahltermin sollte erst der 10. März 1957 sein, nach Ablaufen der vierjährigen Legislaturperiode. Und Wegart kreierte die Parole: „Steirisch wählen – eigenständig wählen."

Nicht zuletzt die begeisterten Erzählungen seines Sohnes dürften den Vater Krainer dazu angeregt haben, seinen Parteisekretär bereits 1954 für ein paar Monate in die USA zu schicken. Und Franz Wegart hatte Republikanern wie Demokraten einiges vom politischen Handwerk abschauen dürfen. Am meisten beindruckt war er von seiner ersten Berührung mit der modernen Demoskopie bei einem Besuch im Gallup-Institut in Chicago: „Ich war einen ganzen Tag dort, habe gesehen, wie das läuft, und mich so ähnlich gefühlt wie Kolumbus beim ersten Anblick der Küstenlinie." Im Banne seiner amerikanischen Eindrücke ließ Wegart nun vor Beginn der Wahlkampagne 1957 zum erstenmal in Österreich eine politische Meinungsumfrage durchführen: „Die hat 60.000

Schilling gekostet, das war damals ein Vermögen. Aber sie hat ergeben, daß Krainer als Person phantastische Popularitätswerte hatte. Da war für mich klar: alles, was bisher war, können wir über Bord werfen. Und ich habe mich voll und ganz für eine Persönlichkeitswahl eingesetzt. Bis zwei Uhr früh haben wir in der Burg miteinander gestritten. ‚Du, angesichts dieser Werte kann ich gar nicht anders‘, habe ich Krainer gesagt." Dem Landeshauptmann erschien diese völlige Konzentration auf seine Person jedoch bedenklich. Wegart ließ nicht locker. „Ich habe ihm gesagt: ‚Wenn es gut ausgeht, dann bekomme ich den Maria-Theresien-Orden, wenn nicht, trete ich ab.‘ Krainer darauf: ‚Du darfst nicht vergessen, es geht nicht um dich, es geht um den Landeshauptmann.‘ Dann hat er doch ja gesagt, und wir haben recht behalten."

Die Rechnung mit der Betonung des Steirischen und der Beliebtheit des Landesvaters ging voll auf: Die Volkspartei, die 1953 den Stimmen nach sogar knapp hinter die SPÖ geraten war, gewann 1957 über 37.000 Wähler dazu, lag fast drei Prozent vor den Sozialisten und eroberte den 1949 an die Freiheitlichen (damals VdU) verlorenen fünften Landesregierungssitz zurück. Diesen Sitz nahm nun Hanns Koren ein, und so konnte er zum Gestalter einer geradezu revolutionären steirischen Kulturpolitik werden.

13 Jahre danach, im März 1970, blickten viele ÖVP-Anhänger eher düster in die Zukunft. Sie bangten um die absolute Mandatsmehrheit im Landtag, und manche äußerten hinter vorgehaltener Hand ihre

Zweifel, ob der gealterte „Burgherr" nach 22 Dienstjahren noch über genügend Siegerschwung verfügte. Nur sein Sohn und Hasibas jugendliches Team strahlten Optimismus aus – Bernd Schilcher, Ruth Zankel, Helmut Strobl, Johannes Koren, ein Sohn des Landesrats, dann der für einen völlig neuen, manchmal schockierenden Plakatstil verantwortliche Graphiker Karl Neubacher usw. Die Jungen setzten voll auf den „Alten", und der fügte sich geduldig ihren Anweisungen. „Krainer ist für alle da", wurde den Steirern eingetrommelt, und Krainer schien auch allgegenwärtig zu sein. Er wartete um fünf Uhr früh vor den Fabrikstoren mit dem Mikrophon in der Hand und sprach in den Pendlerzügen verschlafene Arbeiter an. Krainer wurde als der Landesvater über allen Parteien „verkauft". Und das wollte er ja auch sein. Obwohl der Wechselwähler im Gegensatz zu heute damals noch eine rare Spezies war, galt es, möglichst viele Leute, die am 1. März rot gewählt hatten, davon zu überzeugen, daß sie am 15. März schwarz wählen sollten. Darum hieß es auf allen Plakatwänden: „Wählt steirisch!" Und das haben die Steirer dann auch getan. Während die SPÖ bei der Nationalratswahl in der Steiermark um 17.000 Stimmen vorne lag, betrug zwei Wochen danach der Vorsprung der ÖVP 28.000 Stimmen. 356.325 ÖVP- bzw. Krainer-Wähler – eine Rekordzahl, wie sie der Landeshauptmann vorher noch nie erreicht hatte. Bei den Siegesfeiern glaubte der alte Krainer mit dem jungen Krainer auf weitere erfolgreiche fünf Jahre in der Burg und im Dienste der Steiermark anstoßen zu können.

Der Tag, an dem der Vater starb

„Das waren damals ziemlich harte Bandagen."
Josef Krainer über die Nachfolgekämpfe
nach dem Tod seines Vaters 1971

Auch dieser Schicksalstag war ein Adventsonntag, der erste – grau, nebelig und naßkalt. Im Grazer Bekken drückte eine niedrige Smogschicht aufs Gemüt und auf die Lunge und aufs Herz. An diesem 28. November 1971 holte der Chauffeur Alois Schellauf seinen Chef in der Früh vom Fritz-Pregl-Weg ab und fuhr mit ihm in Richtung Wildon. In Allerheiligen war der Landeshauptmann zu einer Niederwildjagd eingeladen. Die Jagd war Krainers liebstes Vergnügen. Er hatte einen angespannten Samstag in Haidegg hinter sich. Bei der Tagung der Jungen ÖVP waren harte Worte gefallen, der Parteinachwuchs muckte auf und wollte es dem „Alten" zeigen. Ein paar Diskussionredner kritisierten ihn und seinen Führungsstil ohne Hemmungen, und es kam zu scharfen Wortgefechten. Aber nun, im Revier eines Freundes, würde der Landeshauptmann sich abreagieren können.

In seinem Andritzer Haus rüstete sich der Sohn gerade zur Erfüllung einer jener charakteristischen Sonntagspflichten, wie sie das Amt eines Bauernbunddirektors mit sich bringt. Der jüngere Krainer sollte bei einem Bezirksfrauentag in Ligist reden. „Ich wollte eben aufbrechen, da rief Alfons Tropper an, der Sekretär des Vaters. Mit aufgeregter Stimme sagte er etwas von einer unerfreulichen Mitteilung. Der Vater sei auf der Jagd angeschossen worden. Er wisse noch nichts über seinen Zustand. Mir war unvorstellbar, was da passiert sein konnte. Kurz darauf läutete das Telephon neuerlich: der Vater sei leider tot, während der Jagd vom Schlag getroffen plötzlich zusammengesunken. Man bringe ihn bereits nach Graz, ich sollte gleich zur Städtischen Bestattung kommen. Ich bin sofort hingefahren, in die Grazbachgasse, dort stand im Hof ein Rettungswagen, und drinnen ist der Vater auf der Bahre gelegen. Sein Antlitz war aber völlig friedlich. Ich hab' sofort gesagt: ‚Bringen wir ihn doch nach Hause,' und wir sind dann mit dem Rettungswagen auf den Fritz-Pregl-Weg gefahren. Es war schwierig, ihn ins Haus zu tragen, weil alles sehr eng war. Dann haben wir ein Stahlbett im Salon aufgestellt und ihn hineingebettet. Er war noch im Jagdgewand. Neben sein Haupt haben wir einen geweihten Wachsstock von der Großmutter gestellt, und ein Kreuz, so wie hier vor sieben Jahren unsere Mutter aufgebahrt war. Und dann ist Primarius Klug gekommen, der Freund und Hausarzt des Vaters, und der hat eine Injektion direkt ins Herz gemacht. Er wollte halt noch etwas tun. Aber es war alles zu spät. Ein Arzt, der sich unter den Jagdgästen in Allerheiligen befand, hatte an Ort und Stelle bereits vergeblich versucht, den Vater durch Herzmassage wiederzubeleben."

Der 69jährige Landeshauptmann war einen Sekundentod gestorben. Auf den Zuruf seines Nachbarn, „da ist ein Fasan", hob er sein Gewehr, rief noch, „der is' mir zu weit", und im nächsten Augenblick schwankte er, als ob er sich umdrehen wollte, die Waffe entglitt seinen Händen, und er fiel zu Boden – wie ein gefällter Baum. Als die Mittagsnachrichten die Todesmeldung brachten, war es, als ob im ganzen Land die Uhren stehen geblieben wären. Daß der Krainer nimmer war, damit mußten die Steirer erst zurechtkommen, auch die, die ihn nie gewählt hatten. Sein Bild und das Amt waren eins. Nach 23 Krainer-Jahren in der Burg konnten sich zwei oder drei Generationen von Steirern keinen anderen Landeshauptmann vorstellen als diesen knorrigen und dickschädeligen, machtbewußten und doch so väterlichen bäuerlichen Menschen. Die Steiermark war mit einem Schlag wie verwaist.

Die Kinder, die ihren Vater verloren hatten, kamen in den ersten Stunden kaum zum Weinen. Zuviel war zu tun, zu viele fuhren am Fritz-Pregl-Weg vor, um sich von dem toten Landeshauptmann zu verabschieden und ihr Beileid zu bekunden. Der älteste Sohn aber mußte nun bestimmen, arrangieren oder aushandeln, was weiter zu geschehen hatte: „Die Anni hat den Leichnam gewaschen, und dem Vater das Steirergewand angezogen. Dann haben wir Rosenkranz gebetet." Sie wurden jedoch immer wieder durch Anrufe und Kondolenzbesucher unterbrochen. „Es hat mich tief berührt, daß als einer der ersten der sozialistische Grazer Bürgermeister Gustav

Scherbaum da war. Am Telephon haben sich Politiker aus ganz Österreich gemeldet, die Landeshauptleute Maurer und Wallnöfer usw. Zwischen dem Tiroler Landeshauptmann und dem Vater bestand eine besondere Beziehung. Ich habe Wallnöfer darum gebeten, bei der Einsegnung im Namen aller Landeshauptleute zu reden. Es sei nie seine Art gewesen, bei einem solchen Anlaß große Töne von sich zu geben, antwortete er, aber er würde es tun, aus Freundschaft zum Vater."

Josef Krainer war jetzt der Chef der Familie, und er führte alle Gespräche über das Trauerzeremoniell. Es gab keine Diskussion darüber, daß der Vater am nächsten Tag in die Burg überführt und dort im Weißen Saal aufgebahrt werden würde: „Für die Bestattung war der Stadtrat Isidor Blemattl zuständig, einer der wenigen wirklichen Katholiken unter den Sozialdemokraten, ein echter Freund. Und ich habe ihm gesagt: ‚Du schau, der Vater hätt' sicher keine Freud gehabt, wenn wir da alles schwarz ausstaffieren und verhüllen würden. Das ist auch eine Sache unserer Gläubigkeit, daß im Tod nicht nur alles Finsternis ist.' Da haben wir uns für die Aufbahrung auf eine weinrote, zurückhaltende Decke geeinigt. Und der Sarg sollte offen bleiben, weil der Vater doch mit einem so friedlichen Gesichtsausdruck dalag."

Am nächsten Tag begann die Prozession der Tausenden und Abertausenden von Menschen, die Abschied nahmen. Beim Begräbnis am 1. Dezember säumten über 50.000 Krainers letzten Weg von der

Burg durch die Stadt hinaus zum Steinfeldfriedhof, wo der Landeshauptmann an der Seite seiner Frau die letzte Ruhe finden sollte. Das war sein Wunsch. Zu seinem Sohn hatte Krainer bei einem Besuch am Grab einmal gesagt: „Da geh'n ma alle z'samm' eini." Wenn jedoch eine Persönlichkeit von Krainers Bedeutung stirbt, dann ist das mehr als eine Familienangelegenheit. Da gewinnt jedes Wort, jeder Schritt und jede Geste politisches Gewicht: wer wo steht oder sitzt oder geht, und wer reden darf und wer nicht. ÖVP-Bundesobmann Schleinzer, damals ja nur Oppositionsführer, wäre im Kondukt protokollarisch nach der sozialistischen Regierungsprominenz plaziert gewesen. Da hat Josef Krainer entschieden, daß Schleinzer im Kreise der Familie unmittelbar hinter dem Sarg schreiten würde, also noch vor den Politikern mit Bundespräsident Jonas und Bundeskanzler Kreisky an der Spitze. „Ein Stück Fleisch und Blut gewordene Steiermark ist dahin", rief Hanns Koren seinem Freund bei der Trauersitzung des Landtags nach, und Landeshauptmann-Stellvertreter Fritz Niederls Worte ließen die meisten Zuhörer – vor allem die, die es unmittelbar anging – bereits an die Ära nach Krainer denken: „Dein politisches Testament, welches sich in unserem Besitze befindet, ist das Programm der steirischen Zukunft, das unser Denken und Handeln bestimmen und den schöpferischen Geist der Steirer weiter ansprechen wird."[37]

Niederl mag vielleicht das politische Vermächtnis der 23 Krainer-Jahre gemeint haben. Für all jene, die in der Steiermark das Sagen hatten oder haben wollten, stellte sich jedoch sogleich die Frage, ob der Landeshauptmann eine testamentarische Verfügung hinsichtlich seiner Nachfolge hinterlassen hatte. Und ein solches Dokument befand sich bereits im Besitz des Sohnes: jener berühmte Zettel, auf dem Krainer in steiler Kurrentschrift zuerst über persönliche Dinge bestimmt hatte, wer das Haus erhalten sollte oder daß „die Anni das Silber bekommt", und auf der Rückseite des Blatts stellte er mit ein paar lapidaren Sätzen die Weichen für die Zukunft des Landes: „Der Niederl soll Landeshauptmann werden. Er ist der Verläßlichste und Beste. Mit ihm kann man die Steiermark politisch halten..."

Die älteste Tochter Anni hatte von dem Zettel in der Brieftasche des Vaters gewußt: „Der Papa hat einmal eine neue Brieftasche gekauft, und mich gebeten, sie ihm umzuräumen. Und da habe ich gesehen, daß er ein Testament bei sich trägt. Nach seinem Tod haben wir dann das Kuvert in der Brieftasche gefunden." Anni gab den Zettel ihrem Bruder, und dieser sah sich verpflichtet, mit seinen politischen Gefährten den Willen des Vaters durchzusetzen. Denn es gab auch andere in der ÖVP, die sich für die Besten hielten und Anspruch aufs höchste Amt im Land erhoben. Wie so häufig bei internem Zank in der Volkspartei wurde der hinter den Kulissen ausgetragene Nachfolgekampf zu einem Wettbewerb der miteinander rivalisierenden Bünde. Seit 1945 war das Amt des Landeshauptmanns fest in der Hand des Bauernbunds. Dem gehörte auch Niederl an. Den ÖAAB hingegen vertrat Parteisekretär Wegart, und für den Wirtschaftsbund meldete dessen Vorsitzender Anton Peltzmann seine Ansprüche an. Sie sahen nun eine Gelegenheit, die Vorherrschaft der Agrarier zu brechen. „Das waren damals ziemlich harte Bandagen." Josef Krainer denkt nicht gerne daran zurück. „Da wurde sogar von einer Testamentsfälschung gemunkelt. Dabei weiß ich genau, wann der Vater das geschrieben hat. Ich bin ja dabeigewesen."

Sechs Jahre zuvor war der Landeshauptmann auf der Jagd in ein Erdloch getappt, und seitdem belästigte ihn eine schmerzhafte Geschwulst am Knie, und er konnte kaum noch gehen. Im Sommer 1965 fand er sich endlich bereit, sich auf der Stolzalpe vom dortigen Primar Hermann Buchner untersuchen zu lassen. Nur von seinem Sohn begleitet, ist er am 27. Juli nach Murau gefahren. Der Orthopäde stellte ihn vor die Wahl: bei einer konservativen Behandlung müßte er in Abständen von ein paar Monaten immer wieder kommen, während er nach einer Operation trotz eines gewissen Risikos seine Ruhe haben würde. „Und dann verlangte er vom Vater eine klare Entscheidung: ‚Eine Knieoperation ist eine heikle Sache, Herr Landeshauptmann, und wenn Sie sich zur Operation entschließen, dann müssen Sie mir versprechen, daß Sie ungefähr sechs Wochen hier liegen bleiben, bis alles völlig ausgeheilt ist. Ich weiß, das ist eine unvorstellbar lange Zeit für Sie, aber ich lasse mir meinen Ruf nicht ruinieren.' Und darauf gab er dem Vater eine halbe Stunde zum Überlegen.

Wie wir allein waren, hat der Vater gesagt: ‚Gut, ich laß mich operieren.' Und danach hat er sich hingesetzt und zu schreiben begonnen. Ich habe auch gesehen, daß es sein Testament war. Unter dem Tod der Mutter hat der Vater immer noch gelitten, und es hat ihn tief berührt, daß ein paar Monate vorher Landesrat Ferdinand Prirsch, ein wirklicher Freund, relativ jung gestorben war. Das alles hat ihn sehr angegriffen. Und in dieser bedrückten Stimmung hat er nun das Testament, das er noch mit der Mutter beim Rechtsanwalt festgelegt hatte, durch einen politischen Zusatz ergänzt."

Der Abscheu des alten Krainer vor jeglicher Spitalsbehandlung und die Idee, auf dem Operationstisch zu liegen, hatten ihn an den Tod und das Nachher denken lassen. Die Operation ist gut verlaufen, der Heilungsprozeß dauerte kürzer als befürchtet, obwohl er „alle Pulver abgelehnt und weggeschmissen hat". Und nach vier Wochen saß Krainer wieder in der Burg. „Daß er in Niederl seinen Nachfolger sehe, hat mir der Vater auch ausdrücklich gesagt. Er hat mit mir noch eine Woche vor seinem Tod darüber geredet, als ich ihn, wie so oft am Samstag Nachmittag, wenn er sich einmal ausschlafen konnte, daheim besucht habe. Ich habe darüber nur nie in der Öffentlichkeit gesprochen, habe mich nie als Zeuge gemeldet, da es für mich ohnehin unbestritten und ein klarer Fall war."

In den bewegten Tagen nach der Beerdigung versuchte eine Fraktion in der Partei, Wegart als Landeshauptmann durchzudrücken, mit Peltzmann als

Stellvertreter und Niederl als Landesamtsdirektor. Den Agrarsektor sollte Franz Koller übernehmen. Nur Hanns Korens damalige Stellung als Landtagspräsident erschien unantastbar. Gleichzeitig startete eine Gruppe junger Leute in der Partei die schon erwähnte Unterschriftenaktion für Krainer junior. Auch Journalisten brachten seinen Namen ins Nachfolgespiel. Josef Krainer war jedoch im Sinne seines Vaters auf Fritz Niederl eingeschworen.

Der starke zweite Mann

"Niederl hat gewußt, daß er eine Mehrheit braucht, daß ich dafür marschiere und er sich auf mich verlassen konnte."

Josef Krainer über seine Rolle als geschäftsführender Parteiobmann
in den 70er Jahren

Die Kränze am Grab des Landeshauptmanns waren noch nicht verwelkt, da wanderten zwei jüngere Männer die Mur hinauf von Graz in Richtung Straßengel. Josef Krainer hatte seinen Bruder Heinz eingeladen, ihn auf einer Wallfahrt zu dem Marienheiligtum zu begleiten. Vor einer schweren Entscheidung suchte er Klarheit, und Hilfe von oben.

Der Parteivorstand hatte dem Wunsch des alten Krainer entsprochen und Fritz Niederl zum Nachfolger bestimmt. Doch Niederl stellte eine Bedingung: er würde nur dann die Regierungs- und Parteiführung antreten, wenn ihm der junge Krainer als Landesrat und als geschäftsführender Parteiobmann zur Seite stünde. „Pep hat überlegt, ob er das eine oder das andere Amt annehmen sollte oder beides", weiß der Bruder noch. „Nur wir zwei allein sind da zu Fuß eineinhalb Stunden mit dem Rosenkranz zwischen den Fingern im Gebet nach Straßengel gepilgert. Das ist eben seine Gläubigkeit. Die hat in seinem Leben immer eine große Rolle gespielt."

Weil jedoch nicht alle Größen in der Steirischen

VP von so überzeugtem Glauben an den jungen Krainer erfüllt waren, konnte Niederl seinen Wunschkandidaten für die Parteiführung nur nach einer Kampfabstimmung mit ein paar Stimmen Mehrheit durchdrücken. Krainers damalige Gegner, wie etwa Franz Wegart, anerkannten „seine enorme politische Begabung. Er war hochgebildet, blendend vorbereitet, mit einer gesunden Beziehung zur Macht". Trotzdem oder deswegen wollten sie ihn noch auf Distanz zur Macht im Lande halten. „Wir dachten nur, daß er zuerst einmal eine entsprechende Entwicklung durchmachen sollte." Der Widerstand gegen den Sohn könnte jedoch auch mit dem zupackenden Führungsstil des Vaters zusammenhängen. Was der alte Krainer dachte und sagte, hatte zu geschehen, und so mancher Schwächere stöhnte unter seinem Gewicht. Als der „Alte" nimmer war, fühlten sich einige Parteimacher bei aller Trauer um ihn doch wie von einer schweren Last befreit. Und das mag in ihnen diesen „Nicht-schon-wieder-Krainer"-Effekt provoziert haben.

Der junge Krainer war jedoch nicht zu verhindern. Am 10. Dezember 1971 wurde der bisherige Landesrat für Agrarwesen und Wohnbau und Zweiter Landeshauptmann-Stellvertreter Fritz Niederl zum Landeshauptmann gewählt, der Sozialist Adalbert Sebastian zum Ersten und Franz Wegart zum Zweiten Landeshauptmann-Stellvertreter. Der neue Agrar- und Baulandesrat hieß Josef Krainer. Ein Landesparteitag bestätigte am 18. März 1972 die neue Parteispitze. Und das Tandem Niederl–Krainer lief bald so gut, daß der innerparteilichen Opposition alle Argumente abhanden zu kommen drohten. Krainers Postulat, daß man mit Niederl „die Steiermark politisch halten" könne, entsprang der tiefen Sorge darüber, wie die Vorherrschaft der ÖVP in einem Land zu sichern wäre, das für die Politologen „soziologisch-strukturell SPÖ-anfällig ist", und in dem deshalb bei Nationalratswahlen regelmäßig den Sozialisten die Mehrheit zufällt. Wenige Monate vor Krainers Tod hatte sich Kreisky seinen Kurs bundesweit durch eine „Absolute" bestätigen lassen, in der Steiermark waren die Sozialisten auf 48,93 Prozent gekommen gegenüber 44,53 Prozent für die ÖVP – und von da an ging es für die Steirische Volkspartei bei Parlamentswahlen nur noch bergab. 1975 und 1979 fielen der SPÖ sogar über 50 Prozent der Stimmen zu. In derselben Periode fuhren Niederl und Krainer junior dagegen bei Landtagswahlen zweimal eine absolute Stimmenmehrheit ein: 1974 mit 53,3 gegen 41,2 Prozent der SPÖ und 4,2 Prozent der FPÖ und 1978 mit 52,0 Prozent (SPÖ 40,3, FPÖ 6,4). Man hat heute längst vergessen, daß Krainer I. selbst in seinen besten Jahren niemals ein solches Resultat gelungen ist. Er verfügte zwar zeitweise über eine absolute Mandatsmehrheit im Landtag, aber wählermäßig steht sein Rekord „nur" bei 48,6 Prozent (1970).

Welches Geheimnis verbarg sich hinter diesem „Wunderteam" Niederl – Krainer? Was unterschied Niederl von seinem übergroßen Vorgänger? Josef Krainer versucht es zu erklären: „Niederl war von völlig anderer Erscheinung als der Vater. In den Augen der Menschen galt er als ein unpolitischer Landeshauptmann. Sie sahen ihn nicht als Politiker, sondern nur als Menschen, und empfanden dabei, das ist einer von uns. Und der Vater, mit seinem Gespür, war sich dieser Attraktivität Niederls sicher bewußt."

Der junge Krainer war relativ früh mit Niederl in Berührung geraten. Auch dessen Bahn zum Gipfel lief anfangs über die katholische Schiene. „Während meiner Zeit als KA-Generalsekretär war Niederl Leiter des Katholischen Bildungswerks in Liezen. Mit Anton Fastl fuhr ich des öfteren dort hinauf, weil sein Bruder in Liezen Pfarrer war. So haben wir Niederl kennengelernt. Als nun die Bezirkshauptmannschaft von Feldbach zu besetzen war, habe ich meinen Vater auf Niederl hingewiesen. Denn ich wußte, daß er gerne Bezirkshauptmann werden wollte, und ich hielt ihn auch geeignet dafür." In diesem Amt hat er sich bewährt, und die Aufmerksamkeit nicht nur Krainers, sondern auch des Bauernbundobmanns Wallner geweckt. Der hat ihn 1965 nach dem plötzlichen Tod des Landesrats Prirsch für das Agrarressort vorgeschlagen. „Der Vater hat bald gemerkt, wie gut Niederl bei den Leuten ankommt, und daß er sich auf ihn verlassen konnte. Außerdem war er ein ausgezeichneter Verwaltungsjurist mit viel Sinn für Gerechtigkeit."

Alle diese Qualitäten verhalfen ihm als Landeshauptmann zu einer geradezu unglaublichen Popularität. Niederl hatte eine ähnliche Lebensgeschichte wie der alte Krainer. Auch er war ein uneheliches Kind, hat als Knecht sein Geld verdient, nebenbei studiert, in der Bezirkshauptmannschaft Liezen das Beamtenhandwerk erlernt und sich so langsam hochgearbeitet. Als neuer Hausherr in der Burg gewann er die Steirer für sich, indem er sich ihnen als ein über den Parteien stehendes Landesoberhaupt präsentierte, das die Tagespolitik den anderen überließ – oder einem anderen, nämlich vor allem dem jungen Krainer. Niederl räumte Krainer die Stelle des zweiten Mannes an seiner Seite ein. Der Landeshauptmann war zwar nominell der Parteichef, in Wahrheit wurde die Partei vom geschäftsführenden Obmann geführt, von Josef Krainer: „Niederl war für mich keine Vatergestalt, eher eine Art älterer Bruder. Wir waren zehn Jahre auseinander, er 51, ich 41. Ich habe ihn sehr gemocht, und er hat mir sehr, sehr geholfen. Er konnte nicht nur lieb und immer freundlich sein, wie das sein Image nach außen war. Er hatte durchaus auch seine festen Ansichten und Standpunkte. Aber er war sehr großzügig, und ich habe ihm wirklich viel zu verdanken. Niederl hat gewußt, daß er eine Mehrheit braucht, daß ich dafür marschiere und er sich auf mich verlassen konnte. Dabei haben ihm andere immer wieder zugeflüstert: ‚Paß auf den Krainer auf, der steht andauernd mit dem Messer hinter dir.' Das nahm so groteske Formen an, daß er sogar die vertrauliche Warnung erhielt: ‚Wenn der Krainer und seine Freund' kommen, diese Linkskatholiken, das sind ja lauter Kommunisten.' Das hat er mir selber erzählt. Er hat mir jedoch völlig vertraut. Als ich vor kurzem in einem Orgelkonzert sah, wie eine Assistentin die Register zog, während der Organist auf den Manualen und Pedalen spielte, dachte ich mir: So hat es auch mit dem Niederl und mir funktioniert. Er hat die Orgel tönen lassen, und ich habe die Register gestellt."

Diesem politischen Orgelgebrause vermochten sich nur wenige Steirer zu entziehen. 1973 zog zum erstenmal ein nichtsozialistischer Bürgermeister ins Grazer Rathaus ein, der Freiheitliche Alexander Götz. Wegen der nicht beachteten Proteste gegen eine geplante Autobahntrasse, die das Stadtgebiet berühren sollte, verlor die SPÖ 13.900 Stimmen (8 Prozent) und die absolute Mehrheit. Die ÖVP unter Franz Hasiba, dem neuen Stadtparteiobmann, erprobte durch ein Abkommen mit der FPÖ erstmals ein schwarz-blaues Zusammenspiel. Vom Dachstein zur Enns und zur Mur, von Bad Aussee bis Bad Radkersburg, von Fürstenfeld bis Köflach, von Murau bis Mureck wehte ein neuer Wind. Niederl tourte als leutseliger, immer lächelnder Landesvater durch die Bezirke. „Du hast gar nicht so schnell schauen können, da hat der Niederl schon den Hut geschwungen, hat gegrüßt und Hände geschüttelt und war immer freundlich und vergnügt", entsinnt sich Rupert Gmoser aus der beobachtenden Distanz eines SP-Intellektuellen. „Aber alle haben gewußt, daß Josef Krainer als Berater hinter ihm steht, und daß sich Niederl nach seinem politischen Urteil richtete." Krainer startete nun mit dem neuen Landesparteisekretär Karl Maitz und vielen unkonventionellen Helfern an seiner Seite voll Schwung und Dynamik die „Modell Steiermark"-Offensive, um die Bastionen der Partei zu festigen und weiter auszubauen. Zahlreiche Künstler, zum Teil aus dem Umfeld des „steirischen herbsts", konnten zur Mitarbeit bei den Wahlkampagnen gewonnen werden. Ohne genannt zu werden, hat zum Beispiel der Regisseur Axel Corti 1974 einige ÖVP-Werbefilme gestaltet. Und Niederl, Krainer und die steirische Volkspartei schwammen auf einer Welle des Erfolgs.

Selbst die beiden Wahltriumphe des Niederl–Krainer-Teams brachten die Anti-Krainer-Fraktion nicht zum Schweigen. Sie wurde immer nervöser, weil der Landeshauptmann in der zweiten Hälfte der siebziger Jahre, nicht zuletzt wegen beginnender privater Probleme Zeichen von Amtsmüdigkeit zeigte. Und es wurde beinahe zur Routine, daß er, wann immer er verärgert oder mit dem Lauf der Dinge unzufrieden war, mit dem Rücktritt drohte.

Auf Krainers Gegner wirkten Niederls Stimmungstiefs wie Alarmzeichen, und sie mobilisierten alle Kräfte zu einem mehr oder weniger heimlichen „Stoppt-den-Krainer"-Feldzug. Die Vorstellung von einer Thronfolge Krainer II. wurde für manche zum Alptraum. Und im Fall des Alfons Tropper mußte Josef Krainer erfahren, wie deswegen jahrelange Freundschaft in erbitterte Feindschaft umschlug. Das daraus resultierende gespannte und anormale Verhältnis zu dem ehemaligen Sekretär seines Vaters und späteren Landesamtspräsidenten hat noch in seiner Landeshauptmannszeit kurios-traurige Auswirkungen gehabt: denn da war Tropper, obwohl weiterhin der höchste Beamte des Landes, völlig kalt gestellt. Er saß zwar in seinem Büro, aber die aktuellen Geschäfte liefen völlig an ihm vorbei. Der Konflikt erreichte solche Ausmaße, daß Tropper sogar mit Hilfe eines Rechtsanwalts seine verfassungsmäßigen Befugnisse gegenüber dem Landeshauptmann klarstellen lassen wollte.

Beobachter der Grazer Szene haben immer wieder über den „Fall Tropper" gerätselt. Als rechte Hand und faktischer Bürochef des Landeshauptmanns hatte sich der ebenso begabte wie machtbewußte Jurist unentbehrlich gemacht. Fritz Csoklich sieht ihn als „alter ego des alten Krainer. Er hat alle Interna gekannt. Und es gibt viele Indizien, daß sich Tropper als der eigentliche Landeshauptmann, als der wirkliche erste Mann gefühlt hat. Unter Niederl mag das noch angegangen sein, da konnte er seine Macht weiterhin ausspielen. Dann wurde es jedoch unerträglich."

Für Josef Krainer ist das eine „tragische Geschichte. Wir waren schließlich einmal sehr befreundet, und Tropper hat dem Vater treuestens gedient. Beim Übergang vom Vater zu Niederl hat er sich als Leiter des Niederl-Büros unbestritten große Verdienste erworben. Ich habe noch unter Niederl durchgesetzt, daß er Landesamtspräsident geworden ist. Trotzdem hat sich der Konflikt leider zugespitzt. Da war viel Irrationales dabei. Mich hat das alles sehr getroffen, und ich bin mit der Sache bis heute noch nicht völlig fertig."

Tropper hatte anscheinend seine eigenen Karrierevorstellungen, möglicherweise sah er sich als Nachfolger Niederls. Aus dem engen Verhältnis zum alten Krainer betrachtete er sich vielleicht als dessen politischer Sohn, der ein legitimes Nachfolgerecht ableitete.

Ehrgeiz, fehlendes Augenmaß, mangelnde Selbsteinschätzung und eine Unversöhnlichkeit wie in einem Bruderkrieg kennzeichnen den zutiefst persönlichen Widerstreit. Daß dieser Zank wie in Gletschereis über die Jahre konserviert bleiben konnte, fügt sich nicht in das positive Bild, das etwa Erhard Busek von der politischen Kultur der Steirer zeichnet: „Sie tragen ihre Konflikte heftig und auf offener Bühne aus, nicht hintenherum wie in Wien. Daher rührt wohl auch das Mißtrauen der Steirer gegenüber den Wienern. Darum haben Referate und Diskussionen in der Steiermark viel mehr Farbe und Saft, weil da alles frei herausgesagt wird."

Buseks Urteil wird viel eher von Franz Wegarts Rückblick auf sein politisches Leben mit Krainer bestätigt: „Wir haben lange Zeit ein gestörtes Verhältnis zueinander gehabt. Ich könnte heute noch immer nicht sagen, warum. Ich war kein Konkurrent, schon altersmäßig nicht. Ich habe natürlich in der Partei und in der Landesregierung eine bestimmte Stellung gehabt, und die war unbestritten. Aber unsere Beziehung hat sich erst in den letzten acht oder zehn Jahren normalisiert." Heute anerkennt Wegart Krainers Leistungen als Landeshauptmann ohne Einschränkungen, und auch Krainer hat ihn als politischen Partner schätzen gelernt.

Bei der Betrachtung all dieser internen Positionskämpfe und Rivalitäten könnte man versucht sein, die Chronik der Niederl-Ära als eine Art Shakespearesches Königsdrama auf steirisch zu schreiben. Wann immer ein starker Mann die politische Bühne verläßt, scheint die Macht wohlfeil zu sein. Und allzu viele hoffen, sie zu Okassionspreisen erwerben zu können. Wenn dann kein Ausverkauf stattfindet, sind sie enttäuscht und verbittert. Josef Krainer und seine Verbündeten haben nach dem Tod des Vaters durch energisches Handeln das Entstehen eines Machtvakuums verhindert. Falls Niederl innerparteilich zuerst unter einem gewissen Autoritätsmangel litt, hat der junge Krainer dieses Manko rasch ausgeglichen. Neben seinem straffen Parteimanagement hat er der Steiermark auch als Landesrat seinen Stempel aufgedrückt. Bernd Schilcher begeisterte sich für den ungewohnten Stil Krainers: „Seine Auftritte im Landtag waren wie Vorlesungen. Er war der erste, der uns als Landesrat in der Budgetdebatte mit übersichtlichen Schautafeln die Welt, Österreich und die Steiermark erklärt hat. Dabei hat er das steirische Budget immer in einen größeren Zusammenhang eingeordnet. Wie schaut die Weltlage aus, was für Perspektiven hat die Wirtschaft, welche Visionen haben wir für Österreich, für das Land. Und da sind sie alle andächtig lauschend drinnen gesessen, und die Milchbar blieb leer. Es war eben eine Pflichtvorlesung."

Als „Agrarminister" des Landes hatte Josef Krainer mit den ersten Ansätzen revolutionärer Umwälzungen in der Landwirtschaft zu Rande zu kommen, und als Baulandesrat kümmerte er sich vor allem um eine Verbesserung des Straßennetzes. Und für die Partei ging er im ganzen Land ständig auf Talentsuche und entdeckte so manche politische Begabung, und die hat er meist zielstrebig gefördert und sorgfältig aufgebaut. Noch als Bauernbunddirektor war ihm auf dem Bauernball in Wundschuh eine junge Frau vorgestellt worden: „Das ist Waltraud Klasnic, Gemeinderätin in Weinitzen." Frauen in solchen Positionen waren damals eher eine Seltenheit. Und er hielt ein Auge auf sie. „Wir sind alle seine Ziehkinder", sagt sie heute. „Ohne Krainer hätte es für mich gar keinen politischen Weg gegeben. Er war es, der den Frauen die Chance eröffnet hat, sich in der Partei zu entwickeln. 1975 hat er mich sogar einmal ausgebremst, als ich die Landesleitung der Frauenbewegung hätte übernehmen sollen. Ich war noch sehr jung, und er hat sich dagegengestellt, weil ich ihm noch zu unerfahren erschien und er mir noch Zeit zum Gehenlernen geben wollte. Er hat wahrscheinlich recht gehabt."[38]

Damals hätte sich Waltraud Klasnic nicht träumen lassen, daß sie einmal Krainers Platz in der Burg einnehmen würde. Ab 1976 mußte Josef Krainer sich immer konkreter mit der Möglichkeit auseinandersetzen, bald selber an die Stelle Niederls zu treten. Daß dem Landeshauptmann eine undurchsichtige Kreditaffäre seiner Söhne mehr Sorgen bereitete als das ganze Land, war noch nicht offenbar. „Eines Tages sagte er mir dann: ‚Du, du mußt das übernehmen.'" Und Niederl bereitete mit viel Geschick einen reibungslosen Übergang vor. Kurz vor seinem 60. Geburtstag gab Fritz Niederl – für die Öffentlichkeit eher überraschend – den Rücktritt bekannt. Am 4. Juli 1980 wurde Josef Krainer vom Steiermärkischen Landtag einstimmig zum Landeshauptmann gewählt.

Josef Krainer II.

"Ich werde mit aller Kraft und meinem ganzen Wesen
versuchen, mein Bestes zu geben und allen
als Landeshauptmann zu dienen.
Das heißt, ein Landeshauptmann aller Steirer zu sein."
<small>Josef Krainer in seiner ersten Regierungserklärung am 4.Juli 1980</small>

„Am ersten Tag, da ist man wie in Trance, schwebt wie auf Wolken. Ich weiß, an wie vielen Dingen ich vorbeigegangen, auf wie viele Dinge ich nicht eingegangen, über wie viele Dinge ich drübergegangen bin, die mir größte Probleme hätten bereiten können. Ich habe sie gar nicht gesehen, gar nicht beachtet, bin nur geradeaus marschiert. Ja, ich befand mich wirklich wie in einem Rauschzustand. Man glaubt, daß einem alles gelingt, gelingen muß. Und es ist wirklich viel gelungen, beginnend mit der ersten großen Rede, und mit dieser Herzhaftigkeit, mit der auch die Roten und die Freiheitlichen mitgetan haben. Wir haben das Amt in eine sehr schwere Zeit hinein übernommen. Aber dieser Anfang war eine begnadete Zeit..."

Auch mehr als 15 Jahre nachher schwankt Josef Krainer zwischen melancholischer Ergriffenheit und schwärmerischer Begeisterung, wenn er sich diesen ersten Tag ins Gedächtnis ruft, den 4. Juli 1980, den Tag, an dem er von den 56 Abgeordneten des Steiermärkischen Landtags einstimmig zum Landeshauptmann gewählt worden war und er mit kräftiger Stimme sein „Ich nehme die Wahl an" gesprochen hatte.

„Ich werde mit aller Kraft und meinem ganzen Wesen versuchen, mein Bestes zu geben und allen als Landeshauptmann zu dienen. Das heißt, ein Landeshauptmann aller Steirer zu sein."[39] Nach diesen Worten, die einem Gelöbnis gleichkamen, entsann sich Josef Krainer eines historischen Augenblicks, der Antrittsrede seines Vaters, der „1948 fast auf den Tag genau vor 32 Jahren dieses Motto gewählt hat. Ich bin damals als 18jähriger in der alten Landstube dort drüben gestanden. Und es war sehr schwül und heiß, obwohl es damals noch keine Scheinwerfer des Fernsehens gegeben hat. Und ich kann mich eigentlich an sonst nichts erinnern, als daß es recht düster war in diesem Raum, und an dieses eine Wort. So ist es manchmal im Leben, daß man sich ein Wort merkt: ‚Ich will der Landeshauptmann aller Steirer sein.' "

Der sonst so nüchterne „Stenographische Bericht der 19. Sitzung des Steiermärkischen Landtages in der IX. Gesetzgebungsperiode" ist wegen des feierlichen Anlasses sogar mit einem Photo geschmückt: ein breit lächelnder Krainer – in der Profilansicht hat er etwas von einem fröhlichen Bauernburschen – reicht seinem Stellvertreter, dem Sozialisten Hans Gross, mit zupackendem Griff die Hand, und zwischen den beiden, leicht über sie gebeugt, wie ein wohlwollender Vater, Landtagspräsident Hanns Koren. Auf diesen zwanzig Seiten in ihrer äußerlich so trockenen Protokollform ist alles enthalten, was die

Steiermark ausmacht. Da läuft die Geschichte des Landes im Zeitraffer an uns vorbei, wir erfahren einiges über steirische Eigenständigkeit und Identität, über steirisches Denken und Tun; und die Art, wie die Politiker aus den verschiedenen Lagern miteinander umgehen, läßt uns das Besondere am „steirischen Klima" begreifen – zumindest wie es einmal war. Denn in solchen Momenten scheinen Gestern und Heute und Morgen eins zu sein, und das Menschliche in der Politik wird offenbar. So hat es auch Fritz Niederl verspürt: „Als ich vorhin, knapp vor 9.30 Uhr, hereingegangen bin, da habe ich mir gedacht, eigentlich ist das Abschiednehmen und das Ausscheiden ein sehr menschlicher und kein technischer Vorgang…"

Die ersten Punkte der Tagesordnung jener Landtagssitzung spiegeln jedoch den banalen Alltag. Da geht es um die Mauterhöhung im Gleinalmtunnel, die „verstärkte Berücksichtigung von Motiven der Steiermark bei der Prägung von Silbergedenkmünzen durch das Finanzministerium", die Herstellung von Kraftstoffalkohol aus Maisstroh, die Valorisierung der Kindergartenbeihilfe und um einen Bericht „über den Einsatz von EDV-Kleincomputern" im Landesbereich. Weiters folgten noch zwei Anträge einer ÖVP-Abgeordnetenschar, angeführt von ihrem Initiator „Univ.-Prof. Dr. Schilcher". Der eine Antrag fordert „die Einführung gesetzlicher Vorschriften zur Ermöglichung von TV- und Hörfunkübertragungen aus den Bundestheatern" und der andere die „Aufnahme ständiger Budgetposten für konkrete Projekte in der Dritten Welt".

Angesichts dieses aktuellen Sorgen- und Wunschkatalogs mahnte der nach 31 Jahren aus der Politik scheidende sozialistische Landeshauptmann-Stellvertreter Adalbert Sebastian die Abgeordneten, einmal daran zu denken, daß „wir im Jahre 1950 in diesem Hause über die Ernährungsämter, über Rationierung und Zuteilung von Brot, Fleisch und anderen Lebensmitteln diskutiert haben, und daß wir damals in die Budgets Beträge einsetzen mußten für die Flüchtlinge, die es in unseren Gemeinden gab, und für die Flüchtlingskinder." Im Dezember 1952 hatte der damalige Landesrat Illig laut Sebastian nach Hunderten ergebnislosen Staatsvertragsverhandlungen im Landtag angeregt, daß „wir doch, um das Gewissen der Welt wachzurütteln, an einem bestimmen Tag für eine bestimme Stunde, und das in jeder Woche und in jedem Monat, unsere Kirchenglocken läuten lassen müßten im ganzen Land, damit die Menschheit darauf aufmerksam gemacht wird, daß hier ein Kulturvolk in Unfreiheit lebt..."
Solche Vergangenheitsbeschwörungen und historisierende Gewissenserforschungen tönten als Begleitmusik zur Hofübergabe, zu dieser Ablösung der Älteren durch die Jüngeren. Krainer wies darauf hin, daß mit dieser Wahl ein echter Generationenwechsel an der Spitze beider großen Fraktionen stattgefunden habe. Hans Gross und Josef Krainer sind nämlich vom selben Jahrgang: „Uns verbindet daher die Lebenserfahrung einer Generation, die den großen Krieg zwar in ihrer Kindheit erlebt hat", allerdings doch in einer anderen Weise als die eigentliche

Kriegsgeneration, als „die Generation unserer Väter und Mütter, die uns die Freiheit geschenkt haben". Im Gegensatz zu ihnen „haben wir unsere große Bewährung noch vor uns".

Um auf die Erfahrungssumme der Mandatare in der Landstube zu kommen, müßten mehrere Menschenalter zusammengezählt werden. Präsident Koren ist noch unterm Kaiser geboren und hat im Zweiten Weltkrieg vier Jahre lang Uniform getragen. Und so manchen läßt das Fronterlebnis nie mehr los. Fritz Niederl erwähnte in der Abschiedsrede seine fünf Kriegs- und Gefangenschaftsjahre: „Auch heute treffen wir Kriegskameraden uns in Graz im Gösserbräu jedes Vierteljahr, nicht um zu sagen, wie schön der Krieg war, sondern aus dieser Freundschaft und Kameradschaft heraus." Franz Wegart etwa fühlt sich bis heute als Sprecher der alten Soldaten. Dem breiten steirischen Spektrum entsprechend saßen im Landesparlament auch so manche, die einmal lauthals „Heil Hitler!" gerufen und an den „Führer" geglaubt hatten. Josef Krainer war sich in diesen Stunden sicher bewußt, wie viele verschiedene Gedanken, Einstellungen und Überzeugungen sich hinter der äußerlichen Einstimmigkeit verbargen, mit der ihm diese Versammlung das Vertrauen ausgesprochen hatte. Darum wählte er die Gestalt des 1972 verstorbenen ehemaligen Bundeskanzlers Alfons Gorbach zum Symbol von Ausgleich und Verständigung. Er habe „die Versöhnung der alten Bürgerkriegsparteien aus dem Lager der Christlichsozialen, der Sozialdemokraten und der Nationalen zum eigentlichen Wesensinhalt seiner politischen Mission erhoben. Man muß ja wissen, was es bedeutet, daß ein Mann, der als Offizier im Ersten Weltkrieg sein Bein in der 14. Isonzoschlacht verloren hat, der Konzentrationslager in härtesten und dunkelsten Stunden zusammen mit dem früheren Landeshauptmann Karl Maria Stepan aushalten und durchstehen mußte, daß dieser Mann nach 1945 gesagt hat, machen wir Schluß mit dem Unheil, das wir in der Ersten Republik gehabt haben, geben wir uns die Hand, schütten wir Gräben und Gräber der Vergangenheit zu."

Um den Abgeordneten und denen, die sie gewählt hatten, diesen Auftrag des Miteinanders zum Nutzen des Landes zu verdeutlichen, beschrieb Krainer in einem kurzen historischen Exkurs, wie das Bekenntnis zur Eigenständigkeit der Steiermark mit einem Bekenntnis zu Österreich einherging, und das sei ja jahrhundertelang auch „ein Bekenntnis zum Heiligen Römischen Reich Deutscher Nation gewesen". Die Flagge, die Krainer da hochhielt, war ein Patchwork – auf gut steirisch ein Fleckerlteppich – aus grünweißem Selbstbewußtsein, rotweißrotem Österreich-Patriotismus, schwarzgelber Monarchieverehrung, und die Reichsnostalgie erlaubte auch ein paar schwarzweißrote Tupfen, obwohl die großdeutschen Anhänger dieser Farbkombination mit dem Imperium Sacrum und seiner Universalität wenig gemein gehabt hatten.

Nun folgten die für eine solche Bestandsaufnahme unverzichtbaren Schlüsselbegriffe und Reizworte

Vater und Sohn – bei einem Besuch der Salzburger Festspiele

Im Dienst der Kirche – der Generalsekretär der Katholischen Aktion Josef Krainer (rechts außen) bei der Einweihung der St. Michael-Kapelle in Seggauberg im Mai 1961 mit Bischof Josef Schoiswohl (weiters von links nach rechts Alfred Wickenburg, Alexander Silveri, Kurt Weber-Mzell, Ewald Cwienk und Wilhelm Pannnold). Bild unten: Ein weites Arbeitsfeld – der KA-Generalsekretär bei der Tagung des Steirischen Volksbildungswerkes mit Kulturlandesrat Hanns Koren in St. Martin im Mai 1962 (von links nach rechts Hans Steiner, Krainer, Koren, Hubert Lendl, Winfried Gruber).

Der Sohn wird zum Vertrauten – der "alte" Krainer mit dem "jungen", dessen eigentliche politische Karriere nach vier Jahren als Universitätsassistent 1966 als stellvertretender Bauernbunddirektor begann.
Der Landeshauptmann und seine Erben – Josef Krainer sen., sein Sohn Josef Krainer jun. und der damalige Agrarlandesrat Friedrich Niederl (rechts außen), weiters der Bauernführer Josef Wallner und die Landesbäuerin Maria Stangl.

Tod des Landesvaters, Tod des Vaters – Trauerkundgebung im Grazer Burghof für den am 28. November 1971 plötzlich verstorbenen Josef Krainer sen.

Als Baulandesrat trieb Josef Krainer den Autobahn- und Straßenbau wesentlich voran. (Im Bild mit Bautenminister Josef Moser)

Gelungene Hofübergabe – Landesrat Josef Krainer ist nach dem Rücktritt von Landeshauptmann Friedrich Niederl im Frühsommer 1980 der logische Nachfolger.

Der neue Landeshauptmann – Josef Krainer begrüßt nach der Wahl am 4. Juli 1980 im Landhaus den Ersten Landeshauptmann-Stellvertreter Hans Gross (SPÖ) mit herzlichem Handschlag, im Hintergrund Landtagspräsident Hanns Koren.

Die neue Mannschaft des Neuen – der Landeshauptmann mit Wirtschaftslandesrat Hans-Georg Fuchs, 3. Landtagspräsident Franz Feldgrill, Landtagspräsident Hanns Koren, Landeshauptmann-Stellvertreter Franz Wegart, Agrarlandesrat Simon Koiner und Kulturlandesrat Kurt Jungwirth.

Das Bad in der Menge – der Landeshauptmann im Wahlkampf 1986 vor dem Grazer Rathaus (rechts hinter ihm Franz Hasiba).

Ein Landeshauptmann zum Angreifen – die Steirer kamen mit allen ihren Problemen zu ihm.

Bürgernähe wörtlich genommen – der Landeshauptmann suchte immer das direkte Gespräch mit den Menschen.
Auch das gehört zum Amt des Landeshauptmannes – Josef Krainer zeichnet verdiente Feuerwehrleute aus.

Kampf um jeden Arbeitsplatz – Josef Krainer während der Krise der "Verstaatlichten".

Ein offenes Ohr für alle – Josef Krainer hört sich die Beschwerden eines jungen Arbeiters an.

Im Hubschrauber – der Landeshauptmann unterwegs beim Katastropheneinsatz.

Zur Stelle sein, nachschauen, helfen – bei Sturm, Hochwasser und anderen Naturkatastrophen war der Landeshauptmann immer sofort am Unglücksort.

Steirischer Klang – Josef Krainer hat viel Sinn für echte Volksmusik.

*Die Krainer-Kinder – (v. l.n.r.) Ferdinand, Franz, Georg, Johanna und Josef.
Ein rares Photo – Josef Krainer mit seiner Frau Rosemarie und den
fünf Kindern im Garten seines Hauses.*

Die "steirische Breite" – Josef Krainer beim Parteitag der Steirischen Volkspartei 1980 mit (von links) Franz Wegart, Otto Hofmann-Wellenhof, und Hanns Koren.

Mit dem Vorbild im Hintergrund – über seinen Schreibtisch in der Burg ließ sich Josef Krainer ein Bild Erzherzog Johanns hängen.

steirischer Geschichtlichkeit: Graz als stolze „Residenz des Kaisers und der Erzherzöge von Innerösterreich", das „Grenzlandschicksal der Mark während der Einfälle von Magyaren, Heiducken, Kuruzzen und Türken" als Quell des „herben Lebensstils und der Kraft des Überlebens", schließlich „die friedliche Begegnung mit den Völkern der Slawen und der Romanen in der großen Gemeinschaft der österreichisch-ungarischen Monarchie bis zum Ende". Nach dem „schmerzlichen Verlust eines großen Teils der alten Heimat", nach der „Konfrontation zwischen den großen politischen Lagern auch mit der Waffe in der Hand" und erst in der Zweiten Republik, „nach den fürchterlichen Prüfungen und den Nachwehen dieses modernen Vernichtungskrieges, der ja auch die Städte, die Märkte und die Dörfer des Hinterlandes nicht verschont hat, ist ein beglückendes, ein neues Heimatbewußtsein entstanden."

Soweit war das eine gute Landeshauptmannsrede.

Ähnlich hätte es auch der alte Krainer sagen können, vielleicht nicht so geschliffen und nuanciert. Doch mit der Definition des Heimatbegriffs trat der Sohn aus dem Schatten des Vaters und war ganz er selbst, der Intellektuelle, der Bücherleser, der nicht dem Zeitgeist nachlief, sondern das Geistige in der Zeit aufzuspüren und an die anderen weiterzugeben suchte. Für diese Gelegenheit hatte er ein Heinrich-Böll-Wort gefunden: „Humanes, Soziales, Gebundenes ist ohne Heimat nicht möglich". Und dann wurde der Landtag wohl zum erstenmal in seiner Geschichte zur Werbeplattform für moderne Dichtung.

„Nicht ohne Grund wird Heimat immer stärker auch zum Thema zeitgenössischer Literatur, auch in unserer Forum-Stadtpark-Gruppe. Lesen Sie Peter Handkes ‚Langsame Heimkehr', lesen Sie Gerhard Roths ‚Der Stille Ozean' oder lesen Sie Alfred Kolleritsch' ‚Die grüne Seite'."

Und während einige Ökonomieräte und andere Honoratioren noch an diesen ungewöhnlichen Buchempfehlungen kauten, servierte ihnen Krainer den nächsten schwerverdaulichen Bissen in Form der „sogenannten Alternativgruppen, mit denen wir ernste, vorurteilsfreie und offene Gespräche führen wollen, und deren realisierbare Anliegen wir auch umsetzen sollten, ohne irgend jemand billig vereinnahmen zu wollen." Krainer dürfte die innere Ablehnung solcher Anregungen bei einer Mehrheit der Anwesenden erwartet haben, und er billigte auch jedem „seine eigene Lebensauffassung" zu, „aber wir sollten auch voneinander lernen können; und daß die Einfachheit des Lebens, die diese Menschen zum Prinzip erhoben haben, in einer Zeit des Überflusses auch einen Weg zur Erkennbarkeit des Sinns unseres Lebens bedeutet, steht wohl außer Zweifel." Angesichts eines solchen Eintretens für kritische Außenseiter, die von den meisten im Saal höchstens als Ärgernis angesehen wurden, mag sich der eine oder andere aus der geschlagenen Anti-Krainer-Truppe im Stillen gesagt haben: „Der is' halt doch a Kommunist."

Die vielgerühmte „steirische Breite" hält das jedoch alles aus. Krainer nannte auch Peter Rosegger und Paula Grogger, und er begrüßte den „Repräsentanten eines der ältesten steirisch-böhmischen Geschlechter, unseren Freund Karl Schwarzenberg". Und so führte er im Laufe seiner Ansprache so manchen Namen an, von Freunden und Gesinnungsgenossen, aber auch von anderer steirischer Prominenz verschiedenster politischer Farbe oder Herkunft und aus unterschiedlichsten Wirkungsbereichen, vom Forscher und Universitätsprofessor bis zum Skiweltmeister und Mount-Everest-Bezwinger, und für jeden hatte er eine lobende Kurzcharakteristik parat. Dieses fast rituelle Menschenpanorama gehörte fortan zum Duktus großer Krainer-Reden bis hin zu seinem politischen Adieu vor dem Sonderparteitag im März 1996. Einem Rhetorikprofessor würde dazu vielleicht Homer einfallen, wie er seine Helden aufmarschieren läßt und jedem einzelnen ein schmückendes Beiwort gönnt, oder ein alpenländischer G'stanzl-Sänger, der auf jedermann in der Runde einen spitzen Vers improvisiert.

Wie ein allwissender Kustos geleitete Krainer so sein Publikum durch eine steirische Porträtgalerie. Zum Einstand als Landeshauptmann wollte er jedoch die ganze Steiermark auf den Punkt bringen. Die Steirer sollten wissen, daß der neue Landeschef wußte, was sie bewegte, woher sie gekommen sind und wohin der Weg gehen würde. Und auch sie sollten sich dessen bewußt werden. Daher kombinierte er sein historisches Kolleg mit einer Bilanz der „Steiermark AG", und tagespolitische Aufrisse mit weltpolitischen Perspektiven und versuchte den Leuten auch zu sagen, wer er selber sei. Daß er dabei über eine Verbeugung vor der „alten Trias Kirche, Wissenschaft und Kunst, der unser Land Entscheidendes verdankt", die Brücke zu Religion und Glauben schlug, war von einem Krainer nicht anders zu erwarten. Denn „die Religiosität der Menschen aller Glaubensgemeinschaften dieses Landes hat sicherlich unser Leben überhöht und es auch mit Sinn erfüllt". Wohl eingedenk dessen, wie sich die Kirchen früher einmal vor den Karren der Politik hatten spannen lassen, zollte er „mit aller in diesem Zeitalter gebotenen Behutsamkeit" der katholischen wie der evangelischen Kirche seinen Respekt, ohne das „harte Gegeneinander" zwischen den Glaubensgemeinschaften in der „wechselseitigen Geschichte von Reformation und Gegenreformation" zu verschweigen. Ein Beispiel für den grundsätzlichen Wandel der Beziehungen unter den Kirchen sei jedoch, daß „der Empfang des evangelischen Superintendenten Dieter Knall zur 450. Wiederkehr der Confessio Augustana im Barocksaal des Katholischen Priesterseminars stattgefunden" habe, in der „ehemaligen Jesuitenuniversität, bekanntlich eine Gründung der Gegenreformation" – er hätte sie auch als Kommandozentrale der Rekatholisierung der Steiermark bezeichnen können –, und daß „der katholische Bischof dieses Landes, Johann Weber, der erste Gratulant gewesen ist – ein wahrhaft ermutigendes Erlebnis ökumenischer Gesinnung."

Die meisten solcher Passagen haben damals die Kugelschreiber der Journalisten kaum in Bewegung zu setzten vermocht. Das war nicht der Stoff, aus dem sich Schlagzeilen formulieren lassen. Aus der Distanz verraten sie dagegen mehr über die Persönlichkeit, die Amtsauffassung und die politische Philosophie des Landeshauptmanns als sein für die Zeitung vom nächsten Morgen wesentlich interessanteres Eingehen auf diverse Fragen gegenwärtigen Geschehens. Was immer da anstand, was an Ängsten in der Luft lag und was er an Lasten ererbt hatte, der neue Mann stellte sich den Anforderungen des Tages voll Optimismus und Zukunftsglauben. Allen Nöten und Zwängen einer gar nicht so rosigen wirtschaftlichen Situation zum Trotz ließ er aus vielen Sätzen seiner Regierungserklärung die unterschwellige Botschaft heraushören: „Es ist alles machbar, wenn man es nur entschlossen und richtig anpackt." Das war ja auch Krainers feste Überzeugung, bis er dann immer öfter an die Betonmauern der Wirklichkeit stieß.

Bei aller Euphorie hatte er die Augen jedoch keineswegs vor dem verschlossen, was ihn erwartete, ihm bevorstand, auf ihn zukam – und was ihn bis zum abrupten Ende seiner Amtszeit verfolgen und bedrücken sollte: „Landespolitisches Schwerpunktthema Nummer eins bleibt die Schaffung und Sicherung von Arbeitsplätzen. Wir gehen vom natürlichen Recht des Steirers auf einen solchen Arbeitsplatz aus, denn Arbeit ist ein zentrales Element der Sinnerfüllung unseres Lebens, und auf die Qualität der Arbeit und größtmögliche räumliche Nähe von Arbeitsstätte und Wohnort ist immer besonders Rücksicht zu nehmen." Die Verteidigung dieses Rechts wird ihn in den nächsten Jahren viel Kraft und Energie kosten – in einem aufreibenden Kampf mit vielen Verlierern und wenigen Siegern.

Krainer ging dann auf konkrete Materien ein, verlas Zahlen und Daten, warf der Bundesregierung vor, die Steiermark zu Gunsten Wiens zu vernachlässigen, befaßte sich mit realen Aufgaben und greifbaren Schwierigkeiten und wagte dennoch einen hoffnungsvollen Ausblick: „Manche der skizzierten Problemstellungen für unser Land in den achtziger Jahren erscheinen übergroß, aber die Besinnung auf das Werden unseres Landes oder nur ein Blick auf das berühmte Landplagenbild am Grazer Dom mit Pest, mit Türken und Heuschrecken oder die persönliche Erinnerung an die gewaltigen Aufbauleistungen nach den Zweiten Weltkrieg beweisen uns, daß in der wechselvollen Geschichte unseres Landes immer wieder aufs neue größte Probleme gemeistert wurden und eine gute Entwicklung bewirkt werden konnte."

Doch was wäre ein steirisches Beginnen und Sagen und Reden ohne den Erzherzog Johann: „Joanneischer Geist" sei gefordert, für Krainer ein „Schlüsselwort für die mutige und kluge Beantwortung neuer Herausforderungen – es ist jener Geist, in dem unser steirischer Prinz Erzherzog Johann die Grundlage der modernen Steiermark geschaffen hat". Die dazugehörigen Vokabeln lauten unter anderen „zukunftsorientiert", „optimistisch", „ideenreich", „europäischer Geist", „gemeinsame steirische Heimat," denn „im Miteinander konnte in diesem Land viel, viel mehr erreicht werden als im Gegeneinander".

Das hört sich wie ein Echo und eine Bestätigung der Antrittsrede seines Vaters vom 6. Juli 1948 an, in der er den Steirern Einigkeit als wirksamste Medizin für den Wiederaufbau des von Krieg und Besatzung ruinierten Landes verordnete.

Es hatte schon Mittag geläutet, als Krainer die im Landhaus Versammelten – und mit ihnen das ganze Land – aufrief, das Gemeinsame vor das Trennende zu stellen; und dem Ende zu ließ er noch einmal typische Krainer-Töne vernehmen: „In dieser Haltung werden wir gemeinsam mit allen Landsleuten auch in Zukunft bestehen. Keiner weiß, was sie bringt. Ich baue auf die Mitarbeit aller Steirerinnen und Steirer, vor allem der Stillen im Land, der Nachdenklichen, meiner Freunde, und auch der künstlerischen Menschen mit all ihrer Sensibilität." Zum Abgesang bat der Landeshauptmann seine „steirischen Landsleute" noch um „guten Rat und gute Gesinnung", und nach dem „Glück auf!", das für Krainer so etwas wie ein Markenzeichen geworden ist, verzeichnet das Protokoll „allgemeinen Beifall".

Von der Geschäftsordnung als Landtagspräsident zu einem Schlußwort verpflichtet, wünschte Hanns Koren dem Landeshauptmann und jüngeren Freund: „Gottes Hand soll über dir spürbar sein." Dann noch ein mahnendes Wort: „Es wird nicht zu vermeiden sein, daß alles, was du tust und planst und vorträgst, mit dem verglichen wird, was dein Vater getan, geplant und vorgetragen hat oder hätte. Das aber heißt nicht, daß du ihn nachzuahmen hast, daß du nicht das Recht und die Pflicht hättest, deinen Weg zu gehen, wie dein Gewissen es dir befiehlt und deine Einsicht in die Dinge es dir für richtig erscheinen läßt."

Von den Zuschauerbänken aus verfolgten, der älteste Sohn Franz und die Geschwister die bewegende Premiere des nun auch schon bald 50jährigen „jungen" Krainers. „Es herrschte eine solche Aufbruchsstimmung", erinnert sich Heinz Krainer. „Da war soviel Schwung, und die Leute haben ihm so vertraut, und er hat dann mit seiner Partie, mit Schilcher und den anderen, gearbeitet wie wahnsinnig." Und Bernd Schilcher: „Dieser Anfang, der war einfach faszinierend..."

„In die Burg gehen..."

„Bis zuletzt habe ich nie jemandem etwas versprochen, was ich meiner Überzeugung nach nicht hätte wirklich halten können."

Josef Krainer über seine Landesvater-Funktion

Im Arbeitszimmer des Landeshauptmanns im zweiten Stock der Karlsburg, des Haupttrakts der Grazer Burg, war unter Niederl kaum etwas verändert worden, jetzt ließ Josef Krainer anstelle des Maria-Theresien-Bildes, das schon dem Vater von der Wand hinter dem Schreibtisch über die Schultern geschaut hatte, ein Erzherzog-Johann-Porträt hängen. Die gute Kaiserin erhielt eine andere Ecke in diesem von der Geschichte eingerichteten Büro. Sie stand doch eher für den Wiener Zentralismus, während der Erzherzog, obwohl in Florenz geboren, in Wien erzogen und Tirol sich als ursprüngliches Lebensland erwählend, zum „steirischen Prinzen", zum weltlichen Landespatron der Steiermark geworden ist – und für Josef Krainer eine Leitgestalt für die nahtlose Verschmelzung von Tradition und Innovation. Neben dem eleganten Weiß des klassizistischen Ofens hat noch aus Vaters Zeiten eine andere steirische Ikone ihren Platz – Peter Rosegger, der einstige Waldbauernbub als alternder Dichter, würdig, voll weiser Weltsicht, abgeklärt, fast ein wenig priesterlich. Der Schreibtisch ist von einem früheren Burgresidenten 1823 bei der Wiener Möbelfabrik des Josef Danhauser sen. bestellt worden. Im Gegensatz zum föderalistischem Selbstverständnis späterer Schreibtischbenützer hatte der Auftraggeber, Landesgouverneur Ludwig Patrick Graf Taaffe, vornehmlich dafür zu sorgen, daß eine in Wien beschlossene Politik in der Steiermark widerspruchslos umgesetzt wurde. Der damalige Landeshauptmann Ignaz Maria Graf Attems dagegen war im Landhaus daheim und vorwiegend mit zeremoniellen Pflichten beschäftigt.

Im Lauf der Jahrhunderte war die Funktion des Landeshauptmanns oft durch das gegensätzliche Kräftespiel zwischen dem Landesherrn und den Ständen, zwischen Kaiser und eingesessenem Adel bestimmt. Einmal war er nichts anderes als Erfüllungsgehilfe imperialer Gewalt, dann wieder als Vorsitzender des Landtags der von den Ständen gewählte Repräsentant des Landes gegenüber dem Kaiser. Die lange Liste der Landeshauptleute wird von Bischof Ekbert von Bamberg angeführt. 1236 hatte ihn der große Stauferkaiser Friedrich II. zum Statthalter ernannt, weil die Territorien des geächteten Babenbergerherzogs Friedrich des Streitbaren unter das Regiment des Reichs gestellt worden waren. Als Friedrich II. 1246 Otto von Eberstein mit der Statthalterschaft betraute, erschien in den Urkunden erstmals der Titel „capitaneus Styrie", wörtlich übersetzt „Hauptmann der Steiermark". Sein Sitz war die feste Burg am Schloßberg. Auch in den bewegten Zeiten nach dem Ende der Hohenstaufer waren die

Landeshauptleute Vertreter einer äußeren Macht, zuerst der Ungarn, dann des Böhmenkönigs Ottokar II. Přemysl und schließlich der Habsburger. Und kaum einer entstammte dem steirischen Adel. Erst seit dem 14. Jahrhundert ist diese Stellung fast nur noch mit Angehörigen ureingesessener oder durch die Habsburger „importierter" steirischer Familien besetzt, und fortan richtete sich der Landesherr bei der Auswahl des Landeshauptmanns nach dem Vorschlag der Stände.

Von Kaiser zu Kaiser spiegelte die schwankende politische Bedeutung des Landeshauptmanns die jeweilige Stärke oder Schwäche des Herrschers gegenüber dem Adel wider. Im Landtag, der die vom Landesfürsten geforderten Steuern billigen sollte, stand dem Landeshauptmann zwar die erste Stimme zu, doch mit der unterstützte er grundsätzlich die Ansprüche des Herrschers. Der absolutistische Beamtenstaat Maria Theresias und Josefs II. hatte keinerlei Bedarf an eigenen Regungen der Provinzen und sah im Landeshauptmann lediglich ein historisches Relikt. Das Sagen im Land sollte als Vertreter des Kaisers der Gouverneur oder Statthalter haben. Unter Franz Joseph I. wurde ab 1861 in der Verfassung zwischen Landeshauptmann und „Landeschef" unterschieden. Der Landeshauptmann vertrat die Person des Kaisers nur in dessen Eigenschaft als Landesfürst, also als Herzog der Steiermark, vor dem Landtag. Den Landeschefs, die „an der Spitze der politischen Verwaltung in den Königreichen und Ländern" standen, also die gesamtstaatliche Oberhoheit verkörperten, oblag laut Gesetz auch „die Repräsentation des Landesfürsten bei feierlichen Gelegenheiten." So überlebten die „dualistisch-ständischen Traditionen, die zwei Säulen, die das Land gemeinsam ausmachen: Landstände – Landesfürst".[40] Diese Polarität freilich wurde durch die über allem thronende Figur des Kaisers neutralisiert. Edmund Graf Attems war von 1897 bis 1918 der letzte Landeshauptmann alten Stils, und Manfred Graf Clary-Aldringen diente von 1898 bis 1918 Kaiser Franz Joseph und Kaiser Karl als Statthalter. In der als Bundesstaat konzipierten Ersten Republik leitete dann der durch die föderalistische Verfassung mit neuen Rechten und Pflichten versehene Landeshauptmann von der Burg aus die Geschicke des Landes.

Im Mittelalter hat Kaiser Friedrich III. hier seine AEIOU-Überlebensformel in die Mauern schlagen lassen, und als 1564 unter Erzherzog Karl II. Graz Residenz und Hauptstadt von Innerösterreich, also der Steiermark, Kärntens, Krains, weiters Friauls, Görz', Triests und Teilen Istriens wurde, ließ er die Burg erweitern, und zwar um eben jenen Trakt, in dem Josef Krainer nun, neun Jahre nach dem Tod des Vaters, dessen Platz eingenommen hatte.

Und wann immer Krainer seine Augen von den Akten erhob, blickte er direkt auf den Erzberg, in den brennenden Farben Herbert Boeckls. Das Gemälde aus dem Jahr 1942 weckt Cezanne-Assoziationen: „Ich habe das Bild aus emotionaler Bindung zum Boeckl, aber auch zu unserem ‚eisernen Brotlaib' in die biedermeierliche Harmonie dieses schönen Raums gehängt." Und wohl auch zur ständigen Mahnung daran, daß sich die Steiermark von diesem Brotlaib bald nicht mehr allzuviel würde abschneiden können.

Die „biedermeierliche Harmonie" der Chefetage in der Burg vermochte auch nicht darüber hinwegzutäuschen, daß Josef Krainer sein Amt in einer Zeit gefährlicher Umbrüche und risikoreicher Veränderungen angetreten hatte. Seine „Es ist erreicht"-Hochstimmung und ein unerschütterlicher „Steiermark-über-alles"-Glaube halfen ihm, die bittere Erkenntnis zu verarbeiten, daß nichts mehr so war, wie es einmal gewesen ist, und auch nie mehr so sein würde: „Die Steiermark war nie reich, weil wir in diesem Blinddarm im Südosten abgeschnitten waren von unseren angestammten Einzugsgebieten. 1918 ging ein Drittel unseres Territoriums verloren, nun trafen uns die Strukturwandlungen der Grundstoffindustrie mit voller Härte. Wie kein anderes Bundesland mußten wir schon Anfang der achtziger Jahre mit Krisenphänomenen fertigwerden, die fast überall anderswo erst viel später wirksam geworden sind." Die Steiermark wurde – frei nach Karl Kraus – zur Versuchsstation für den Untergang ganzer Arbeitswelten.

Als Krainer sich in der Burg einrichtete, stand Bruno Kreisky noch einer SPÖ-Alleinregierung als Kanzler vor. „Der Kreisky hat genau gewußt, daß die schwierige Lage der verstaatlichten Industrie in der Obersteiermark zu einem seiner schwerwiegendsten Probleme würde." Von jeher hatte Bruno Kreisky eine gute Gesprächsbasis mit dem Vater Krainer gehabt. „Die war von gegenseitigem Respekt bestimmt. Und bei all seinen taktischen Finten und Finessen hat er sich schon in meinen Nationalratstagen die Zeit genommen, sich mit diesem jungen Abgeordneten aus der Steiermark ernsthaft auseinanderzusetzen. Das mag wohl daran gelegen sein, daß wir über vieles miteinander reden konnten, worüber er nicht mit allen Leuten geredet hat. Als ich ihn bei der Angelobung durch Bundespräsident Kirchschläger um einen Gesprächstermin ersuchte, sagte er – typisch Kreisky –, ich sollte doch gleich mitkommen. Ich hatte jedoch eine andere Verpflichtung, und so war ich am Samstag danach bei ihm am Ballhausplatz – von zwei Uhr mittags an, und um fünf hat er zweimal auf die Uhr geschaut, und dann hat er die dicken Jutevorhänge in seinem Büro heruntergelassen, und wir haben weiter über alle die gemeinsamen Fragen von Bund und Land diskutiert; und derartige intensive Gespräche haben sich des öfteren wiederholt."

Der Bund brauchte dieses Land und das Land den Bund, frei nach Hanns Korens vielzitierter Formel: „Ohne die Steiermark kein Österreich – ohne Österreich aber auch keine Steiermark." Von Zeit zu Zeit plagten die Steirer allerdings Ängste, ob ihrer vertrackten Randlage geographisch, ökonomisch und politisch ins Eck gestellt zu werden. „Wir wollen nicht im Winkel leben", lautet ein anderer Leitsatz Korens. Was ihm vorrangig für das Geistes- und Kulturleben galt, bezog Krainer gleichermaßen auf die

Verkehrsnöte der Steiermark: um eine Abkoppelung von den gesamtösterreichischen Entwicklungen zu verhindern, hatte Josef Krainer bereits als Landesrat und Straßenbaureferent die Anbindung des Landes an das Autobahn- und Schnellstraßennetz mit höchstem Eifer betrieben. Als er die Pläne für einen Plabutschtunnel an Stelle einer Grazer Stadtautobahn unterstützte, hieß es zuerst zwar, „was fällt dem Krainer da ein, einen Berg statt quer der Länge nach zu durchgraben?", aber nach einer Volksbefragung konnte das Projekt verwirklicht werden. Und nun als Landeshauptmann wurde er nicht müde, Kreisky und den zuständigen Ministern die Engpässe und Flaschenhals-Effekte auf den Transitstrecken zwischen Semmering und Neumarkter Sattel, Wechsel und Pack, Pyhrnpaß und Spielfeld vor Augen zu führen: „Man muß sich einmal zurückerinnern, wie das früher war – die Gastarbeiterroute und die Staus auf der Bundesstraße 17 durch das Mürz- und Murtal. Das war wie der Ho Chi Minh-Pfad. Und wir hatten einen ungeheuren Nachholbedarf. Da wurden nicht nur freundliche Worte gewechselt, da wurde auch etwas getan, und wir haben mitgetan."

Die Kooperation zwischen dem „schwarzen" Landeshauptmann und den zuständigen „roten" Ministern Moser und danach Sekanina funktionierte gut – nicht zuletzt deshalb, weil die Steiermark schon in den siebziger Jahren mit 1,5 Milliarden Schilling mehr als jedes andere Bundesland zur Vorfinanzierung des Autobahnbaus beigesteuert hatte. Die „Süd" ist heute längst vollendet, auch die Pyhrnautobahn durchgehend befahrbar, und die Mürz- und Murfurche konnte durch ein leistungsfähiges Schnellstraßensystem entlastet werden. Waltraud Klasnic bewundert dabei Krainers Durchsetzungsvermögen: „Er hat nicht gesagt entweder eine Nordsüd- oder eine Ostwest-Verbindung, sondern wir brauchen beides, und wir haben beides gekriegt."

Das Land, das sich dem Josef Krainer anvertraut hat, ist mit 16.388 Quadratkilometern und nicht ganz 1,2 Millionen Einwohnern (laut Volkszählung 1991 waren es genau 1,184.720) das von der Fläche her zweitgrößte Bundesland, der Bevölkerungszahl nach liegt es hinter Wien, Niederösterreich und Oberösterreich. Sein Grenzlandcharakter wird durch einen 116,5-Kilometer-Anteil an der Staatsgrenze, einst mit Jugoslawien, heute mit Slowenien, unterstrichen. Welche Spannungsfelder die Verwaltung der Landeshauptstadt Graz erzeugt, verrät die Tatsache, daß sich in der Ära Krainer II FPÖ, ÖVP und SPÖ in der Bürgermeisterposition abgelöst haben. Und aus den übrigen 16 politischen Bezirken trugen die Verantwortlichen mit 542 Städten, Märkten und Gemeinden ihre Sorgen, Wünsche und Anliegen zum Landeshauptmann. „In die Burg gehen" wurde zum Synonym für die Antwort auf das „Nimmer-weiter-Wissen", für Erste Hilfe in jeglicher Bedrängnis, für den letzten Ausweg. Und auch unzählige einfache Bürger betrachteten den Landeshauptmann als die 14 Nothelfer in einer Person.

Was sich der Sohn von den Gasselsdorfer Sprechtagen des Vaters abgeschaut hatte, konnte er jahrelang bereits als Landesrat praktizieren. Die West- und Südsteiermark war ja sein Wahlkreis. Weil Krainer jedoch nicht mehr in Gasselsdorf, sondern in Graz lebte, kam er nur noch einmal im Monat dorthin, und als Landeshauptmann hat er diesen Treffpunkt mit seinen unmittelbaren Wählern nach Deutschlandsberg verlegt. Den größten Zulauf fand jedoch der von Krainer eingeführte offene Sprechtag in der Burg. Da hatte Krainer wirklich das Ohr am Herz, die Finger am Puls des Landes: „Die Leute sind einfach mit allem zu mir gekommen. Je stärker die Krise in der Obersteiermark fühlbar wurde, desto mehr waren es Arbeitsplatzsorgen: ‚Können Sie mir helfen, daß ich dort oder dort eine Arbeit kriege‘, dann waren es immer wieder Wohnungsprobleme, und die Raumordnungs- und Flächenwidmungsfragen der Häuslbauer: ‚Ich hab' vom Vater einen Grund gekriegt und will dort bauen und darf nicht‘ – Und da hat es halt geheißen: ‚I geh zum Landeshauptmann. Wann mir wer helfen kann, dann er.‘ Oft ist einer vor mir gesessen und hat gesagt: ‚Sie sind meine letzte Hoffnung‘, und ich konnte nur antworten: ‚Das bin ich sicher nicht, aber ich werde mich bemühen.‘ Bis zuletzt habe ich nie jemandem etwas versprochen, was ich meiner Überzeugung nach nicht hätte wirklich halten können. Das haben die Leute auch gemerkt und anerkannt. Wir konnten doch immer wieder helfen, in größeren Zusammenhängen – Konkurse abwenden oder Firmenzusammenbrüche verhindern – und im Kleinen. Da stellt einem eine Mutter den Sohn vor: ‚Das is mein sechster Bua, was glauben Sie, was der machen soll?' oder ein Bauer klagt: ‚Mir is die Kuh hinworden, kann ich a Hilfe kriegen?' "

Nach einem fixen Ritual empfing Krainer an einem Vormittag jeweils zehn Bürgermeister. „So hatte ich für jeden eine halbe Stunde Zeit. Und damit wir in diesen 30 Minuten wirklich etwas zuwege brachten, saßen im Vorzimmer alle zuständigen Spitzenbeamten abrufbereit. So konnten Einzelfragen sofort konkret durchgesprochen werden, mit dem Feuerwehrhofrat, dem Abwasserspezialisten usw. Die konnten unmittelbar sagen, das geht oder das geht nicht. Die Gemeinden haben ihre Bedürfnisse angemeldet, und die benötigten Mittel wurden ihnen nach einem fixen Jahresplan zugeteilt."

Aber die Bürgermeister sind nicht nur in die Burg, der Landeshauptmann ist auch zu ihnen gekommen. „Ich bin jeden Monat in einen anderen Bezirk gefahren und habe dort alle Bürgermeister in einem Radl von 20 Minuten angehört. Das war anstrengend und oft schwierig und hat oft mehr als einen Tag beansprucht."

Und der stets lächelnde Landeshauptmann, der Bänder bei Straßen- und Brückeneröffnungen durchschneidet, Grundsteine legt, zum ersten Spatenstich die Schaufel schwingt, bei der Einweihung eines Spritzenhauses der Freiwilligen Feuerwehr oder einer Schule das richtige Wort findet, in Festzelten mit den Honoratioren anstößt und bei Bällen deren Damen im Walzertakt dreht, dieser kräfteraubende Repräsentationsmarathon liefert nicht nur Material für das

TV-Regionalprogramm, sondern ist auch eine andere, keineswegs unwesentliche Form der Kommunikation mit den Menschen im Lande. Krainer hat diese Gelegenheiten immer gerne genutzt: „Das ist keine verlorene Zeit. Da lernt man die Leute kennen, sie reden einen an, und man kann mit ihnen reden. Ich hab' immer mein Büchl in der Tasche, bis zum heutigen Tag, und hab' mir meine Notizen gemacht. Der Vater hat dafür immer seine Zigarettenschachteln benutzt. Und seine Sekretäre oder der Chauffeur mußten darauf achtgeben, daß keine weggeworfen wurde. Und auch jetzt, lange nach meinem Rücktritt, werde ich immer noch von den Menschen angesprochen: ‚Herr Landeshauptmann, können Sie mir nicht helfen...'"

Bei all seinem Machtbewußtsein und Führungswillen wertete Krainer sein Amt als Dienst. Und zu diesem Dienen am Volk bedurfte es intensiver Kennerschaft des Landes und der direkten Bekanntschaft mit möglichst vielen von denen, die ihn gewählt hatten oder wählen sollten. Dabei half ihm das vom Vater ererbte phänomenale Personengedächtnis. Wen immer man zu Krainer befragt, der rühmt diese außergewöhnliche Gabe als eine seiner hervorstechendsten Eigenschaften – gepaart mit einem ehrlichen Interesse an den Menschen. Erhard Busek sieht darin einen der Gründe für Krainers „stupende Einwurzelung in seinem Lande. Wenn man mit ihm unterwegs war, hat er plötzlich auf ein Haus gezeigt: ‚Schau, da wohnt die Frau sowieso, deren Onkel war einmal Bürgermeister', und dann konnte er noch sämtliche Familienverhältnisse auswendig hersagen."

Und jeder an der Seite Krainers wartet mit solchen Geschichten auf. „Bei irgendeiner Veranstaltung kamen wir zu einem Würstelstand" erzählt Gerhard Hirschmann. „Und sofort redete er einen Mann an: ‚Mein lieber Mann, wann haben wir uns zum letztenmal getroffen? Das müssen wohl zwanzig Jahre her sein…' Er hatte sich dieses Gesicht gemerkt, wie der Mann hieß und wo er wohnte." Bernd Schilcher war bei einem Ausflug auf die Hamburger Reeperbahn dabei: „In einem Bierzelt ist ihm eine Kellnerin aufgefallen. ‚Sie sind nicht aus Hamburg, Sie sind aus der Steiermark, aus der Obersteiermark.' Sie war eine Knittelfelderin, und als sie ihren Namen nannte, da kannte er ihren Großvater und wußte fast soviel über ihn wie sie. So etwas haben ihm die Leute nie vergessen. Er hat sich die Menschen nicht nur gemerkt, er hat sich ernsthaft für sie interessiert. Er ist eben eine Jahrhundertkombination: ein Intellektueller mit Gespür und Interesse am konkreten Menschen – ich kenne viele Intellektuelle, denen der konkrete Mensch gleichgültig ist, weil es ihnen nur um Prinzipien und Ideen und um die Durchsetzung von Strukturen geht; und dann gibt es wieder handfeste Leute ohne einen solchen geistigen Hintergrund, aber Gestalten, die wie Krainer beides vereinen, sind äußerst rar. Er ist ein wirklicher Perfektionist, der alles vollkommen beherrschen und darum auch alles kennen möchte, nicht nur den Menschen, der ihm gegenübersitzt, sondern auch seine Herkunft, und seinen Großvater, und wieso er das macht als Beruf, und wie es um seine Familie steht

usw., usw. Das alles ist dem Joschi wirklich wichtig."
Und Hirschmann ergänzt: „Es ist noch gar nicht so lange her, wir waren auf dem Heimweg vom Geburtstagsfest eines prominenten Uralten mit über 500 Leuten, da sagte er: ‚Du, ich hab' noch einen Termin.' Bei der Feier hatte ihn ein Mädchen angesprochen: Der Vater habe einen Schlaganfall erlitten. Und weil er den Mann gut kannte, wollte er ihn gleich besuchen. ‚Ich weiß, du hast es eilig, aber wir müssen dorthin, ich hab's versprochen.' Und dann waren wir dort, und der Kranke und seine Familie haben sich wahnsinnig gefreut. Das ist eben seine ursprüngliche Menschlichkeit, dieses offene Zugehen auf die Leute. Das meint er so, wie er es tut. Da ist alles aufrichtig, nichts einstudiert, nichts gespielt, nichts von diesem routinemäßigen Schulterklopfen, von dieser Anbiederung von oben herab, wie man es so oft erlebt."

Das war auch dem Vater fremd. Und „wie der Vater" oder auch „das hätte der Vater anders gemacht", einem solchen ständigen Vergleichen von Freunden wie von Gegnern war Josef Krainer am Beginn seiner Amtszeit bis zum Überdruß ausgesetzt. Dabei tritt die äußerliche Ähnlichkeit mit dem „Alten" erst in den letzten Jahren zutage. Die Züge des erschlankten Landeshauptmanns zeigen immer mehr von der intelligenten Schärfe des väterlichen Bauernschädels. Bei allem, was Josef junior von Josef senior ererbt, erlernt und erfahren hat, sind sie doch zwei grundverschiedene Menschen. Bernd Schilcher ist ein guter Kenner von Vater und Sohn:

„Der alte Krainer war schon ein ganz Besonderer, aber an seinen Sohn ist er nicht herangekommen. Der kann nämlich auch stundenlang über die Kunst des Trecento reden, weil er es kennt, und jede Menge Bilder, und darüber nachgedacht hat, und was das mit dem jeweiligen Papst zu tun hat, und gleichzeitig kennt er sich auch im Kuhstall aus und weiß, wie der Milchpreis zustande kommt. Er hat keinerlei Dünkel. Jeder Mensch ist ihm wichtig, egal, wer er ist. Auch der Vater konnte mit allen, das stimmt schon. Er hat mit seiner knorrigen Art auch die Intellektuellen fasziniert. Sie haben ihn als etwas Exotisches empfunden, aber der Joschi, mit dem verkehrten sie von gleich zu gleich, wenn sie sich ihm nicht sogar unterlegen gefühlt haben – in ihrer eigenen Sparte, in der Intellektualität. Ich habe kaum jemanden kennengelernt, der von ihm nicht beeindruckt war. Er hatte viel vom Vater und war doch ganz anders."

Und wenn Josef Krainer unter dem Druck der Geschäfte, der Verhältnisse und der Zeitläufe an den Vater zurückdachte, sich seiner als Vorbild bediente und sich aus seinem Erinnerungsvorrat Rat von ihm holen wollte, dann mußte er sich eingestehen: nichts ist so, wie es einmal war, und es würde auch nie mehr wieder so sein. „Zu Vaters Zeiten lief vieles natürlicher. In der ersten Phase mußte man sich auf den Wiederaufbau konzentrieren und auf den Umgang mit der Besatzungsmacht. Eine der markantesten Unterschiede zwischen damals und heute war die fast selbstverständliche Konsensbereitschaft beider großer Parteien. Und regiert wurde auf einer viel persönlicheren Basis. Alles hing vom direkten Verhältnis zwischen dem Gemeindereferenten und dem Bürgermeister ab. Da hieß es einfach, ‚I brauch a Schul' und ‚du kriegst a Schul'. Ab den siebziger Jahren sind solche Sachzuweisungen in viel höherem Maß planmäßig erfolgt, auf Grund von genauen Statistiken und Bedarfserhebungen. Der Führungsstil war früher eben viel autoritärer, bei der ÖVP wie bei der SPÖ. Und weil alles viel zuwenig transparent war, entstand bald eine Welle der Unzufriedenheit, und Unbehagen machte sich breit an dieser Form der Demokratie."

Die faulen Früchte einer solchen Kumpanei und Klüngelwirtschaft mußte Josef Krainer ernten, bevor er sich in seinem Amt noch richtig eingerichtet hatte. Im Sommer 1980 deckten die Zeitungen die fragwürdigen Verquickungen eines führenden ÖVP-Politikers und Multifunktionärs in fragwürdige Geschäfte auf. Es ging um Unvereinbarkeiten, Interessenkollisionen und dubiose Verflechtungen, nichts Kriminelles, nur am Rande der Legalität und der öffentlichen Moral, wie sie automatisch aus der Anhäufung von Macht und Einfluß und Ämtern entstehen. Im speziellen Fall war plötzlich Krainers Wirtschaftslandesrat Anton Peltzmann in grelles Scheinwerferlicht getaucht worden. Der Obmann des Wirtschaftsbunds und Präsident der Handelskammer war durch die stille Beteiligung seiner Frau an einer offiziösen Tierkörperverwertungsgesellschaft ins Abseits geraten. „Das war mein erstes Malheur", seufzt Krainer heute rückblickend.

Krainer zögerte nicht, im eigenen Stall sauberzumachen und Ordnung zu schaffen. Peltzmann mußte zurücktreten. An seine Stelle holte Krainer einen Wirtschaftspraktiker, den Industriellen Hans-Georg Fuchs, in sein Regierungsteam. Und mit Wegart, dem längst bewährten Koren-Nachfolger als Kulturreferenten Kurt Jungwirth und dem gestandenen obersteirischen Bauernführer Simon Koiner als Agrar- und Wohnbaulandesrat wollte er nun das Ende der Legislaturperiode nicht mehr abwarten, um eine Bestätigung durch die Wähler zu erhalten. Und darum setzte er trotz mancher ablehnender Meinungen in der eigenen Partei und gegen die Stimmen der SPÖ und der FPÖ vorzeitige Landtagswahlen am 4. Oktober 1981 an. Bis jetzt lebte Josef Krainer immer noch von Niederls absoluter Mehrheit. Jetzt wollte er sich aus eigener Kraft bestätigt sehen, verlangte es ihn nach dem direkten Auftrag der steirischen Wähler.

„Es werden Stürme kommen..."

*"Die Leute haben gewußt,
daß wir um jeden Arbeitsplatz kämpfen,
daß das nicht nur ein Motto unserer Wahlplakate war."*
Josef Krainer zur Verstaatlichtenkrise in den achtziger Jahren

„Diese Dramatik hat es früher nicht gegeben, und es gibt sie auch jetzt nicht, trotz der ständig wachsenden Arbeitslosigkeit. Das hatte damals alles andere Dimensionen. Auch heute ist die Lage ernst, aber die Wucht, mit der uns der Zusammenbruch der verstaatlichten Industrie in den frühen achtziger Jahren traf, die war von anderer Qualität. Man darf nicht vergessen, was das bedeutet, wenn auf einmal mehr als die Hälfte aller Industriearbeitsplätze bedroht sind. Ich bin von Anfang an mit meinem Wirtschaftslandesrat in alle Betriebe gegangen, und ich bin selbstverständlich bei jeder größeren Demonstration dabeigewesen, in Mürzzuschlag, in Leoben usw. Die Leute haben gewußt, daß wir um jeden Arbeitsplatz kämpfen, daß das nicht nur ein Motto unserer Wahlplakate war..." Selbst 15 Jahre danach, in der Rückschau auf das verzweifelte Ringen um die Rettung der in eine tiefe Krise geratenen staatlichen Grundstoffindustrien in der Obersteiermark bleibt Josef Krainer nicht frei von Emotionen. Wenig hat ihn in seiner Regierungszeit tiefer bewegt und schwerer getroffen, und es hat ihm weh getan, „wenn da ein abgerackerter, älterer Stahlarbeiter vor einem gestanden ist und verzweifelt gefragt hat: ,Wo soll i denn hingehen', und man hat keine andere Antwort gewußt als die Frührente".

Am 21. Oktober 1981, dem Tag seiner zweiten Regierungserklärung, hätte Josef Krainer allen Anlaß zu Freude und triumphalistischen Siegertönen gehabt. Aus eigener Kraft hatte er drei Wochen vorher mehr als fünfzig Prozent der steirischen Wähler für sich gewonnen und so eine eindrucksvolle Bestätigung seiner bisherigen Arbeit und seiner Beliebtheit als Landeshauptmann erhalten. Eine gewisse Verunsicherung im Lande wurde höchstens durch eine etwas geringere Wahlbeteiligung und eine höhere Zahl ungültiger Stimmen spürbar. Die Volkspartei hatte gegenüber 1978 857 Stimmen verloren und war dadurch von ihrem 52-Prozent- Höchststand auf 50,9 Prozent gerutscht. Sie bewahrte sich ihre 30 Mandate, und die SPÖ gewann eines von der FPÖ. Krainer durfte also zufrieden sein. Zwischen Rechenschaftsbericht und Zukunftsvorschau mit positiven und noch mehr düsteren Aussichten verwies er auf den kommenden 200. Geburtstag Erzherzog Johanns als „herausfordernde Mahnung", und berichtete, wie ihn der 90jährige Franz Graf Meran unmittelbar nach der Landtagswahl auf den Brandhof, das obersteirische Mustergut des Erzherzogs, eingeladen hatte: „Der große alte Mann hat mir dieses Haus zu erklären versucht, und immer wieder hat er gesagt, ‚wissen Sie, Herr Landeshauptmann, mein Urgroßvater, dieser Prinz Johann, hat immer gemeint, er müsse das Gemein- und Volkswohl über das eigene stellen.'[41]" Diesem Prinzip getreu verdrängte Krainer die Freude über den eigenen Erfolg ein wenig und hob umso mehr die gegenwärtigen Sorgen um eben das Gemein- und Volkswohl hervor. Und neben all den klugen Schriftsteller- und Philosophenworten, die er in sein Grundsatzprogramm für die nächsten fünf Jahre eingewoben hatte, zitierte er Peter Rosegger, und das keineswegs in dessen Eigenschaft als Heimatdichter: „Es werden Stürme kommen, wie die Welt sie noch nicht gesehen; aber wenn wir die großen Ideale und Tugenden der Besten unserer Vorfahren und der Wenigen von heute, die Schlichtheit, die Opferwilligkeit, den Familiensinn, die Liebe, die Treue und die Zuversicht in die Zukunft hinüberzutragen vermögen, um sie neu zu beleben und zu verbreiten, dann wird es gut werden."

Das „herzhafte Glückauf", der Bergmannsgruß, mit dem sich Krainer von der Versammlung verabschiedete, hatte diesmal einen besonderen Klang. Denn vorher hatten auch die anderen Redner die Stichwörter „schwere Zeiten" und „Strukturkrise" im Zusammenhang mit Montan- und Stahlindustrie in ihren Manuskripten. Den meisten Anwesenden war als guten Steirern von klein an beigebracht worden, Stahl und Eisen und Kohle, den Erzberg und die Hochöfen von Donawitz und alles, was da noch dazugehörte, als Quell und Garantie immerwährenden Reichtums des Landes zu betrachten und darauf auch stolz zu sein. Das gehörte zur steirischen Identität: „Wo durch Kohlenglut und des Hammers Kraft starker Hände Fleiß das Eisen zeugt", heißt es im Dachsteinlied, das nach einem Beschluß des Landtags vom 3. Juli 1929 „in allen steirischen Schulen von nun an bei festlichen Anlässen gesungen werden muß und bei allen heimattreuen Kundgebungen erklingen soll". Schon damals müßten aufgeweckten Kindern Zweifel an der Wirklichkeitsnähe des offiziellen Heimatliedes aufgestiegen sein angesichts der Grenzen, die der Text da zog: „Hoch vom Dachstein an ... bis zum Wendenland am Bett der Sav' " und „bis ins Rebenland im Tal der Drav' ". Seit 1918, seit der Abtrennung der Untersteiermark, war der einzige steirische Fluß, der eine Grenze markierte, die Mur, und die Erwähnung von Save und Drau hatte lediglich Sehnsuchtswert. Und nun drohten noch weitere Verse der Landeshymne ihres Wahrheitsgehalts beraubt zu werden, wenn Kohlenglut und Hämmerkraft auf einmal keinen Gewinn mehr brachten, der Fleiß der starken Hände auch nicht mehr gefragt war und der Stahl- und Eisenmythos durch eine gnadenlose Wirtschaftsrealität entzaubert wurde. Bei der Untersuchung der ökonomischen Befindlichkeit der Steiermark schlägt der Grazer Soziologe Manfred Prisching eine originelle Brücke vom Sagenreich in die rauhe Wirklichkeit: „Diese Ressourcen hatte, wie steirische Sagenleser wissen, ein Wassermann den Steirern aufgeschwatzt – Gold für ein Jahr, Silber für ein Leben oder Eisen für immerdar hatte er ihnen geboten. Lange Zeit hämmerten die Sensenschmiede durch die waldreichen Täler, leuchtete das flüssige Eisen wie Gold und brachte Hammerherren und Arbeitern Wohlstand. Doch offenbar hatten die Steirer das Kleingedruckte in ihrem Vertrag mit dem Wassermann nicht gelesen, und so beherbergt die Obersteiermark seit den siebziger Jahren eine Krisenbranche."[42]

Unmittelbar vor dem Amtsantritt Krainers hatte die Steiermark im Frühsommer 1980 ihr 800-Jahr-Jubiläum begangen, und aus diesem Anlaß diagnostizierte die „Süddeutsche Zeitung" die „steirische Krankheit": „Die verstaatliche Schwerindustrie und der Erzbergbau produzieren heute mit zuviel Arbeitskräften und zuwenig Rentabilität, was zur Folge hat, daß sie kaum Steuern zahlen. Dies trägt zwar zu Österreichs Prestige bei, die niedrigsten Arbeitslosenquoten Europas zu haben, stellt aber anderseits doch nur die indirekte Finanzierung der kaschierten Arbeitslosigkeit dar. Die Steiermark ist wegen ihrer veralteten Industrie das steuerschwächste Bundesland. Sobald aber die Industrie modernisiert und rationalisiert, um wieder Gewinne zu machen, stellt sich das Problem, wie man die freiwerdenden Arbeitskräfte unterbringt."[43] Kürzer, präziser und schonungsloser hätten sich die Krisenursachen und -symptome nicht darstellen lassen. Auch Krainer gesteht ein, daß die Verstaatlichte zum Teil „eine Industrie von gestern" war. Alle haben gewußt, was da los war, aber aus Angst vor einer sozialen Explosion wollten sie es nicht wahrhaben. Darum „glaubte man, die unrentablen Arbeitsplätze halten zu müssen, und alle politischen Lager fanden sich im Bekenntnis zum ‚Kampf um jeden Arbeitsplatz'. Der Weg zur Stillegung überholter Produktionen war genauso mühsam, wie es schon der Weg zur Schließung von Kohlebergwerken gewesen war."[44] So kühl, trocken und brutal spricht der Wissenschafter sein Urteil über Zehntausende von Existenzen. Die meisten Politiker sahen hinter den nüchternen Zahlen jedoch die Menschen, und sie verteidigten, was längst verloren war. Der Preis, den sie dafür zu zahlen bereit waren, produzierte Budgetdefizite und Schuldenberge, die noch Generationen belasten werden.

„Unter allen Umständen" müßten für die verstaatlichte Industrie die finanziellen Grundlagen für eine gute Zukunft geschaffen werden, forderte der sozialistische Landeshauptmann-Stellvertreter vor dem Landtag. Und Gross' Stimme wurde zum Echo seines Kanzlers: „Wir vertreten die Auffassung, daß es besser ist, auf dem Kapitalmarkt Geld aufzunehmen, um mit Investitionen und notwendigen Umstrukturierungen Maßnahmen zu setzen, um die Arbeitsplätze zu sichern, als auf den Kapitalmarkt zu gehen, um dort Anleihen für die Finanzierung der Arbeitslosigkeit aufzunehmen."[45]

Sein Parteifreund Rupert Gmoser kommt mit dem Abstand von 15 Jahren zu völlig anderen Schlüssen: „Sie sind gegen den Strom der Zeit geschwommen, die Politiker, und sie haben ausbaden müssen, wofür sie nichts konnten. Die Steiermark hätte viel früher auf Strukturänderung umschalten müssen, aber niemand wagte die heiligen Kühe anzutasten. ÖVP und SPÖ waren die längste Zeit darauf festgelegt: Donawitz, Kapfenberg usw., das ist unserer Stärke, davon wollen wir nicht Abschied nehmen. Dabei hätten zumindest einige wissen können, daß dieser Bereich der Wirtschaft nicht mehr zukunftsträchtig war. Schon aus gegenseitigem Mißtrauen wollte jedoch keiner hinausgehen, um den Leuten zu sagen, so wird das nicht mehr gespielt. Auch der Kreisky hat sich gehütet, allzuweit vorzupreschen, und ist immer dabeigeblieben: ‚Solange ich am Ruder bin, wird das Menschenmöglichste getan, um diese Industrie am Leben zu erhalten.'

Für seine Politik hat der rote Kanzler im schwarzen Landeshauptmann einen Verbündeten gefunden: „Es war wirklich sonderbar: In dieser schwierigen Phase der obersteirischen Industrie sind wir übereingekommen, gemeinsam ein Gutachten erstellen zu lassen und es auch gemeinsam zu präsentieren." Josef Krainer spricht vom „Gleichklang unserer Grundpositionen in dieser Frage. Und der Kreisky war klug genug, um zu erkennen, daß er uns brauchte, daß ohne uns überhaupt nichts ging. Wir waren das einzige Bundesland, das Landesmittel zur Förderung der Verstaatlichten zu Verfügung gestellt hat. Uns war beiden klar, daß diese gewaltigen Umwälzungen sozial nur einigermaßen abgefedert werden konnten, wenn wir die entsprechenden Mittel aufbrächten. So wurde damals die Zusammenarbeit mit dem Bundeskanzler zu einem zentralen Element meiner Politik."

Es ist eben ein Unterschied, ob man am Computer die Bilanzwahrheit sucht und plausible Rationalisierungsmodelle konstruiert oder in Fabrikshallen und auf Marktplätzen den von Existenz- und Zukunftsängsten gepeinigten Arbeitern in die Augen schauen muß. „Das alles hat Josef Krainer persönlich sehr belastet." Gerhard Hirschmann konnte das Verhalten des Landeshauptmanns um diese Zeit bereits aus nächster Nähe beobachten." „Er hat Kreisky frühzeitig vor dem gewarnt, was da auf uns zukam. Und er war zutiefst enttäuscht. Denn sein Ziel war es ja, dieses Land im Bereich der Struktur- und Infrapolitik an weniger rückständige Bundesländer heranzuführen, und dann brechen ganze Industrien ein, werden ganze Regionen einfach weggeschwemmt, mit all den brisanten Auswirkungen und Folgen, an denen wir heute noch zu leiden haben." Für Krainers Stellvertreter Franz Wegart war es wie „ein Steppenbrand, der auf einer Strecke von 120 Kilometern zwischen Mürzzuschlag und Judenburg ausgebrochen ist und innerhalb eines Jahres die Verstaatlichte in den Abgrund gestürzt hat. Krainer hat da all seine Autorität, seine volle Kraft und seinen ungeheuren Fleiß eingesetzt. Woche für Woche ist er nach Wien zu Kreisky gefahren, und in Graz gab es keine Regierungs- oder Landtagssitzung, auf der die Krise nicht auf der Tagesordnung gestanden ist."

„Das obersteirische Industriegebiet darf kein Industriefriedhof werden", hatte schon der alte Krainer ein Jahr vor seinem Tod gewarnt. Und noch viel früher, 1964, hatte er sich für die Rettung des durch Billigstimporte aus Afrika und Brasilien bedrohten Erzbergs stark machen müssen: „Ich werde alles tun, um eine Entvölkerung von Eisenerz zu verhindern."⁴⁶ Zwei Jahre später stemmte er sich gegen eine Schließung der Kohlenbergwerke in Fohnsdorf und Pölfing-Bergla. Die Gruben sind inzwischen längst stillgelegt, und die Einwohnerzahl von Eisenerz ist in kaum sieben Jahren von knapp 13.000 auf 8.000 gesunken. Die Knappenstadt ist zum Pensionistendomizil geworden. In den guten Zeiten waren am Erzberg bis zu 5.000 Leute beschäftigt, heute sind es 280.

Seine ersten Erfahrungen mit der menschlichen Seite solcher „Umstrukturierungen" hatte Josef Krainer gesammelt, als in unmittelbarer Nachbarschaft in Pölfing-Brunn der Bergbau eingestellt wurde. Dort haben Kumpel, mit denen er als Bub Fußball gespielt hatte, ihre Arbeit verloren. „Als Nationalratsabgeordneter bin ich noch in Fohnsdorf in den Schacht eingefahren und habe gesehen, wie die Männer unter Tag schufteten und schwitzten. Und immer wieder mußten wir es uns anhören, von den Bergleuten wie von den Stahlarbeitern: ‚Nach 1945 worn ma guat gnua, daß ma für alle Tag und Nacht geschuftet ham, und heut wärn ma zu nix mehr guat.' Sie hatten zu nichts mehr Vertrauen, und zugleich das dumpfe Wissen, daß selbst die momentane staatliche Hilfe kein Ausweg auf Dauer sein konnte."

Fernseh- und Wochenschauszenen von damals zeigen Josef Krainer immer wieder inmitten der Arbeiter. Sie umdrängen ihn, und in ihren Gesichtern stehen Sorge und Verzweiflung, Zorn, Enttäuschung und Resignation. Die Atmosphäre war geladen, eine

Arbeiterelite fühlte sich verraten und verkauft. „Ich hab' nie Angst gehabt, und auch keine Auseinandersetzung gescheut. Aber ich bin nie tätlich angegriffen worden. Das waren doch fast alles rote Wähler und sogar Kommunisten, aber sie haben sich immer gefreut, wenn ich gekommen bin. Da hat man wirklich dazugehört, und die Leute spürten, daß sie sich auf den Landeshauptmann verlassen konnten."

Allzuviel vermochte er ihnen jedoch nicht zu bieten: „Mit dem System der Frührente ist wenigstens ein humaner Weg für die ältere Arbeiterschaft gefunden worden. Und die Jungen haben begriffen, daß man umlernen muß. Da wurden Umschulungskurse und andere Aktionen zum Erlernen neuer Berufe mit allen Mitteln gefördert. Und wir haben versucht, Ersatzbetriebe anzusiedeln. Das ist zum Teil gelungen, zum Teil auch nicht. Die große Abwanderungswelle in der Mur-Mürz-Furche konnten wir nicht verhindern, weil die jüngeren Leute ‚zum besseren Wirt' gegangen sind."

„Wir haben die Krise in den Griff bekommen", bilanziert Josef Krainer aus zeitlicher Distanz und mit dem Informationsstand des Jahres 1996. „Der Vorgang war schmerzlichst – unter enormen Arbeitsplatzverlusten –, aber uns war klar, daß wir da durchmußten. So ist in bemerkenswertem Stil die nötige Anpassung erfolgt." Das heißt, die Katastrophe hielt sich in Grenzen, wenn das auch den unmittelbar Betroffenen schwer auszudeuten ist. Der Vulkan hat geraucht und gegrollt, und die ersten Lavabäche sind die Hänge heruntergeronnen. Die große Eruption ist jedoch ausgeblieben. In der Obersteiermark hat es gegärt, doch der soziale und politische Friede hat gehalten.

Wie drückt sich dieser für viele so einschneidende Umwandlungsprozeß in trockenen Zahlen aus? In der Obersteiermark lösten sich allein in der verstaatlichten Industrie rund 9.000 Arbeitsplätze in Nichts auf, dadurch aber gingen weitere 4.000 im Gewerbe- und Dienstleistungssektor verloren, in der Privatindustrie hingegen dürften etwa 1.000 zusätzliche Arbeitsplätze entstanden sein. Und die krisenbedingte Abwanderung von rund 12.000 Menschen aus der Region um Bruck und Leoben hatte weitere 6.000 Arbeitslose zur Folge.[47] Solche Umschichtungen schlagen tiefe Wunden, verändern die Landschaft, lassen die Opfer des Wandels an der Wohlstandsgesellschaft zweifeln und erschüttern den Glauben an Staat und Politiker. Und die Politiker selber stoßen an die Grenzen des Machbaren, und ihre Führungstalente werden einem brutalen Härtetest ausgesetzt. Josef Krainer hat ihn bestanden, zum erstenmal als Landeshauptmann dürften ihm dabei allerdings die Möglichkeiten und die Unmöglichkeiten des Regierens bewußt geworden sein, selbst wenn er jetzt mit einer gewissen Befriedigung sagen kann: „Heute schaut es in den einstigen Krisengebieten völlig anders aus. Das Problem mit der Verstaatlichten ist weitgehend gelöst, vieles wurde dezentralisiert, entflochten, privatisiert, Donawitz ist ein hervorragend geführtes Einzelunternehmen, Böhler-Uddeholm ging an die Börse."

Anfang Juli 1996 berichtete das ORF-Morgenjournal vom Röhrenwerk Kindberg. Der Betrieb aus dem VOEST-Konzern konnte wieder Gewinne schreiben. Statt wie früher nur auf den russischen Markt konzentriert zu sein, operiert Kindberg jetzt weltweit und hat sogar in der texanischen Ölmetropole Houston ein Verkaufsbüro. Die Produktion läuft auf Hochtouren, und es wird in drei Schichten gearbeitet. 1981 hat das Werk 11.000 Arbeiter beschäftigt, jetzt kommt es mit 3.000 aus. Im selben Sommer gab es dagegen bei Böhler in Kapfenberg wegen Auftragsflaute neuerlich Entlassungen...

„Wo der Draken haust..."

„Das war wirklich eine wilde Sache."
Josef Krainer zum Konflikt um die Draken-Stationierung

Eine Versammlung irgendwo im Ennstal: mit dem sicheren Gespür für eine Pointe, die zündet, zustimmendes Gelächter garantiert und die Leute mitreißt, verzögerte Josef Krainer den Fluß seiner Rede etwas, und stellte zuerst einmal lokale Bezüge her, indem er die Majestät des Dachsteins pries; nach einer weiteren rhetorischen Pause brachte er den Saal mit einem Satz auf Hochtouren: „Es darf nicht so weit kommen, daß wir unser Dachsteinlied, unser Heimatlied, ändern und statt ‚Wo der Aar noch haust' – ‚wo der Draken haust' singen müssen." Die Menge tobte, und der Landeshauptmann stand da wie Siegfried, der Drachentöter. Am Ende ist der strahlende Held in der Sage wie bei Richard Wagner – und wie in der Politik – jedoch der Verlierer. Josef Krainer ist abgetreten, die Draken aber hausen immer noch am Thalerhof und in Zeltweg. Viel Lärm um Lärm, viel Lärm um Nichts?

Draken ist das schwedische Wort für Drachen und auch der Name eines in den fünfziger Jahren von Saab entwickelten Abfangjägers. 1960 wurden die ersten Maschinen von der schwedischen Luftwaffe in Dienst gestellt. Der Draken in seiner letzten Version hat eine Marschgeschwindigkeit von 950 Stundenkilometern und fliegt in 11.000 Meter Höhe als Maximum die doppelte Schallgeschwindigkeit (Mach 2,0 = 2.125 km/h). Das 30.000-PS-Triebwerk bringt mit Nachbrenner einen Standschub von 7.830 Kilopond. Die Maschine erreicht vom Start weg 10.000 Meter Höhe in drei Minuten, kann bis zu 18.300 Metern steigen und hat eine Reichweite von 560 bis 1.100 Kilometern. Anfang der achtziger Jahre besaß Schweden davon 126 Stück, war aber dabei, auf den moderneren Viggen umzurüsten. Der Draken wurde sonst nur noch von der dänischen und von der finnischen Luftwaffe geflogen.

Für seinen Einstieg ins Düsenzeitalter hat das österreichische Bundesheer bereits seit 1961 auf die Schweden gesetzt – mit den zwischen 1961 bei Saab eingekauften 30 „Fliegenden Tonnen" (J29F). Diese Ur-Jets waren damals längst überholt, hatten keine Chance, etwa eine sowjetische MiG einzuholen, und waren deshalb eher von Symbolcharakter – für den guten Willen, unseren Himmel zu verteidigen. Zumindest konnten die Piloten der Luftstreitkräfte endlich einmal im Cockpit eines Düsenjägers sitzen und die nötigen Übungsflüge absolvieren. Das Geschäft mit den Schweden aber galt als Musterbeispiel der Rüstungspartnerschaft zweier neutraler Staaten. Ab 1969 wurden 40 zweisitzige Düsenschulflugzeuge SAAB 105-OE angekauft. Als eine neue Verteidigungsdoktrin in den siebziger Jahren auch zeitgemäßere und für unsere Zwecke geeignetere Abfangjäger erforderte, also ein Gerät, das in der Lage war, ein unsere Lufthoheit verletzendes fremdes Flugzeug zu stellen, funktionierte die Achse Wien–Stockholm neuerlich, nicht zuletzt wegen alter Freundschaften zwischen sozialistischen Politikern hier und dort. Trotz eines heftigen Expertenstreits und gewichtiger Einwände entschied sich die rot-blaue Koalitionsregierung mit Kanzler Fred Sinowatz und Verteidigungsminister Friedhelm Frischenschlager 1985 für den Draken-Kauf. Als die Steirer aus dem Radio erfuhren, daß sämtliche dieser „Krawallbomber" in ihrem Land, in Zeltweg und am Thalerhof bei Graz, stationiert werden sollten, probten sie den Aufstand gegen Wien. Der Drakenkrieg hatte begonnen.

„Das war wirklich eine wilde Sache." Josef Krainers Stimme färbt heute noch ein kämpferischer Ton, wenn er darauf angesprochen wird. „Da hat uns niemand hineingehetzt, das war die Stimmung im Land, und die Leute haben damals gesagt: ‚Das ist wieder einmal typisch Wien, wir kriegen diesen Schmarr'n, dafür sind wir gut genug, wir Steirer. Wir haben den Jammer mit der Verstaatlichten, und oben drauf haben wir jetzt die Draken.' Darum hat es ja dann einen solchen Aufruhr gegeben. Da brauchte man sich auch gar nicht an die Spitze eines Zuges zu stellen, der ist von allein marschiert."

Josef Krainer hat es dennoch mit sicherem Instinkt getan, damit sich dieser Protestzug in die von ihm gewünschte und dirigierte Richtung bewegte. So geschah es also, daß der höchste Vertreter der Staatsgewalt im Bundesland zur Leitgestalt einer buntgefärbten populistischen Bewegung zwischen grün, grün-weiß und schwarz und selbst rot gegen eben diese staatliche Autorität wurde. Und Krainer führte den Leuten vor, was er damit meinte, „ein Landeshauptmann aller Steirer" zu sein. Die Parteigrenzen verwischten sich, im Laufe dieses fünfjährigen Kriegs hatte sich Krainer zwei SP-Kanzlern (Sinowatz und Vranitzky), und einem FP-Verteidigungsminister (mit Frischenschlagers Nachfolger Helmut Krünes schien für kurze Zeit ein Kompromiß möglich zu sein) widersetzt; in der Endphase des Kampfs scheute er sich auch nicht, gegen einen Minister aus den Reihen der eigenen Partei, gegen Robert Lichal, mobil zu machen. Ja, am Höhepunkt der Schlacht ventilierten einige Grazer Heißsporne sogar die Abspaltung der Steirischen VP von der Mutterpartei – nach dem Vorbild der CSU im Freistaat Bayern.

Das Draken-Theater diente nicht nur als Bühne steirischer Selbstfindung, sondern auch zur tragikkomischen Darstellung österreichischer Kleinlich- und Peinlichkeiten: da wurden krasse Regierungs- und Führungsschwächen offenbar und die Mängel eines Verteidigungskonzepts, an das selbst manche Militärs, die es unterschrieben hatten, nicht glaubten – und dessen Verwirklichung sich die Republik finanziell gar nicht leisten konnte. Dazu gesellten sich berechtigte Zweifel an der Kompetenz der Entscheidungsträger, und immer wieder vernahm man Verdächtigungen, daß bei dem Drakenkauf illegale Provisionen in Millionenhöhe in Parteikassen geflossen waren.

„Abfangjäger sind für den neutralen Kleinstaat zur Wahrung seiner Lufthoheit unabdingbar", heißt es in dem von SPÖ, ÖVP und FPÖ angenommenen Landesverteidigungsplan. Das Völkerrecht verlangt von einem neutralen Staat, daß er „die widerrechtliche Verwendung seines Luftraumes durch Dritte mit geeigneten Mitteln verhindert". Wenn der neutrale Staat dazu nicht in der Lage ist, hat ein kriegführender Staat die Berechtigung, „Akte der Feindseligkeit gegen feindliche Flugzeuge, die neutralen Luftraum rechtswidrig benützen, auf neutralem Gebiet zu setzen, wenn der neutrale Staat nicht in der Lage ist, dagegen einzuschreiten".[48] Um aus eigener Kraft für die Ordnung im Luftraum zu sorgen, wollte Österreich bereits 1976 den israelischen Jagdbomber „Kfir" ankaufen. Dazu einer der militärischen Fürsprecher des Draken, der Chef der Luftabteilung des Bundesheers, Brigadier Josef Bernecker: „Die Beschaffung dieses zweifellos preiswertesten Kampfflugzeuges einer gesamten Epoche scheiterte am Protest sämtlicher in Österreich vertretenen arabischen Staaten."[49] Daraufhin entschied sich der Landesverteidigungsrat für die politisch weniger belastete französische Mirage – doch die war einfach zu teuer.

Am 2. Oktober 1984 erfolgte eine neuerliche Ausschreibung für ein Luftraumüberwachungsflugzeug, das die Aufgabe hatte, „zu jeder Tageszeit bei den für die österreichischen Flugplätze und die Militärluftfahrt physikalisch möglichen Flughöhen aus jeder

Richtung ein unbekanntes Flugziel zu identifizieren und gegebenenfalls Waffen zum Einsatz zu bringen..."[50] Unter den fünf Angeboten erhielt der britische „Lightning" die beste Bewertung, der Draken lag an zweiter Stelle. Am 26. März 1985 stimmte der Landesverteidigungsrat für die Schweden.

Zu diesem Zeitpunkt gärte es in der Steiermark bereits. Denn Minister Frischenschlager hatte am 2. Dezember 1984 bekanntgegeben, daß alle Abfangjäger in der Steiermark stationiert werden sollten. Die Gefühle, die diese Nachricht in Graz auslöste, gibt der damalige Landesparteisekretär Gerhard Hirschmann wieder: „Daß wir das über das Radio erfuhren, ohne ein vorheriges Gespräch mit uns, das war gegen alles, was man unter Föderalismus und Kommunikation versteht. Das konnten wir uns nicht gefallen lassen." Die Landesregierung reagierte sofort mit der einstimmig beschlossenen Forderung, auch andere Standorte vorzusehen. Der Minister und die Militärs verwiesen auf die strategisch günstigste zentrale Lage von Zeltweg und Graz-Thalerhof und die relative Distanz zu den über Österreich führenden internationalen Luftverkehrsstraßen. Weiters konnten sie daran erinnern, daß es schließlich Josef Krainer, der Vater, war, der 1968 verlangt hatte, eine Staffel der „Fliegenden Tonnen" von Linz-Hörsching nach Graz zu verlegen. Diese Maschinen erzeugten beim Start auch nicht weniger Lärm als ein Draken. Und erst die durch die Draken zu erwartende Lärmbelastung hatte die Protestwelle der Steirer so richtig ausgelöst.

Am 2. April 1985 forderte Krainer junior die Regierung per Fernschreiben auf, den geplanten Tagesordnungspunkt im Ministerrat „Beschluß des Draken-Kaufes" abzusetzen. Davon ungerührt, entschied sich die Regierung wenige Stunden später für den Ankauf von 24 gebrauchten SAAB-Draken um 2,41 Milliarden Schilling. Zum reinen Kaufpreis mußten noch die Kosten von Ersatzteilen, Bodengerät, Ausbildung und Personal, weiters Abgaben und Steuern und der Betrieb für zehn Jahre addiert werden. Daher belasteten die Draken das Heeresbudget mit fast 6,3 Milliarden Schilling.

Ein „Draken-Gipfel" in Wien am 7. Mai endete im Streit. Die Fronten waren erstarrt. Alle von der Volkspartei regierten Bundesländer weigerten sich, die Draken aufzunehmen. Bernd Schilcher, VP-Klubobmann im Landtag und Schulter an Schulter mit Gerhard Hirschmann Vordenker, Stratege und Speerspitze der Anti-Draken-Kampagne, verlangte eine Aussetzung des Kaufentschlusses für ein Jahr. „Bis dahin ist der Schutz für die Zivilbevölkerung zu klären, sind Absturzzonen und Lärmschutzzonen festzulegen."[51] Nach ersten Meinungsumfragen lehnte die Bevölkerung die Düsenjägerentscheidung der Regierung mehrheitlich ab, vor allem in den südlichen und westlichen Bundesländern waren bis zu 54 Prozent dagegen.[52] Ein Beschluß des Steirischen Landtags verlangte den Aufschub der Vertragsunterzeichnung. Sinowatz ließ sich davon nicht abschrecken. Am 21. Mai 1985 wurde der Vertrag mit SAAB unterschrieben.

Mit der Abgeklärtheit des Veteranen, der vergangenen Schlachten nachsinnt, analysiert Schilcher ein Jahrzehnt danach die oft bis zur Hysterie gesteigerten Draken-Erregungen: „In unseren Gesprächsrunden mit Krainer haben wir sehr früh begonnen, auch über die Technik und ihre Auswirkungen auf die Umwelt zu reden, über verschiedene Bedrohungsmodelle, über die Gefahren der Atomkraft usw., und dann kamen auf einmal die Draken. Da fällt alles zusammen, ist alles drin: urige, in den Hoden sitzende Martialismen von Männern, ein konkretes staatserhaltendes Gefühl, das einem sagt, wir brauchen solche Vögel, und die ungeheuer schwierige Frage des Widerstandsrechtes, wenn man glaubt, wirklich benachteiligt zu sein. Krainers Haltung war zuerst eher vorsichtig, aber zum Schluß hat er uns alle überdribbelt."

Ursprünglich hoffte die Krainer-Mannschaft, die Draken durch den Nachweis ihrer fliegerischen Unzulänglichkeit zu verhindern: „Da haben wir viel geforscht, Experten hergeholt, Vergleiche angestellt, höchste Bundesheeroffiziere befragt. So kamen wir auf dieser technischen Ebene zu dem Schluß: diese Maschinen sind einfach nicht gut genug, sind veraltet, unsicher usw. Dazu haben wir versucht, uns juristisch abzusichern, und haben Gutachten von bedeutenden Leuten eingeholt."

Das alles tat seine Wirkung, man braucht sich nur die Schlagzeilen von damals anzuschauen. Da war von „fliegendem Schrott" die Rede, von „Uraltfliegern", „Museumsstücken", „Abfalljets", „Ausschußware", ja sogar von „Witwenmachern". Denn zwischen 1960 und 1986 sind in Schweden von den 600 gebauten Draken mehr als hundert abgestürzt, und mindestens 30 Piloten sind dabei ums Leben gekommen. Auch in den Luftstreitkräften tobte hinter den Kulissen ein fundamentaler Streit über Brauchbarkeit, Flugtauglichkeit und Sicherheit der ausgemusterten, noch einmal auf Hochglanz gebrachten und für österreichische Erfordernisse adaptierten Schwedenjets. So erhielten die Drakengegner willkommene Unterstützung durch einige Bundesheerpiloten, die wegen ihrer Ablehnung des Draken-Kaufs den Dienst quittierten. Und immer mehr Steirer fürchteten, daß ihnen so ein Donnervogel einmal auf den Kopf fallen würde.

Eines der griffigsten Argumente gegen die Draken war, daß die Piloten meist jünger sein würden als die Maschinen, die sie fliegen sollten. Am Höhepunkt des Für und Wider erläuterte Brigadier Bernecker im Oktober 1985, warum Österreich seine Lufthoheit durch Kampfflugzeuge der zweiten Jet-Generation schützen wollte, die doch von anderen Luftwaffen „in Massen ausgeschieden oder in die zweite Linie gestellt" würden. „Betrieben werden sie nur noch dort, wo man vor der Kostenexplosion der dritten Generation kapitulieren mußte. Hier müssen sie allerdings gehalten werden, bis die vierte Generation verfügbar ist. Ihre maximale Lebenserwartung dürfte aus technischen Gründen etwa bei 1995 liegen. Ihre Beschaffung für Österreich ist somit eine Lösung für rund acht Jahre. Sie sind die billigste Variante. Eine Entscheidung zugunsten der zweiten Generation ist aber nur dann sinnvoll, wenn die

Nachfolge durch Kampfflugzeuge der vierten Generation sichergestellt wird. Für sich allein würde diese Entscheidung zum Selbstzweck...."[53] Mit ähnlichen Zukunftsoptionen hatte man auch versucht, die „Fliegenden Tonnen" der Öffentlichkeit zu verkaufen. Die Anti-Draken-Front konnte dadurch nicht aufgeweicht werden.

Krainer vertraute mehr der Wissenschaft als den Militärs. Unmittelbar vor dem Vertragsabschluß hatte er den Landeshygieniker Josef Möse mit einer Umweltverträglichkeitsprüfung zur Drakenstationierung in der Steiermark beauftragt. Einer der renommiertesten Metallurgen der Leobener Montan-Universität, Karl Maurer, untermauerte seine Zweifel an der Sicherheit der Draken und deren Lebensdauer durch die Berechnung der Metallermüdung nach einer gewissen Zahl von Flügen: „Wenn Österreich die Draken nicht genommen hätte, wären sie in Schweden verschrottet worden. Unseren Piloten mutet man eine 24 Jahre alte Dienstmaschine zu, während die Politiker alle paar Jahre ein neues Dienstfahrzeug unter dem Aspekt der Sicherheit beanspruchen."[54]

Mit soviel wirksamem Material versehen, blies Krainer noch einmal zur Offensive. Die Steirische VP lancierte ein Anti-Draken-Volksbegehren. Ein überparteiliches Personenkomitee unter dem jungen Rechtsanwalt Candidus Cortolezis und einem Universitätsprofessor, dem Umweltexperten Franz Wolkinger, warb dafür. Und das Volk bekräftigte, daß es alles andere als die Draken begehrte. Als nämlich nach dem 10. März 1986 die Unterschriften gezählt wurden, waren es 243.823. Die Steirer hatten klar und deutlich ihre Meinung kundgetan, und Krainer riet der Regierung „vom Kaufvertrag mit den Schweden zurückzutreten". Er stützte sich dabei auf ein Gutachten des Rechtsgelehrten Theo Mayer-Maly, der verschiedene Möglichkeiten aufzählte, wie man aus dem Vertrag noch aussteigen könnte. Doch die SP-FP-Mehrheit im Parlament verwarf gegen die Stimmen der ÖVP die so massiv geäußerten Bedenken der Steirer. Auch die steirischen SP- und FP-Abgeordneten fügten sich der Parteilinie.

Das Draken-Thema hielt die österreichische Innenpolitik weiter in Spannung. Die Warnungen und Unglücksprophezeiungen schienen sich alle zu bestätigen, als ein steirischer Fliegerhauptmann am 11. November 1986 bei der Einschulung in Schweden nahe der Luftwaffenbasis Ängelholm mit seiner Draken ins Meer stürzte. Er konnte nur noch tot geborgen werden. Bundeskanzler Vranitzky ließ die Übungsflüge bis zur Klärung der Absturzursachen einstellen. Als die Flüge wieder aufgenommen wurden, war bereits eine rot-schwarze Koalition im Amt, und Robert Lichal von der ÖVP Verteidigungsminister. Da tickerte für Kanzler und Minister ein Protestschreiben Krainers aus dem Fernschreiber. Wenig später präsentierte Professor Möse die negativen Resultate seiner Umweltverträglichkeitsprüfung, und am 2. März 1987 beschloß die steirische Landesregierung einstimmig, also auch mit dem in der Drakenfrage immer wieder schwankenden SP-Landeshauptmann-Stellvertreter Hans Gross und den drei

SP-Landesräten, die totale Ablehnung einer Draken-Stationierung in der Steiermark. Wenige Tage danach wurde die Haltung der Landesregierung im Landtag durch einen gemeinsamen Antrag von ÖVP, SPÖ und den Grünen unterstrichen.

Jetzt gab es kein Zurück mehr, blieb keine Tür mehr für eine Kompromißlösung offen. Der Landeshauptmann sei von seinen wilden, jungen Löwen auf diesen Maximalstandpunkt hingedrängt worden, hieß es später. Krainer meint heute dazu: „Mich hat da keiner hineingehetzt. Das war meine ehrliche Überzeugung." Schilcher erinnert sich, wie Krainer in einem TV-Interview mit Peter Rabl „auf einmal die tragenden Worte sprach: ‚Kein Draken kommt in die Steiermark.' Wir waren wie versteinert und haben uns nur angeschaut. Das war bei ihm einfach eine Eingebung vor laufender Kamera. Vorher hat er sich das sicher nicht überlegt. Aber so ist er eben. Es war ein richtiger Andreas-Hofer-Effekt: ‚I reiß mei Hemd auf, schießt's.' "

Die Feuersalven prasselten aus allen Richtungen. Die Steirer fühlten sich plötzlich einsam in der Republik – und in der eigenen Partei. Verteidigungsminister Lichal hatte als VP-Abgeordneter noch für die Annahme des Volksbegehrens gestimmt. Grundsätzlich hielt er auch nicht viel von den Draken. Aber nun hatte man sie einmal gekauft: „I kann sie mir ja net auf den Schreibtisch stellen", grollte er und wich keinen Zentimeter von der Regierungslinie ab, auch nicht, als – einmalig in der Parlamentsgeschichte der Zweiten Republik – die steirischen

ÖVP-Mandatare im Nationalrat einen Mißtrauensantrag gegen den ÖVP-Minister einbrachten.

„Da ist viel Porzellan zerschlagen worden", rügt Rupert Gmoser die Kollegen von der anderen Fraktion. „Auf Bundesebene waren die Würfel längst gefallen. Da war nichts mehr zu machen. Darum finde ich dieses Mißtrauensvotum gegen den eigenen zuständigen Minister unmöglich. Da haben die Emotionen keine politischen Überlegungen mehr zugelassen. Und es wurde auch die populistische Seite in Krainer sichtbar, populistisch im guten Sinn. Er hat die Nase gehabt für die Stimmung im Volk. Und er wollte, daß die Leute sehen: wenn es euer Wunsch ist, bin ich bereit, mich hinter eure Fahne zu stellen bis zur letzten Konsequenz."

Aber auf seinem Weg bis zum Äußersten gingen viele nicht mehr mit. Schilcher: „Vernunftmäßig waren wir eher für ein Verteilen der Flugzeuge auf mehrere Standorte in Österreich. Nun, nach Krainers ‚Nicht einen Draken' fiel uns das Umschalten nicht so leicht, und viele, die mit uns sympathisiert hatten, scherten aus, bröckelten ab, und es hieß: ‚So sind's die Steirer, stur und unverläßlich'."

Krainer hatte genügend Autorität, die Landespartei auf seinem Anti-Draken-Kurs zu halten, auch wenn ihm manche nur zähneknirschend folgten. Auf Photos von stürmischen Landtagssitzungen zu diesem Thema wird hinter dem temperamentvoll polemisierenden Landeshauptmann die skeptische bis leidende Miene seines Landtagspräsidenten Franz Wegart sichtbar: „Die Drakengeschichte war eine

Episode, die ich lieber vergessen würde. Da ist mein Soldatenherz aus Gründen der Disziplin nicht mitgegangen. Gescheit war's nicht, wir haben viel Kredit verspielt, weil wir für die Leute ja eine Partei waren, auf die man sich in Fragen der Landesverteidigung und Sicherheit verlassen konnte. Außerdem wurde die eigene Potenz überschätzt."

Auch für den leidenschaftlichen Draken-Feind Gerhard Hirschmann war es doch eine „sehr schmerzvolle Geschichte, weil wir nach der Nationalratswahl im November 1986 mit der ÖVP in der Regierung schon eine für die Steiermark erträgliche Kompromißlösung erhofft hatten. Die ist bedauerlicherweise nicht zustande gekommen." Und Parteifreund Lichal wurde in der Steiermark zum Volksfeind Nummer eins.

Politisch hatte sich inzwischen einiges verändert. Die Bundes-VP hatte zwar neuerlich eine schwere Wahlniederlage erlitten, war aber zum Regierungspartner geworden. In der Steiermark dagegen erzielte Josef Krainer bei den Landtagswahlen trotz oder wegen der Verstaatlichten- und Drakenkrise am 21. September 1986 mit 51,8 Prozent sein bestes Ergebnis, und weder vorher noch nachher hat die Volkspartei mehr Stimmen bekommen, nämlich 393.618. Darunter waren sicher viele rote Stammwähler, obersteirische Arbeiter, die so Krainers Einsatz für ihre Arbeitsplätze lohnten. Die SPÖ fiel auf 37,6 Prozent und verlor zwei Mandate an die Grünen.

Dieser Vertrauensvorschuß stärkte Krainer in der Steiermark, im Drakenkrieg mußte er allerdings erkennen, daß der Bund auf Grund der Verfassung eben stärker ist als das Bundesland. Ein parlamentarischer Unterausschuß, der die Hintergründe des Draken-Handels durchleuchten sollte, vernebelte mehr, als er aufhellte. Demonstrationen in der Steiermark waren ein letztes Aufbäumen der Draken-Gegner. Krainer fand noch ein paar starke Worte gegen Lichal: „Da hat es im Parteivorstand überaus heftige Auseinandersetzungen zwischen ihm und mir gegeben." Am 6. Juni 1988 war es schließlich soweit: um 16.38 Uhr setzte Oberleutnant Walter Fuchs den ersten Draken auf die Landebahn des Flughafens Thalerhof, und fünf weitere Maschinen folgten. Sie wurden teilweise von Schweden geflogen, weil Österreich über zuwenig ausgebildete Piloten verfügte. Die Zeitungen bemerkten, daß die Draken-Landung leiser war als befürchtet. Krainer schickte Protesttelegramme nach Wien, die steirischen Abgeordneten boykottierten die nächste Parlamentssitzung, Tausende von Draken-Gegnern versammelten sich am Grazer Hauptplatz – und das nächste Draken-Kontingent landete in Zeltweg.

„Es war eine Niederlage", gesteht Schilcher ein. Denn nach all dem Trommelfeuer und Muskelzeigen der Steirer war genau das passiert, was abgewehrt werden sollte. Im Lauf der Zeit waren alle 24 Draken in den Hangars von Zeltweg und Thalerhof geparkt – wenn nicht gerade ein paar Übungsflüge in Skandinavien unternahmen. Statt keinem einzigen befanden sich nun also alle Draken in der Steiermark. Der Bund, der für die Steirer Wien heißt, hatte auf allen Linien gewonnen, und Josef Krainer hatte den Nimbus der Unbesiegbarkeit verloren. Die Regierung hatte den Landeshauptmann in die Schranken seiner Kompetenzen gewiesen. Inzwischen ist aus dem Maximalisten Krainer ein Minimalist geworden, wenn er nun dennoch von einem „Erfolg unserer Aktion" spricht. „Ich habe in mühseligsten Verhandlungen zumindest erreicht, daß die nötigen, kostspieligen Lärmschutzmaßnahmen getroffen worden sind, und daß die lärmgeschädigten Zeltweg- und Thalerhof-Anrainer, die abgesiedelt sind, ordentliche Ablösen für ihre landwirtschaftlichen Betriebe und Wohnstätten bekommen haben. Heute sind die Draken für nichts, sie fliegen kaum, weil kein Geld da ist. Auch das gesamte Bedrohungsbild hat sich total verändert. Was die Draken wirklich wert sind, hat man ja 1991 in dem Augenblick gesehen, als eine jugoslawische Mig über den Thalerhof geflogen ist. Da hat sich dort kein Ohrwaschl gerührt."

An die 70 Verletzungen des österreichischen Luftraums wurden während der Kriegshandlungen zwischen Slowenien und der jugoslawischen Volksarmee von der Radarüberwachung registriert. Und die Draken starteten vom Thalerhof auch zu Alarmflügen ins Grenzgebiet. Mehr als mit den Flügeln wackeln konnten sie beim „Stellen" eines Eindringlings nicht. Wegen des Lenkwaffenverbots im Staatsvertrag waren sie nur mit zwei 30-mm-Bordkanonen ausgerüstet. Erst seit 1993 sind sie zusätzlich mit amerikanischen Luft-Luft-Raketen vom Typ „Sidewinder" bestückt. In dieser Spannungsperiode standen für die 24 Maschinen nur neun Piloten zur Verfügung. Die ausgebildeten Jetpiloten wurden immer wieder von der Zivilluftfahrt abgeworben. Erst nach einer massiven Gehaltserhöhung von 25.000 auf 55.000 Schilling verbesserte sich die Personalsituation.

Ihre größte Stunde erlebten die Draken bei der Parade des Bundesheers am 26. Oktober 1995. Da donnerten um 11.30 Uhr zwölf Abfangjäger mit 650 Stundenkilometern in einer Höhe von 450 Meter über die Wiener Innenstadt. Wie sie da so über die Dächer brausten und die Triebwerke dröhnten, zogen die Hunderttausenden von Zuschauern am Ring ihre Köpfe ein. Auch das Imponiergehabe eines Kleinstaates kann eindrucksvoll sein. Dabei wußten zu diesem Zeitpunkt alle Verantwortlichen, daß die Draken nun wirklich zum alten Eisen gehörten – und daß Budgetnöte und Sparpolitik die Hoffnungen auf die Anschaffung einer neuen Jetgeneration zur utopischen Spielerei werden ließen. Und in der Steiermark denken manche bereits darüber nach, wie es sein wird, wenn einmal keine Draken mehr da sind.

„Nach dem Unmöglichen greifen..."

„So wehren wir Steirer uns bis zum heutigen Tag entschieden gegen Benachteiligungen seitens der Zentralstellen."
Josef Krainer zum Verhältnis Steiermark–Wien

Er hielt sie immer parat, seine Freunde, die großen Denker: im Laufe der Krainer II-Ära hatten die Landtagsabgeordneten aus dem Mund des Landeshauptmanns so manches kluge Wort kluger Köpfe vernommen. Es hörte sich gut an, lieferte Stoff zum Nachdenken und stammte nicht aus irgendeinem Zitatenlexikon, sondern entsprang Krainers ureigenster Leselust. So waren die Mandatare am 6. Dezember 1986 keineswegs überrascht, als der von den Wählern ge- und bestärkte Landeschef in seiner Regierungserklärung neben vielen anderen bedeutenden Geistern den Soziologen Max Weber bemühte und sich zu dessen klassischer Politikdefinition bekannte: „Die Politik bedeutet ein starkes, langsames Bohren von harten Brettern mit Leidenschaft und Augenmaß zugleich." Das „starke, langsame Bohren" dürfte bei manchen, im Umgang mit Krainer erfahrenen Wiener Bundespolitikern unangenehme Zahnarztassoziationen geweckt haben, und wie schwierig die Balance zwischen Leidenschaft und Augenmaß zu halten ist, hatte der noch immer schwelende Drakenstreit geoffenbart. Auch die Fortsetzung des Weber-Zitats paßte ins Bild: daß man nämlich „das Mögliche nicht erreichte, wenn nicht immer wieder in der Welt nach dem Unmöglichen gegriffen worden wäre".[55]

Mit diesem Appell an Phantasie und politischen Wagemut schuf sich Krainer eine solide verbale Basis für seine kühnen Visionen. Und die bezogen sich keineswegs einzig auf das dringend nötige Krisenmanagement und die Zukunftsgestaltung in der Steiermark. Wie so häufig dachte Josef Krainer über die Grenzen des eigenen Bundeslandes hinaus und erträumte sich als Radikalkur für gesamtösterreichische Leiden – lange vor Jörg Haider und unter anderen Vorzeichen – eine „Dritte Republik", eine demokratische Reform des Regierungssystems nach Schweizer Vorbild. Krainer verwies auf die vielen Denkanstöße, die die Steiermark in den letzten Jahren gesetzt habe – „zur Erneuerung des politischen Stils in Österreich, insbesondere auf der Grundlage des ‚Schweizer Modells' ". Und er propagierte eine „neue Form der Partnerschaft mit einer Regierung der besten Köpfe in der Zusammenarbeit und dem ständigen Dialog mit den Bürgerinnen und Bürgern unseres Landes". Als Mittel dazu forderte Krainer den „Ausbau der direkten Demokratie", die Einführung des Persönlichkeitswahlrechts und die Stärkung der Länderrechte. Um eine solche den „Erfordernissen der Zeit entsprechende neue Phase der Politik in unserer Republik einzuleiten", bedürfe es „einer nationalen Kraftanstrengung in einer Allianz der Patrioten aller politischen Bekenntnisse und Herkünfte". Und dabei sollte „Österreich wirklich vor den Parteien" stehen.

Das Wort von der „Dritten Republik" hatte Krainer in dieser seiner Rede vermieden, das benutzten die Medien als Markenzeichen für seine Reformpläne. Was er da im Landhaus verkündete, war nur die Quintessenz seines bereits länger währenden lauten Nachdenkens über eine Verlebendigung der Demokratie in Österreich. Der Kreis seiner steirischen Vor- und Mitdenker bevorzugte die Formel vom „All-Austrian-Government" für diese ihrer Meinung nach „beste Regierungsform aller Zeiten". Wie in der Schweiz sollte ein Allparteienkabinett für tragfähige Entscheidungen sorgen. Nach Krainers Vorstellungen müßten in dieser Regierung mehr Persönlichkeiten aus den Ländern sitzen, und wirkliche Fachleute. Die Bürger aber sollten durch das Instrument regelmäßiger Volksabstimmungen und auch Volksbegehren ein vermehrtes direktes Mitspracherecht erhalten. Anstelle des in der Praxis doch mehrheitlich auf zeremonielle und repräsentative Aufgaben beschränkten Bundespräsidenten wünschte sich Krainer einen mit wesentlich mehr Kompetenzen ausgestatteten „Staatspräsidenten" als eine Art obersten Korrektor und, wenn schon nicht starken, so doch stärkeren Mann für Krisenfälle.

Krainers Überlegungen entsprangen seinem Unbehagen daran, daß eine der wesentlichsten politischen Kräfte Österreichs, nämlich die Volkspartei, nun schon 15 Jahre auf Distanz zur Macht im Bunde gehalten wurde, während sie in sechs von neun Bundesländern den Landeshauptmann stellte. Und bei so manchen harten Auseinandersetzungen mit der Wiener Zentrale hatte sich der Landeshauptmann im Korsett der Verfassung wie eingezwängt gefühlt. Dieses enge Gestänge wollte er nun etwas auseinanderbiegen, weiter machen, um den Ländern mehr Luft zum freieren Atmen zu schaffen. Das Muster einer All- oder Mehrparteienregierung aber ist in der steirischen Landesverfassung festgelegt und hat sich seit 1945 bewährt.

Weil er durch praktische Erkenntnisse für den zu erwartenden heftigen Meinungsstreit um seine Pläne besser gerüstet sein wollte, war Krainer im Frühsommer 1985 an der Spitze einer Expertenschar in die Schweiz gereist. Der Gruppe gehörte auch der Politologe Wolfgang Mantl an: „Wie für den Vater, so war auch für den Sohn die Schweiz das Land, in dem man sich anschaut, wie die Demokratie läuft." Die Steirer besichtigten verschiedene Einrichtungen, unter anderem das Föderalismusinstitut, redeten mit führenden Leuten und suchten Beispiele für die Anwendbarkeit des Schweizer Modells auf österreichische Verhältnisse. Josef Krainer lud immer wieder zu solchen Exkursionen ein, um Wissen aufzutanken, verengte heimische Horizonte zu vergrößern und außerdem die eigene schöpferische Neugier zu stillen. „In dieser Aufbruchsstimmung damals haben wir durch den Vergleich mit dem Ausland unsere Phantasie benetzt und uns Inspirationen geholt", meint Mantl, selber einer der Ideenbringer für Krainers Innovationsschub.

Sein großes Experiment der Erneuerung des politischen Lebens hatte Josef Krainer in der Steiermark mit der Errichtung eines Landesrechnungshofs (1982) als höchstes Kontrollorgan und der Verabschiedung des Volksrechtsgesetzes (1986) gestartet. Die Steirer sollten damit – eben nach Schweizer Muster – vermehrt Gelegenheit erhalten, durch Volksabstimmungen mitzureden und mitzuentscheiden. „Da machten wir die Erfahrungen mit gelebter Demokratie und all ihren Problemen", sagt Mantl. „Denn das Mitreden der Bürger ist nur in überschaubaren, klaren Entscheidungssituationen möglich. Zum Beispiel ist der Konflikt um die Trassenführung der Ennstalstraße durch eine Volksabstimmung nicht zu lösen. Da läßt sich der Kreis der Betroffenen viel zu schwer abgrenzen." Auch das Gesetz über den Landesrechnungshof räumt den Bürgern Spielraum zum Mittun ein. Für eine Kontrollinitiative bedarf es nur zwei Prozent der Stimmberechtigten. Das heißt, wenn 17.000 Steirer einen Antrag auf Untersuchung irgendeines Bereichs der Landesverwaltung oder einer ihrer Handlungen unterschreiben, muß der Landesrechnungshof aktiv werden, „einen Kontrollakt setzen", wie es im Juristendeutsch heißt.

Solche Vorübungen zu einer gesamtösterreichischen Verfassungsreform haben die Wiener allerdings wenig beeindruckt. Das Krainersche Republikmodell wurde von vielen Seiten schärfstens kritisiert, verworfen und als Ausgeburt der Phantasie „des wilden Bergvolks überm Semmering" abgetan, und einige Politiker und Kommentatoren gebärdeten sich so aufgeregt, als ob der Landeshauptmann einen Anschlag auf die Grundfesten der Demokratie plante. Selbst manchen steirischen VP-Leuten ging Krainers bundespolitisches Engagement zu weit. Daran sähe man nur, daß dem „Chef" das eigene Land wieder einmal zu klein würde, flüsterten sie. Er sollte sich lieber um die Probleme daheim kümmern. Dabei begründete Krainer seinen Reformdrang mit der geschichtlichen Sonderstellung der Steiermark im Reigen der Bundesländer und in ihrer Beziehung zum Bundesstaat. Diese „besondere Verantwortung innerhalb Österreichs" leitete er von der „Magna Charta unserer Steiermark", von der Georgenberger Handfeste, ab. Weil 1986 dieses Dokument 800 Jahre alt geworden war, benutzte es Krainer in seiner Regierungserklärung virtuos zur Abgrenzung des steirischen Standpunkts: „Das Bekenntnis zum föderalistischen Bundesstaat, die Treue zum gemeinsamen Vaterland und gleichzeitig die Eigenständigkeit eines lebendigen Föderalismus sind die in diesem ersten österreichischen Staatsvertrag festgeschriebenen zwei Seiten derselben Medaille und eine aus acht Jahrhunderten gewachsene lebendige Tradition."

Der Steiermark-Mythos, alles steirische Aufbegehren gegen Wien, jedes Pochen auf den eigenen Weg und das eigene Recht, all das beruht auf diesem Pergament vom 17. August 1186 und auf diesen verpflichtenden Sätzen: „...sollen sie die Freiheit haben, ihr unverbrüchliches Recht zu fordern". Die steirische Mark des Reichs hatte sich unter den Traungauern zu einer beachtlichen Territorialmacht neben der Babenbergermark Österreich entwickelt. Und wie die Babenberger profitierten sie vom welfisch-staufischen Konkurrenzkampf im Reich. Beide Marken waren ursprünglich Lehen der welfischen Bayernherzöge. 1156 hatten zuerst die Babenberger den Herzogshut erhalten, und 1180, bei der Aufteilung der Lande des geächteten Welfen Heinrich des Löwen, wurde auch die Steirische Mark von Bayern unabhängig und von Kaiser Friedrich I. Barbarossa zum Herzogtum erhoben. Der neue Herzog Otakar IV. von Traungau, von Kind an kränkelnd und ohne Aussicht auf Nachkommenschaft, ließ in Übereinstimmung mit seinen Vasallen, der steirischen Ritterschaft, sein Erbe dem Babenberger Leopold V. überschreiben. Dieses Abkommen, das die erste wesentliche Erweiterung Österreichs bedeutete, wurde an einer ewigen historischen Grenzlinie, am Georgenberg über der Enns, abgeschlossen. Bereits 1192 ist der Vertrag dann wirksam geworden, als Herzog Otakar IV. im Alter von 29 Jahren starb: „Als gleichrangiges Herrschaftsgebiet war die Steiermark an die Seite Österreichs getreten und konnte so den Schutz des nördlichen mit dem Blick nach Osten gerichteten Österreich gegen Süden übernehmen", sagte Hanns Koren 1980 beim großen Steiermark-Jubiläum.[56] „Die Steirer pochen immer wieder darauf, daß sie sich 1186 freiwillig mit Österreich zusammengeschlossen hätten", meint Erhard Busek. Bei allen staatsrechtlichen Debatten wird von steirischer Seite sowohl auf diese Freiwilligkeit als auch auf den

Begriff „Zusammenschluß" im Gegensatz zu einem Anschluß, einer Unterwerfung oder Eingliederung größter Wert gelegt. Ihr Herzogtum blieb weiter bestehen, die Steiermark ging nicht in Österreich auf, die Formel lautete vielmehr: „Österreich plus Steiermark." Und Josef Krainer erwähnt gerne jenen Passus in dem Erbvertrag, der den steirischen Adel, die Klöster und die einfache Bevölkerung vor Übergriffen der Zentralstellen schützen soll: „Von jenen Bedrückungen und Steuereintreibungen, wie sie bekanntermaßen durch österreichische Schergen geschehen, soll das Land, unsere Herrschaft, so wie es bisher war, nach unserem Willen frei sein. Wer immer es sein möge, der nach uns die Herrschergewalt haben wird, er soll diese niedergeschriebene Urkunde ehrlich einhalten. Sollte er jedoch unter Mißachtung der Gerechtigkeit mild zu herrschen verschmähen, sondern wie ein Tyrann sich gegen die Unseren erheben, sollen sie die Freiheit haben, den Kaiserhof anzurufen und vor ihn hinzutreten, um durch diese Handfeste vor den Reichsfürsten ihr unverbrüchliches Recht zu fordern."[57] Krainer fügte ergänzend hinzu: „So wehren wir Steirer uns bis zum heutigen Tag entschieden gegen Benachteiligungen seitens der Zentralstellen."[58] Die Handfeste ist eine Urkunde, die vom Aussteller eigenhändig unterzeichnet oder durch Handauflegen gefestigt wurde. Mit dieser ihrer ersten geschriebenen Verfassung verfügten die Steirer also über ein handfestes Instrument zum Schutz ihrer separaten vier Wände unter dem Dach des österreichischen Hauses.

Bei häuslichem Zank allerdings wird der Landeshauptmann zumindest theoretisch zum Zerrissenen mit zwei Seelen in der Brust. Der Verfassung nach ist er einerseits das Oberhaupt seines Landes und dem Landtag verantwortlich, andererseits als „Träger der mittelbaren Bundesverwaltung" an die Weisungen der Bundesregierung oder des einzelnen Bundesministers gebunden. Eine solche Doppelköpfigkeit garantiert ein ständiges Spannungsverhältnis zwischen dem Land und der Zentrale, aber sie belastet auch den Landeshauptmann, der sowohl der Republik Österreich als auch dem Land Steiermark „unverbrüchliche Treue" gelobt hat.

„Die Stellung des Landeshauptmannes in Österreich hat mit seiner verfassungsrechtlichen Position fast überhaupt nichts zu tun," erläutert Erhard Busek. „Wir haben ja an sich keine föderalistische Verfassung, sondern sind vielmehr ein dezentralisierter Einheitsstaat. Durch unsere politische Kultur und unsere politische Landschaft gewinnt der Landeshauptmann allerdings eine viel bedeutendere Stellung, als ihm die Verfassung einräumt, insbesondere bei einer föderalistisch akzentuierten Partei wie der ÖVP mit ihrem echten Regionalbewußtsein. Dazu kommt, daß die Steiermark im Gesamtkonzert Österreichs eine ambivalente Position einnimmt, eben unter Berufung auf die Georgenberger Handfeste. Zum einen will man getrennt sein vom zentralen Ort der Macht, zum anderen wird immer auch ein sanfter Vorwurf laut, daß das Land von der Zentrale vernachlässigt würde."

Josef Krainer verteidigt diese permanente Frontstellung gegen Wien. Sie sei nicht nur das Resultat taktischer Überlegungen, sondern auch ein steirischer Wesenszug. Gerhard Hirschmann spricht von einem „von der Geschichte implantierten Spannungshorizont gegenüber der Bundeshauptstadt. Das haben wir natürlich manchmal auch sehr offensiv ausgelebt." Aber es sei doch mehr gewesen als nur ein „Hurra-Antagonismus gegenüber Wien. Wir mußten einen anderen Zugang zur Politik suchen, schon auf Grund der völlig verschiedenen soziologischen Voraussetzungen in der Steiermark. Gegenüber der Bundes-VP waren wir die Steiermarkpartei und immer sehr sensibel gegenüber allen zentralistischen Regungen und Bewegungen in Wien. Und weil sich davon vieles in materiellen Bereichen abgespielt hat, mußten wir ständig auf unsere strukturellen Nachteile hinweisen. Da gab es tatsächlich gewisse Verhaltensunterschiede im Vergleich zu anderen Bundesländern." Krainer gesteht ein, daß eine primitive Anti-Wien-Politik ein großes Echo im Bewußtsein des Volks findet. „Die haben wir jedoch nie betrieben, trotz einer enormen wirtschaftlichen Bevorzugung der Bundeshauptstadt."

Aus der Sicht des skeptischen Steirers und Sozialdemokraten Rupert Gmoser hat der hochgespielte Anti-Wien-Komplex höchstens einen „Halloeffekt. Das ist doch alles nur Popularitätshascherei. Dieser Mythos – wir Steirer sind etwas Besonderes, und der Landeshäuptling wird zur Inkarnation dieser Besonderheit der Steirervolks. Und jeder Landeshauptmann hat versucht, dieser Rolle gerecht zu werden. Und was ist das Besondere am Steirer? Daß er sich einer Illusion hingibt und sich selber einredet, etwas Besonderes zu sein. Doch Österreich ist viel zu klein dazu, als daß man sich den Luxus eigener Wege leisten könnte." Trotzdem billigt auch Gmoser den Steirern zu, daß sie in gewissen konkreten politischen Fragen den Wienern sagen sollten oder müßten: „Wir sehen das eben anders."

Und das hat Josef Krainer sehr oft gesagt, dem Bundeskanzler oder einem Minister ebenso wie der eigenen Parteiführung: „Im Bundesparteivorstand hat man bei jeder seiner Wortmeldungen gespürt, daß da die nötige Autorität dahinterstand." Franz Wegart hat als Bundesobmann des Seniorenbundes viele solcher Sitzungen mitgemacht. „Es war nicht möglich, eine Position zu vertreten, die er nicht geteilt hat. Natürlich besteht eine gewisse Gefahr, die Balance zu verlieren, wenn man das zu sehr ausspielt. Aber es wurde im Parteivorstand respektiert. Krainer hat nicht oft das Wort verlangt. Wenn er jedoch etwas gesagt hat, dann wußte jeder, das ist jetzt die Richtung."

Vielleicht hat er dabei vom „steirischen Standpunkt" geredet oder auch einmal die Wendung „Ich als Steirer" gebraucht. Der Salzburger Gerd Bacher benutzte diese so kennzeichnende Floskel, um dem „Besonderen" des steirischen und Krainerschen Selbstverständnisses im Gegensatz zu Wien und den anderen Bundesländern nachzuspüren: „Ein Fundament des Josef Krainer ist das Steirische, er ist ja nicht Landeshauptmann der Steiermark, sondern von Steiermark. Nur Tiroler vermögen einen derartigen Bezug zum eigenen Bundesland nachzuempfinden. Das steirische Gefühl ist aber unkoketter, sauberer, weil weniger durch Fremdenverkehr verheert. Kein Salzburger – ich weiß, wovon ich rede – käme, es sei denn im Streit, je auf den Gedanken zu sagen: ‚Ich als Salzburger tue so etwas nicht.' Er würde eventuell als Christ, als Sozialist, als Vegetarier etwas tun oder lassen, aber als Salzburger? Dagegen kenne ich viele Steirer, nicht nur den Landeshauptmann, die ‚steirisch' für eine Charaktereigenschaft an sich halten, die, wenn nicht schon an die steirische Rasse, so jedenfalls an das steirische Volk glauben." [59]

Dieses Steirer-Credo dürfte einer der maßgeblichen Gründe für die Wienabstinenz in Josef Krainers politischer Karriere gewesen sein, das bedeutet jedoch nicht, daß er keine Wiener Freunde oder sich Wien gar zum Feindbild aufgebaut hatte. Und wer an jenem Abend 1981 im Ottakringer Liebhartstal beim Heurigen der Wienerlied-Sängerin Anna Demut die wort-, wein- und gesangsselige wienerisch-steirische Begegnung genossen hat, für den schienen sämtliche Kontroversen zwischen dem Land und der Metropole verweht und vergessen zu sein. Auf Einladung des damaligen Wiener Vizebürgermeisters Busek hatte Krainer aus Graz einen hochkarätigen Freundeskreis über den Semmering geleitet zu einem Treffen mit vielen Wienern, die etwas zu sagen oder etwas geschaffen hatten, und mit Steirern, die in Wien heimisch geworden waren. Da schob Jörg

Mauthe die Wiener Wein- und Heurigenkultur den Steirern in die Schuhe, weil nach den Türkenkriegen steirische Winzer in die verwaisten und verwüsteten Ottakringer Weinberge verpflanzt worden waren. Der Landeshauptmann, Hanns Koren und die ganze Gesellschaft ließen sich von echten Wiener Liedern in fröhlichen Weltschmerz und lächelnde Todesnähe wiegen. Als Krainers Gastgeschenk brachte die Alt-Ausseer Geigenmusik Erzherzog Johanns Zeiten zum Klingen, und als sich die Steirer lang nach Mitternacht wieder auf den Weg über den Semmering machten, da hatte dieses Zusammensein Zusammengehörigkeit erzeugt, die Geselligkeit erhielt eine gesellschaftliche Funktion, denn was wie zwanglose Unterhaltung erschien, gewann eine tiefere politische Bedeutung.

Um Mißverständnisse auszuräumen, Informationskanäle zu öffnen, guten Willen zu signalisieren und die Kommunikation zwischen Graz und Wien zu verbessern, hatte Josef Krainer bereits 1981 eine „Steirische Botschaft" in der Bundeshauptstadt eröffnet, mit dem bewährten Spitzendiplomaten Fritz Hoess als Botschafter. Von Geburt Niederösterreicher, war er durch seine enge Freundschaft mit Krainer zum „Ehrensteirer" geworden. Als flankierende Maßnahme waren diese Wien–Steiermark-Treffen (u. a. am Grundlsee, in Radkersburg, in Roseggers Waldheimat) von Busek und Krainer in Szene gesetzt worden. „Diese legendären Begegnungen sollten aufzeigen, daß hier kein wirklicher Gegensatz bestand, nur eine unterschiedliche Couleur der Lebensweise" – so

Busek; die politische Achse mit Krainer hat lange gehalten, und die menschliche besteht immer noch.

„Es war ein spannendes Kontrastprogramm, abwechselnd in Wien und in der Steiermark. Auf Grund unserer langjährigen Freundschaft bemühte sich Krainer, mir in Wien zu helfen, und dann auch im Bund. Begonnen hat alles mit informellen Treffen. Von Zeit zu Zeit haben wir uns – Krainer und ich – mit interessanten Leuten im Landesweingut Kitzeck zusammengesetzt, oder im Haus meiner Frau in Kaumberg, und einen Tag lang mit wechselnder Besetzung philosophiert über Politik, über aktuelle Geschehnisse, über alles, was uns wichtig erschien. Das war keine Verschwörung, und wir schmiedeten keine Komplotte, sondern nur das Aufeinandertreffen ausgeprägter Individualitäten, um die Gedanken zu ordnen und Orientierungen zu suchen. Es war für uns beide bereichernd. Wir trafen uns ohne festes Datum, immer dann, wenn das Gefühl entstand, jetzt müßten wir wieder einmal miteinander reden. Daraus ist dann die Idee zu diesen Wien–Steiermark-Anlässen gewachsen. Wir wollten signalisieren, daß es diesen blöden Wien–Steiermark-Gegensatz eigentlich gar nicht gibt. Von seiten der Steirer ist da wohl ein Schuß Koketterie dabei, dieses bewußte Vorzeigen eines Minderwertigkeitskomplexes, den sie natürlich nicht haben, um damit die eigene Stärke überhaupt erst herauszustellen."

Diese Stärke, sie äußerte sich in dem Willen und Drang auch auf gesamtösterreichischer Ebene steirische Vorstellungen anzubieten und, wenn möglich, durchzusetzen, selbst wenn Krainer dabei des öfteren „nach dem Unmöglichen gegriffen" hatte. So versandeten die Initiativen zu einer Republik-Reform im Strom des politischen Geschehens. Der Aufstieg Haiders in der FPÖ, aber auch der Grünen, begann bundesweit die Kräfteverhältnisse zu verändern. 1986, nur zwei Monate nach Krainers Wahltriumph, hatte die ÖVP bei Nationalratswahlen weiter abgebaut. Weil die Sozialdemokraten von noch schmerzlicheren Verlusten betroffen waren, suchten die beiden gar nicht mehr so großen Großparteien in einer Koalition gegenseitige Stütze. Im Jänner 1987 entsandte Krainer seinen Agrar- und Umweltlandesrat Josef Riegler als Landwirtschaftsminister nach Wien (in Graz trat Hermann Schaller an dessen Stelle). Und unter starkem Druck aus der Steiermark wurde Riegler 1989 nach einer Serie von ÖVP-Debakeln bei diversen Landtagswahlen anstelle von Alois Mock Bundesparteiobmann. Obwohl die ÖVP geschwächt war, hatte sie das Oppositionsghetto verlassen und konnte sich endlich wieder an der Staatsführung beteiligen. Das Krainersche Allparteienkabinett war durch die Auferstehung der großen Koalition nicht mehr spruchreif. Die ÖVP sollte noch schwer an ihr leiden.

Das bedeutete nicht, daß die Steirer fortan Ruhe gaben. Krainer und sein Braintrust fühlten sich weiterhin nicht nur für die Steiermark, sondern, wenn nötig, für ganz Österreich zuständig. Die Steiermark sei „kein Fluchtpunkt vor den Problemen der Republik und der Welt", hatte Josef Krainer in seiner

86er-Rede gemahnt. Darum hörte er nicht auf, über die Erfordernisse alltäglicher politischer Praxis hinaus Ideen und Konzepte zu entwickeln, im Sinn des polnischen Philosophen Leszek Kolakowski: „Wir brauchen – so hat es Kolakowski gesagt – die ‚brüchige Koexistenz' zwischen der skeptischen und der utopischen Geisteshaltung; utopische Ideen seien ‚als politisches Programm verhängnisvoll, aber als Wegweiser unerläßlich.' " – Also Macht nutzen, um Wege zu weisen, Weichen zu stellen und „was weiterbringen", wie es einstens Erzherzog Johann in diesem Land vorgeführt hatte. Dabei war das höchste politische Amt, daß der Habsburger in der Steiermark jemals innegehabt hatte, lediglich das eines Bürgermeisters von Stainz. Für Josef Krainer blieb er dennoch der Inbegriff all dessen, was und wie ein Landesfürst sein sollte ...

Der „Landesfürst"

*„Die Vorstellung, ein Landesfürst zu sein,
hat mir nie als Leitbild gedient."*

Josef Krainer zu seiner Amtsauffassung

Die Kulisse hatten vergangene Jahrhunderte errichtet, die Gespräche, Referate und Diskussionsbeiträge entsprangen einer vom Wind des Wandels aufgerüttelten Gegenwart, und die meisten Gedanken galten einer ungewissen Zukunft. Auf Schloß Stainz, dem ehemaligen Augustiner-Chorherrenstift, das Erzherzog Johann 1840 erworben hatte, erhielt Josef Krainer Mitte September 1990 ein Geburtstagsgeschenk der besonderen Art. Die Steirer bescherten ihrem Landesvater zum 60. Geburtstag „nicht einfach das Beste aus Küche und Keller oder irgendeine hohe Auszeichnung, sondern sie beehrten ihn mit einem dreitägigen Symposion, von dem zwar die Gaben der Natur nicht ausgeschlossen waren, das jedoch in erster Linie dazu bestimmt blieb, den Geist für neue Leistungen in Schwung zu halten."[60] So würdigte Rudolf Stamm in der „Neuen Zürcher Zeitung" diesen von Wolfgang Mantl inszenierten festlichen Konvent, zu dem unter dem allumfassenden Motto „Kultur, Wirtschaft und Politik im Wandel" Gäste aus mindestens zehn Ländern geladen waren. Josef Krainers steirische Breite erhielt in dem auf Hochglanz renovierten joanneischen Ambiente die von ihm so geschätzte internationale Weite. Übrigens, die für Krainer als Wahlslogan benutzte „Breite" beruhte ohnehin auf einem Hörfehler, Hanns Koren, der Schöpfer so vieler prägender und bleibender Spruchformeln, hatte eigentlich „Weite" gemeint.

Damit von diesem an- und aufregenden Ideenaustausch mehr blieb als nur die Erinnerung an den Goldglanz des ausklingenden Sommers im Schilcherland, wurde gemeinsam die „Erklärung von Stainz" verfaßt, ein Verhaltenskodex für den Umgang mit den vom Kommunismus beschädigten Nachbarländern nach dem Zusammenbruch des Sowjetkommunismus samt einem Wunschkatalog, der etwa zur Bewältigung der „gewaltigen sozialen und ökologischen Altlasten" für das östliche Mitteleuropa einen Marshallplan der OECD-Staaten forderte. Was da über die neuen Chancen des oft bis zum Überdruß beschworenen „Europas der Regionen" steht, deckt sich mit Krainers Politikvorstellungen völlig: „Mit dem Ende der Blöcke ist eine neue Vielfalt entstanden, die den patriotischen Gefühlen der Bevölkerung Geborgenheit und Heimat bietet. Es ist die Überzeugung der in Stainz versammelten Politiker und Experten, daß diese Vielfalt in ein Europa der Subsidiarität und der Regionen eingebracht werden muß."[61] Für die grenzüberwindende Kraft der Regionen standen in Stainz Südtirols Landeshauptmann Luis Durnwalder, Lothar Späth, noch Ministerpräsident Baden-Württembergs, Sloweniens Ministerpräsident Lojze Peterle und der für ein paar Stunden mit dem Hubschrauber eingeflogene damalige italienische Verkehrsminister und frühere Präsident Julisch-Venetiens Carlo Bernini. Und der hinter dem fleischlosen Staatsrechtsbegriff „Subsidiarität" verborgene Grundsatz vom Gemeinschaftsleben, das bloß dann in rechter Weise geordnet sei, „wenn die jeweils übergeordnete Gemeinschaft nur jene Aufgaben an sich zieht, die von der untergeordneten nicht erfüllt werden können"[62], ist das Dogma jedes überzeugten Föderalisten, also selbstverständlich auch Josef Krainers. Weil sich die untergeordnete Gemeinschaft dann und wann den Kopf der übergeordneten zerbricht, wurden auf steirischem Boden nicht zum erstenmal politische Debatten vorweggenommen oder angerissen, die später einmal die ganze Republik bewegten. So fanden die „Stainzer" damals schon, daß „Inhalt und Auslegung der österreichischen Neutralität den neuen Entwicklungen gerecht werden" sollten.

Wer zählte da noch alles zu dem erlauchten Kreis der „Stainzer" rund um den Jubilar? Der polnische Humanist Wladislaw Bartoszewski, auch er ein künftiger Außenminister, der slowakische Vizepremier Jan Carnogursky, vor nicht einmal einem Jahr noch im Gefängnis, als Zeitgeschichtler Karl Dietrich-Bracher aus Deutschland, Joseph Rovan aus Frankreich und Gerald Stourzh aus Wien, der hessische Star der Grünen Joschka Fischer, Helmut Sonnenfeldt, Europa- und Ostexperte aus Henry Kissingers

Team, der senegalesische Historiker Joseph Ki-Zerbo, weiters neben den Topleuten der Krainerschen Grazer Denkfabrik Erhard Busek, Karl Fürst Schwarzenberg, für ein paar Jahre Kanzler der Prager Präsidentschaftskanzlei und vertrauter Berater Vaclav Havels, Paul Lendvai, Intendant von Radio Österreich International, an der Spitze einer ausgesuchten Journalistenschar usw, usw.: – eine Versammlung, in der sich Josef Krainer wohl fühlte. Und die „Neue Zürcher" wunderte sich, ob diese Säle zu Erzherzog Johanns Zeiten je von solch intellektuellem Glanz erhellt worden waren: „Das Geburtstagstreffen, so scheint uns, war eher mit einer Versammlung erleuchteter Geister an einem aufgeklärten Fürstenhof des 18. Jahrhunderts zu vergleichen."

Da haben wir es, das Stichwort „Fürstenhof". Krainers Gegner meinten mit hämischem Unterton, der „Landesfürst" habe in Stainz wieder einmal hofgehalten. Und das Höfische im besten Sinn des Wortes war den Grazer Landesherren nie fremd. Erhard Busek gräbt die Erklärung dafür aus der Geschichte aus. „Alle Bundesländer, in deren Hauptstadt einmal ein Hof residierte, haben immer eine stärkere Eigenständigkeit und eine andere politische Kultur. Das gilt für Innsbruck wie für Graz und etwas abgewandelt für Salzburg. Daher ist dort auch der Hang zur Hofhaltung ausgeprägter als in anderen Bundesländern, die keine solche historische Eigenbewegung haben. Ich meine das gar nicht kritisch – das ist ein wichtiges Stilelement. Und Josef Krainer hat es sehr kultiviert." Besucher, die von außen kamen, schätzten und bewunderten dieses ausgeprägte Stilgefühl, die unaufdringliche, dafür umso sicherere Vornehmheit steirischer Selbstdarstellung rund um den Landeshauptmann; oder sollte man in diesem Zusammenhang doch „Landesfürst" sagen?

„Natürlich war er ein Fürst, im positiven Sinn", meint Karl Schwarzenberg.[63] Er müßte es wissen, sein Geschlecht ist bereits 1670 von Kaiser Leopold I. in den Reichsfürstenstand erhoben worden. Er deutet diesen Begriff weniger von der Macht und vom Herrschen her, sondern eher vom Verhältnis des Regierenden zum Volk: „Krainer konnte nur in der Berührung mit den Leuten, von deren Reaktion und im instinktiven Fühlen der Leute politisch leben, existieren und wirken." Da wären wir wieder bei Erzherzog Johann, dessen ungekünstelte, ungespielte Volksnähe so wahrhaft fürstlich war – oder beim Vater Krainer, den sie ja auch einen Landesfürsten hießen. Gerd Bacher erspürte in diesem „aus dem Schoße des Volkes geborenen Manne" durchaus aristokratische Gaben: „Er vermochte auszuzeichnen, man fühlte sich durch ihn ausgezeichnet, und das auf ganz alltägliche Weise, indem er auf einen zuging, die Hand gab, einem zuhörte. Das tun andere auch, aber wenn man vom alten Krainer wegging, dann ging es einem etwas besser als vorher, und dann hatte man vor sich selbst etwas mehr Achtung als vorher."[64] Und von jenen Genen, in denen die Kunst des rechten Umgangs mit den Menschen gespeichert ist, dürfte der „Junge" vom „Alten" einen ansehnlichen Vorrat geerbt haben.

Das Wort „Fürst" kommt vom althochdeutschen „furisto" – „der Erste", einer, der den anderen vorangeht, an der Spitze steht, zu führen weiß, und das heißt auch, daß der „princeps" ein gutes Beispiel gibt, sich vor die Menschen stellt, ihnen den Weg weist und für sie da ist und nicht für sich. Diese Auffassung des Fürstseins entspricht sicher nicht dem Geist der immer noch lebendigen brutalen Machterhaltungsphilosophie Niccolò Macchiavellis, der seinem „Principe" den Rat gibt, „zu lernen, nicht gut sein zu können, denn ein Mann, der in allen Dingen etwas Gutes tun will, müßte unter so vielen, die nicht gut sind, zugrunde gehen. Er muß die Rolle eines Menschen und einer Bestie spielen können." [65]

„Da stehen ja fürchterliche Dinge drinnen." Angeregt durch das Gespräch über das Fürstliche im Landeshauptmann hat Josef Krainer zum erstenmal seit seiner Universitätszeit wieder in „Il Principe", dem ebenso berühmten wie berüchtigten Leitfaden politischer Skrupellosigkeit, geblättert. Selbst wenn der Fürst nicht nach Macchiavellis Normen gemessen wird, vermag Krainer mit diesem Titel, dieser Benennung – im Guten wie im Bösen –, mit dieser Rollenzuweisung wenig anzufangen: „Die Vorstellung, ein Landesfürst zu sein, hat mir nie als Leitbild gedient. Für mich war mein Amt historisch eindeutig definiert. Die Funktion des Landesfürsten hat im Jahr 1918 geendet. Es hat grandiose Landesfürsten gegeben, die in vielem volksnäher waren als manche gewählte Volksvertreter. Das soll also keine Disqualifikation des Begriffs sein, ich hätte ihn nur nie auf mich bezogen. Da möchte ich eher Landesvater genannt werden, nicht nur wegen meines leiblichen Vaters. Wir sind Republikaner, aber haben auch das Glück, mit einem Traditionsbewußtsein ausgestattet zu sein. Deshalb habe ich großen Respekt vor dem Hause Österreich und besonders vor den innerösterreichischen Habsburgern."

Im Gegensatz zur Krainerschen Eigenschau billigen ihm seine engsten Mitarbeiter und Freunde sehr wohl einen gewissen Fürstenstatus zu, wobei sie, ähnlich wie Schwarzenberg, eher die menschlichen Qualitäten dieses Herausragens, dieses Hervorragendseins eines Princeps im Auge haben. Für Bernd Schilcher sind die fürstlichsten Eigenschaften Krainers Pflichterfüllung und Selbstdisziplin: „In diesem Sinn ist er ein Fürst. Das ist etwas Aristokratisches, meist Produkt langer Erziehung. Das lag sicher in der Familie. Ich denke nur daran, wie er bei so vielen Anlässen durchgehalten hat, auch wenn er todmüde war: ‚Das ist mir zu Ehren, da bleibe ich selbstverständlich, auch wenn es Mitternacht wird und länger, das bin ich der Sache schuldig.' " Gerhard Hirschmann verbindet mit Krainer und „Fürst" ebenfalls den „ungeheuren Anspruch, den er an sich selber gestellt hat, diese imponierende Strenge sich selbst gegenüber. Als ich ihn als junger Parteisekretär Anfang der achtziger Jahre, ich war gerade 30, sehr oft aus nächster Nähe erlebte, traute ich meinen Augen und Ohren nicht, wie dieser großartige Rhetoriker vor jedem Auftreten, ob das nun bei der Feuerwehr in St. Anna am Aigen war oder bei einem Modell-

Steiermark-Kongreß in der Messehalle vor 4.000 Leuten, von einer kaum zu überbietbaren Spannung erfüllt war. Anfangs dachte ich mir, ja muß denn das sein? Kann man sich das Leben nicht einfacher machen? Beim genaueren Hinschauen habe ich aber begriffen, was ihm auch die Wertschätzung einer solchen winzigen Feuerwehrmannschaft draußen am Land bedeutete. Oder ein anderes Mal, bei einer Veranstaltung der Steirischen Akademie an der Uni, da sind einige hundert Leute hineingeströmt, und ich habe zufällig gesehen, wie der junge Krainer daherkommt und in der Vorhalle ein paar Arbeiter bemerkt, die mit dem Umbau der Toiletten beschäftigt waren, und er ist sofort auf sie zugegangen und hat mit ihnen geplaudert, ohne sich viel um die Prominenz rund um ihn zu kümmern. Das sind so Bilder, die einem bleiben, Momentaufnahmen, bei denen man sich sagt, das würde einem anderen Politiker nicht einfallen. Der sieht die Leute gar nicht. Krainer hat eben ein Auge für die Menschen." Ähnliche Beobachtungen machte Johannes Koren, der Krainer auf vielen Reisen begleitet hat: „Wenn er mit jemanden geredet hat, war er einfach nie wegzukriegen, egal ob das nun ein altes Mutterl vor der Kirche war oder der Rektor der Technischen Universität. Das war immer ein so persönliches, eindringliches Gespräch, daß der andere das Gefühl hatte, er redet jetzt nur mit mir, und das solange, bis die Sache ausgeredet war. Das war oft mühsam, weil er ja Termine hatte, aber ihm war es egal. Wenn er es für nötig hielt, ist er bei dem Menschen geblieben, voll auf ihn eingegangen und war nur für ihn da. Das ist eine Eigenschaft, die bei den heutigen Politikern immer rarer wird. Die meisten sind mit dem Kopf schon ganz woanders, wenn sie mit jemandem reden. Das hätte einem mit Krainer nie passieren können."[66]

Nicht nur wegen seines souveränen Umgehens mit der Zeit war es für seine Mitarbeiter wie Hirschmann „nicht immer leicht an seiner Seite". Und wenn etwas schieflief, nicht in Ordnung war oder durch Ungeschick oder Gleichgültigkeit vermasselt wurde, konnte er ausbrechen wie ein Vulkan. Einen der Gründe dafür nennt Schilcher: „Krainer ist eben ein überaus emotionaler Mensch", sagt Bernd Schilcher. Auch das schließt dieses Fürstentum ein – sowie er sich auch ‚fürstlich' am Leben freuen kann. Ich erinnere mich, wie wir in Berlin stundenlang im Vergnügungspark auf irgendwelchen Rutschen gefahren sind, und wir haben nur gelacht und eine Hetz' gehabt. Dann singt er stundenlang, laut, dabei richtig und weiß den Text nicht nur von der ersten, sondern auch noch von der dritten Strophe. Aber er kann auch in Wut und Saft geraten, und tut sich dabei keinen Zwang an. Ja, da ist er wie ein Fürst: ‚So wie i bin, so bin i.' Man hat bei ihm immer gewußt, woran man ist."

Diese geradezu fürstlichen Temperamentsexplosionen waren mit einer nicht minderen aristokratischen Selbstbeherrschung gepaart. In Stainz bewunderten die Gäste einen erschlankten Krainer, der aussah, als ob er eine Verjüngungskur hinter sich hätte. Dabei hatte er „nur" sein schweres, ihn jahrelang quälendes Bandscheibenleiden überwunden, dank einer erfolgreichen Operation und eiserner Disziplin. Nur die wenigsten, wie etwa Gerhard Hirschmann, wußten damals, daß der Landeshauptmann „ständig Schmerzen hatte, höllische Schmerzen, andauernd unter dieser körperlichen Belastung litt, aber er hat das einfach weggesteckt. Auch damit nahm er eine Vorbildfunktion für mich ein – über das politische Geschäft hinaus. An den schönen Dingen im Leben trägt man ohnehin leicht, aber er führte uns vor, wie man im Leben auch die weniger schönen Dinge aushalten und verarbeiten muß. Nie habe ich von ihm eine Klage vernommen." Rosemarie Krainer hat mit ihrem Mann mitgelitten: „Das Schlimme an der Politik ist, daß alles Persönliche zurückstehen muß. Man hat ja nicht einmal Zeit krank zu sein. Er hätte viel früher etwas unternehmen müssen. Zum Schluß waren die Schmerzen fast unerträglich. Er konnte nicht mehr stehen und nicht mehr sitzen. Es war sehr, sehr arg."

Krainers Leiden hatte frühe Wurzeln: „Beim Hausbau in Gasselsdorf habe ich die Ziegel auf einem Jeep mit Anhänger von der Ziegelei heraufransportiert und dann aufs Förderband gelegt – es gibt keinen einzigen Ziegel dieses Hauses, den ich nicht in der Hand gehabt hätte. Und als mir einmal der einachsige Anhänger hochschnappte und ich versuchte, ihn herunterzuziehen, habe ich mich dabei verrissen. Es war so schlimm, daß ich zum Arzt mußte, und nach der Röntgenaufnahme hat er mich für alle Zukunft gewarnt: ‚Selbst wenn die Dame noch so schön ist, tragen Sie ihr den Koffer nicht.' Diesen Rat habe ich irgendwann einmal nicht beachtet und einen schweren Koffer gehoben, und das hat den Bandscheibenvorfall ausgelöst." Zuerst ließ sich Krainer von einem blinden Arzt „mit goldenen Händen" immer wieder einrenken. Als das nichts mehr half, entschloß er sich zur Operation. Und die ist geglückt. „Aber drei Tage vorher hat der Arzt mir gesagt: ‚Wenn Sie nicht bereit sind, zehn Kilo abzunehmen, dann hat das alles keinen Sinn." Das Abnehmen schaffte Krainer, indem er mit seiner Frau im November für drei Wochen nach Zypern ging („so lange waren wir noch nie gemeinsam weg") und sich dort fernab vom politischen Getriebe einer strengen Diät unterwarf. Seitdem ist Josef Krainer noch weitere zehn Kilo losgeworden. Und er hält das Gewicht. Dafür steht er jeden Tag eine Stunde früher auf als vorher, um 60 Minuten lang mit Expander und Heimtrainer usw. Streck- und Dehnübungen zu machen – vor dem laufenden Fernsehapparat mit den diversen morgendlichen Nachrichtenprogrammen von CNN bis zur RAI. Und auf Reisen führt Krainer stets ein Köfferchen mit den nötigen Marterinstrumenten mit. Daß er einmal den Tag ohne seine Übungen beginnt, das gibt es nicht.

Ob das körperliche Leiden in den so kritischen späten achtziger Jahren Krainers politische Handlungsfähigkeit behindert und eingeschränkt hat, darüber läßt sich nur spekulieren. Er hat ja von Anfang seiner Karriere an alles Private, Persönliche zurückgestellt, auch um den Preis eines auf das Mindest-

*Ein großer Moment – Privataudienz bei Papst Johannes Paul II.
1985 im Vatikan.*

Der Heilige Vater kam in die Steiermark – Landeshauptmann Josef Krainer begrüßt Johannes Paul II. 1983 in Mariazell.
Der Landeshauptmann und der Bischof – mit Johann Weber bei der Einweihung des Grazer Elisabethinenspitals 1987.

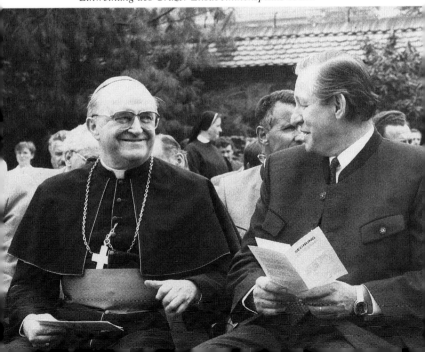

Der Landeshauptmann und der Primas – mit Franz Kardinal König.

Lebendige Ökumene – der katholische Landeshauptmann mit dem evangelischen Bischof Dieter Knall.

Ein Herz für Südtirol – Landeshauptmann Krainer mit Landeshauptmann Silvius Magnago.
Begegnung mit Richard von Weizsäcker – damals war der deutsche Bundespräsident noch Regierender Bürgermeister von Berlin.

Freundschaft in schweren Tagen – der Landeshauptmann flog unmittelbar vor der Slowenienkrise 1991 zu Bundeskanzler Helmut Kohl nach Bonn.
Gespräche mit der „anderen Seite" – Willy Brandt kam 1991 als Vorsitzender der Sozialistischen Internationale nach Graz (rechts Bürgermeister Alfred Stingl).

Die "Eiserne Lady" 1989 in der Steiermark – Margaret Thatcher (rechts Konsul Kurt D. Brühl).

Über Europa reden – mit dem EU-Präsidenten Jacques Santer.

Besuch aus einer anderen Welt – der Dalai Lama 1995 in Graz.

Partnerschaft an der Grenze – Krainer und der ehemalige Ministerpräsident Sloweniens Lojze Peterle.

Wieder daheim – der Landeshauptmann begrüßt 1982 Kaiserin Zita auf Schloß Waldstein in der Steiermark.

Sie konnten miteinander – Josef Krainer mit Bundeskanzler Bruno Kreisky.

Freunde und Mitstreiter – Josef Krainer mit Erhard Busek und Josef Riegler (links außen Kurt Jungwirth).

Einer seiner schönsten Augenblicke – Josef Krainer (neben Franz Fischler und hinter Alois Mock und Wolfgang Schüssel) beim erfolgreichen Abschluß der EU-Beitrittsverhandlungen in Brüssel am Morgen des 2. März 1994.

Ein erneuertes Team – der Landeshauptmann 1986 mit Agrar- und Umweltlandesrat Josef Riegler, Landtagspräsident Franz Wegart, 3. Landtagspräsidentin Waltraud Klasnic, Landeshauptmann-Stellvertreter Kurt Jungwirth, Wirtschaftslandesrat Helmut Heidinger, Personal- und Sport-Landesrat Franz Hasiba und Klubobmann Bernd Schilcher.

Verjüngte Parteispitze – Krainer 1989 mit Landesparteisekretär Candidus Cortolezis, dem geschäftsführenden Landesparteiobmann Gerhard Hirschmann und Bernd Schilcher.

Es geht um die Steirische Volkspartei – Josef Krainer 1994 mit seinem geschäftsführenden Obmann Gerhard Hirschmann, Landesgeschäftsführer Reinhold Lopatka und seinem Pressesekretär Herwig Hösele.

Der Abgang – Josef Krainer unmittelbar vor der Bekanntgabe seines Rücktritts vor der TV-Kamera am Abend des 17. Dezember 1995.

Die Amtsübergabe – Josef Krainer am 23. Jänner 1996 im Landtag mit seiner Nachfolgerin Waltraud Klasnic.

maß reduzierten Familienlebens. Seine Frau mußte damit zurechtkommen: „Ich habe das so akzeptiert. Das war der Weg, den er zu gehen hatte, das war seine Bestimmung. Mein Mann war schon als KA-Sekretär wenig daheim. Einzig während seiner Universitätszeit hatte er am Abend öfters ein paar Stunden übrig. Das war dann schön, wenn er den Kleinen vor dem Einschlafen eine Geschichte vorgelesen hat. Ein Gesetz galt jedoch eisern: Einmal im Jahr haben wir mindestens vierzehn Tage mit allen Kindern gemeinsam Urlaub gemacht, zuerst in Lignano und Maria Wörth, seit 20 Jahren in Südtirol, in Völs am Schlern. Früher waren wir auch an Samstagabenden nach Möglichkeit alle hier beieinander und am Sonntagmorgen beim Frühstück, ebenso bei den Geburtstagen der Kinder. Für ihre Erziehung war ich zu neunzig Prozent zuständig. Die Schulzeit war für mich nicht immer einfach, aber in schwierigen Situationen war mein Mann immer da."

Das Schicksal einer Politikerfrau: hat Rosemarie Krainer etwas anderes vom Leben erwartet, hat sie das Gefühl, etwas versäumt zu haben? „In eine solche Richtung denke ich nicht, das liegt mir nicht. Feministische Parolen haben mich nicht berührt. Wir sind in einer anderen Zeit aufgewachsen. Gewisse Ideen haben zum Teil ihre Berechtigung, nur wenn das alles übertrieben wird, dann ist es nicht gut. Ich habe eben hauptsächlich darauf geschaut, daß die Kinder gut betreut sind, daß man ihnen soviel wie möglich mitgibt, damit etwas Ordentliches aus ihnen wird."

Dabei fällt eines auf – keines der Kinder ist dem Weg des Vaters in die Politik gefolgt, mit Josef Krainer II. geht die Dynastie, die ein halbes Jahrhundert lang Steiermarks Politik dominiert hat, zu Ende. Rosemarie Krainer hat für diese politische Enthaltsamkeit Verständnis: „Vielleicht haben die Kinder gesehen, was das Leben eines Politikers bedeutet, welche Beanspruchung, wieviel Verzicht dazu gehören und wie das Familienleben abläuft. Das haben sie ja hautnah mitbekommen."

Die politische Begabung wurde wohl weitergegeben. Franz Krainer, der älteste Sohn, hatte sich ursprünglich aktiv in der Hochschulpolitik engagiert. Rosemarie Krainer dazu: „Er hat viel vom Großvater, einige Eigenschaften, die dem Vater abgehen, diese ungeheure Leichtigkeit, Kontakt zu finden. Wenn mich die Leute auf die Kinder ansprechen, dann kennen in neun von zehn Fällen alle zuerst einmal den Franzi. Er hält auch Rhetorikseminare im Josef-Krainer-Haus[67]. Als aber auf der Universität eine Wahl schlecht gelaufen ist, hat er Schluß gemacht mit der Politik. Im nachhinein meint er, daß das gut war, weil er sich sonst in seinem Jusstudium verzettelt hätte. Er ist heute ein erfolgreicher Wirtschaftsanwalt. Politisch interessiert sind sie alle, sie haben ihre Meinungen zu den Dingen, in unserem Haus hat es immer lebhafte Debatten gegeben und oft auch sehr kritische."

Der Älteste führt inzwischen eine eigene Kanzlei, ist verheiratet und hat zwei Kinder. Johanna, ebenfalls verheiratet und Mutter zweier Kinder, unterrichtet als Volksschullehrerin in Graz. Josef ist Kameramann, arbeitet viel für das ORF-Studio Steiermark und hat einen Spielfilm in den USA gemacht. Auch er ist verheiratet und hat die Zahl der Krainer-Enkel auf vorläufig sechs erhöht. Eine ähnliche berufliche Laufbahn hat Ferdinand gewählt – er versucht sich als Photograph und Regieassistent, und hat nach einer längeren Lehrzeit in Kalifornien einige Kurzfilme gedreht. Georg blieb im Lande und wirkt als Hauptschullehrer für Deutsch und Turnen in St. Anna am Aigen.

Wie die Mutter Krainer, so verspürte auch Rosemarie nie den Wunsch oder Drang, an der Seite ihres Mannes die „First Lady" oder eine Art „Landesfürstin" zu spielen: „Ich bin nicht der Typ dafür, außerdem kann ich guten Gewissens sagen, daß ich durch die Familie restlos ausgelastet war. Es lag auch im Interesse meines Mannes, die Familie nicht ins Licht der Öffentlichkeit zu zerren. Es wird ohnehin genug erfunden, man muß nicht noch zusätzlich unnötigen Gesprächsstoff liefern." Das Protokoll war in den meisten Fällen darauf eingestellt, daß der Landeshauptmann seinen Repräsentationspflichten allein nachging. Nur bei manchen kulturellen Ereignissen konnte man Rosemarie an seiner Seite sehen. Und 1989 „bei der Lady Thatcher, da bin ich mitgegangen. Ich habe mich vor allem mit ihrem Mann und ihrem Sohn unterhalten, die bei Tisch rechts und links von mir gesessen sind."

Auf den meisten Photos hingegen, die Josef Krainer im Umgang mit den Großen der Welt zeigen, fehlt seine Frau. Dabei ließ sie ihn lieber allein. Ihm dagegen merkt man die Freude an solchen Treffen an. Denn das ist eine der „landesfürstlichen" Besonderheiten: Weil der Landeshauptmann im eigenen Bundesland quasi Staatsoberhaupt ist, kann er seinen ausländischen Gästen selber wie ein Souverän, wie seinesgleichen begegnen, auch wenn sie in der Hierarchie höher stehen als er; und auf seinen Reisen tun sich ihm Türen auf, die anderen verschlossen bleiben. „Das ist das Geschenk eines solchen Amtes, daß man in so großer Zahl so viele außergewöhnliche Menschen in den interessantesten Positionen kennenlernt. Und manche habe ich bereits sehr früh getroffen, Helmut Kohl als Ministerpräsident von Rheinland-Pfalz oder den späteren Bundespräsidenten Richard von Weizsäcker als Regierenden Bürgermeister von Berlin auf einem CDU-Parteitag in Hannover. Dort erlebte ich auch Margaret Thatcher noch als Oppositionschefin mit ihren Sprüchen vom ‚Taschengeldsozialismus', und Italiens Amintore Fanfani. Beim katholischen Laienweltkongreß in Rom unterhielt ich mich mit einem jungem Staatssekretär namens Aldo Moro. Ein gutes Gespräch hatte ich einmal mit dem Bürgermeister von Marseille und Innenminister, dem Sozialisten Gaston Deferre, einem Vorkämpfer der Regionalisierung in Frankreich."

Die Liste der Namen ist lang: der Dalai Lama war in Graz, König Hussein von Jordanien, König Birendra von Nepal ebenso wie EU-Präsident Jacques Santer und dessen Luxemburger Landsmann und frühere Vorgänger Gaston Thorn, dann Willy Brandt, Argentiniens Präsident Carlos Menem, Rußlands Premier Tschernomyrdin usw., usw. 1983 durfte der Landeshauptmann Papst Johannes Paul II. in Mariazell begrüßen. Unvergeßlich ist ihm die Privataudienz beim Heiligen Vater 1985. Krainer war in den Monaten davor in Lettland und in der Heimat des Papstes gewesen, bei einem Goralenfest in den Beskiden, in seinem Geburtsort Wadowice, inmitten der gläubigen Massen vor der Schwarzen Madonna von Tschenstochau und in Wojtylas Bischofsstadt Krakau. Und dessen enger Freund und Nachfolger als Erzbischof, Kardinal Franciszek Macharski, hat die Audienz vermittelt.

„Der Papst war am Tag zuvor von einer überaus spannungsreichen Reise nach Mittelamerika, nach Nicaragua heimgekehrt. Wir wurden in die Bibliothek geführt, der Papst erschien wie immer etwas verspätet. Nach der Begrüßung sind wir allein an einem Tisch gesessen. Zuerst hatte es geheißen, länger als zehn Minuten könne dieses Gespräch unter vier Augen nicht dauern. Doch der Papst ist eine halbe Stunde lang sitzen geblieben. Er hat deutsch gesprochen, sehr schön, sehr offen. Die Gegend um Mariazell habe ihn an die Berge seiner Heimat erinnert, sagte er. Und ich berichtete ihm von den Katholiken in Lettland, von unserer Polenreise und von unserem kürzlichen Besuch in Prag bei Erzbischof Tomasek; und wie er uns dabei seine Zweifel gestanden hatte, ob die Kirche wohl in der Lage wäre, die Erwartungen der vielen jungen Menschen zu erfüllen, die offenkundig als Reaktion auf die kommunistische Repression jetzt die Messe besuchten. Darauf antwortete der Heilige Vater: ‚Wir haben einmal darüber nachgedacht, ob Kardinal Tomasek öffentlich gegen das Regime predigen sollte. Er wäre bereit gewesen, das Martyrium auf sich zu nehmen.' Es war ein hochpolitisches, dabei menschlich berührendes Gespräch. Der Papst hat sich wirklich Zeit genommen, obwohl er unter Druck war. Und zum Abschied habe ich etwas getan, was ich vorher prinzipiell noch nie getan hatte: ich bin niedergekniet und habe ihm den Fischerring geküßt." Im Dezember 1993 hat der Landeshauptmann die gewaltige steirische Tanne nach Rom begleitet, die als Christbaum vor dem Petersdom leuchten sollte.

Viele seiner Reisen führten Krainer in die östlichen und südöstlichen Nachbarländer, weiters war er 1986 in China, mehrmals besuchte er die USA, 1986 nicht offiziell als Landeshauptmann, sondern ganz privat. Dabei wurde er in die politische Hocharistokratie Amerikas eingeführt – durch Arnold Schwarzenegger kam Krainer zu den Kennedys. Der Weltstar aus der Steiermark hatte ihn zu seiner Hochzeit mit Maria Shriver eingeladen. Sie ist die Tochter von Eunice Shriver, der Schwester des ermordeten Präsidenten: „Ich kenne Arnold schon sehr lange, und es imponiert mir, daß er ein naturbelassener Steirer geblieben ist, und mir gefällt seine unkomplizierte und selbstverständliche Beziehung zur Mutter. Es heißt doch was, wenn ein schlichter steirischer Mensch in den Kennedy-Clan gerät, diesen obersten Zehntausend so völlig unbefangen gegenübertritt und dazugehört. Außerdem ist er einer der wohlhabendsten Leute in dem ganzen Filmbusineß, und trotzdem weiter so hilfsbereit und menschlich, wie er immer war. Zu seinem unverdorbenen, geraden Wesen paßt auch, daß er sich so für die Special Olympics, die Behinderten-Olympiade, einsetzt. Das kommt natürlich von seiner Schwiegermutter Eunice." Und mit ihr samt all den anderen Kennedys hat Josef Krainer in Hyannisport, dem legendären Sommersitz an der Ostküste, Freundschaft geschlossen. Für das Hochzeitsfest war ein riesiges Zelt am Atlantic-Strand errichtet worden. Am Vorabend beim ‚Clambake‘, der Polterabendfeier mit Lobster und Muscheln, war die Familie mit einigen engsten Freunden noch unter sich: „Wir kamen mit einem Privatflugzeug aus Boston, Alfred Gerstl, Schwarzeneggers Förderer aus früheren Tagen, und ich. Auf Arnolds Wunsch waren wir gleich ihm im Steireranzug. Seine Mutter, im steirischen Bürgerkleid, ist vorher noch zu Rose Kennedy gebeten worden, und Arnold hat uns erzählt, wie er vor der Verlobung bei der alten Dame antreten mußte, und wie sie ihn richtig abgefragt hat über seine religiöse Einstellung und seine politische Grundhaltung. Das ist eine Familie, die sind alle aufeinander eingestellt, die lieben sich wirklich. Ich bin zwischen Jane Smith, der anderen Kennedy-Schwester, und Ethel Kennedy, der Witwe von Robert, gesessen. Eine steirische Volksmusikgruppe hat gespielt, und dann folgte eine Rede nach der anderen, 16 insgesamt, Teddy Kennedy als erster, ich, der

‚Governor of Styria' als zweiter, und zum Schluß Arnold nach seinem Schwiegervater Sargent Shriver. Es war eine Riesengaudi, die Kinder haben Sketches gespielt und das Brautpaar parodiert. Und ich habe Schwarzenegger das Große goldene Ehrenzeichen verliehen. Am nächsten Tag zur Hochzeit erschien auch Jackie Kennedy-Onassis, und da war dann all die Prominenz versammelt, die mit den Kennedys verbunden ist – von Ted Sorensen bis Barbara Walters, Grace Jones und Andy Warhol…"

Die Kunst, Feste zu feiern und Feste zu genießen, ist ein fester Bestandteil des landesfürstlichen Repertoires. Wird jedoch der Fürstenspiegel weiter auf Krainer angewandt, dann kommen wir zu diffizileren Bereichen, dann langen wir bei der von den Mächtigen geforderten Integrität an. Unter den verschiedenen dunklen Geschichten und Affären, die in einer langen Regierungzeit immer wieder ans Tageslicht dringen, hat Josef Krainer schwer gelitten, umso mehr, weil er selber gegen jegliche Versuchung, Macht und Einfluß zu Geld- und Besitzerwerb zu nutzen, immun war. „Auf jede Form der Unsauberkeit hat er mit aller Schärfe reagiert", gedenkt Franz Wegart so mancher innerparteilichen Auseinandersetzung. „Wir hörten mehr als einmal von ihm, wenn wir nur einen Ansatz zu italienischen Verhältnissen zeigten, so wäre das der Anfang vom Ende der Partei. Gegen jeden, auf den die Spur eines Schattens fiel, war er gnadenlos. Zu Recht, denn er hat immer wieder betont: ‚Sauberkeit ist das Fundament, auf dem wir bauen. Wer diesen Weg nicht gehen will, hat bei uns nichts verloren.' " Und ein Krainer-Kenner fügt hinzu: „Der Joschi hat zu seinen Freunden in unangenehmsten Situationen gehalten, sie verteidigt, sich vor sie gestellt. Wenn jemand jedoch sein Vertrauen enttäuscht oder mißbraucht hat, in eine zwielichtige Angelegenheit verwickelt war oder einen Skandal ausgelöst hat, war Krainer unversöhnlich, hat alle Brücken abgebrochen, dann war der andere für ihn wie gestorben."

Um die weitverbreitete Bevölkerungsmeinung abzubauen, daß „die da oben" ohnehin nichts anderes im Kopf hätten, als sich zu bereichern, hat Josef Krainer einige gesetzliche Barrieren errichten lassen. Als Kontrollinstanz wurde der bereits erwähnte Landesrechnungshof geschaffen. Seit 1983 hat es für die Regierungsmitglieder in der Steiermark keine Bezugserhöhung mehr gegeben. Lange bevor die bittere Debatte um die Ämterkumulierung und arbeitsfreie Nebeneinkommen die politische Klasse erschütterte, hatte Krainer strikte Normen für die Politikerbezüge in ganz Österreich gefordert – und 1990 für die Steiermark verwirklicht, samt der Initiative im Landtag zu einer beispielhaften Unvereinbarkeitsregelung. Das heißt, ein Mandatar darf nicht gleichzeitig in einem Aufsichtsrat oder im Vorstand einer Genossenschaft sitzen. Dasselbe gilt auch für Kammerfunktionen. Waltraud Klasnic: „Wenn einer Präsident ist, dann soll er bitte kein Mandat haben oder umgekehrt. Diese Entflechtung war nicht zur Freude aller. Die hat viele sehr persönlich getroffen. Aber Krainer hat sie durchgebracht." 1991 wurde schließlich das Pensionsalter für Abgeordnete von 55 auf 60 Jahre erhöht. Mit diesem Privilegienabbau hat sich Krainer nicht nur Freunde geschaffen.

Einem aufgeklärten Souverän steht es jedoch auch gut an, sich als Mäzen in kulturellen und wissenschaftlichen Gefilden zu bewegen. Dem Landeschef war das stets mehr als eine mit seinem Amt verknüpfte Verpflichtung. Wenn Josef Krainer darauf zu sprechen kommt, merkt man, wie ihm die Erneuerung der Steiermark durch eine gezielte Wissenschaftspolitik am Herzen liegt. Denn dadurch können noch Energien gewonnen werden für Innovationsschübe in einem von der geographischen Lage und ungünstigen Wirtschaftsstrukturen benachteiligten Land.

Als die Karl-Franzens-Universität, die Technische Universität und die Hochschule für Musik und darstellende Kunst Josef Krainer am 30. Mai 1988 zum Ehrensenator ernannten, weil er „die Förderung der steirischen hohen Schulen durch das Land zu seiner persönlichen Aufgabe gemacht" hat, kam auch Laudatio-Redner Prorektor Heinrich Mitter, obwohl in der Absicht, sich davon zu distanzieren, nicht ohne das Höfische aus: „Die Universität huldigt dem Landesfürsten, so könnten unsere Kritiker sagen. Immerhin würden sie damit eine alte Tradition fortsetzen: in ihrer 400jährigen Geschichte hat sie solches schon öfters getan. Die Denkweise von Hofzeremoniellen ist jedoch nicht die unsere. Dem Geist der Wissenschaft, in dem wir forschen und lehren, entspricht weder eine Huldigung von gekrönten, noch eine von gewählten Häusern. Was zählt, ist die erbrachte Leistung. Was zählt, ist Form und Engagement der Persönlichkeit, die hinter dieser Leistung steht – und nicht der Hut, den sie trägt".[68]

In ihrem Doppelnamen gedenkt die Karl-Franzens-Universität indes eines Landesfürsten, nämlich Karls von Innerösteriech, der 1585 die Grazer Jesuitenuniversität gegründet hatte – als Gegengewicht zu der protestantischen Stiftsschule der Stände, an der sechs Jahre lang, bis zu seiner Ausweisung 1600, Johannes Kepler gelehrt hat. Erzherzog Johann aber, der „heimliche" Landesfürst, hat 1811 durch sein Joanneum wissenschaftlichem Arbeiten, Denken und Forschen neue Impulse verliehen, und diese mit einem Museum gekoppelte Lehrstätte wurde zur Keimzelle der Technischen Universität. Es mag ein Zufall sein, daß das Haus der Familie Krainer am Fritz-Pregl-Weg liegt, der nach dem Grazer Chemienobelpreisträger von 1923 benannt ist, aber bereits Josef Krainer senior hatte eine offene Hand für die hohen Schulen des Landes; und sein Sohn fühlte sich dem joanneischen Erbe noch fester verpflichtet. Darum enthält jede Laudatio (auch die von 1984 bei der Ernennung Krainers zum Ehrensenator der Montanuniversität Leoben) einen Passus darüber, wie sehr die steirischen Universitäten wegen der großzügigen Unterstützung durch das Land von anderen österreichischen Universitäten beneidet würden.

Unter Josef Krainer hat die Landesregierung von 1980 bis 1988 22 Millionen für die Karl-Franzens-Universität ausgeben – „ohne dazu gesetzlich verpflichtet zu sein", wie Mitter betonte. Denn Universitäten sind Bundessache. Andere Bundesländer seien dem steirischen Beispiel nur zögernd gefolgt, „keines dieser Länder kann sich mit der Steiermark messen. Die Landesregierung hat in den letzten acht Jahren 1.200 Reisen von Wissenschaftern dieser Universität gefördert, 118 wissenschaftliche Veranstaltungen im Land und 100 Publikationen mitfinanziert", und so „der Provinzialisierung in effektiver Weise gegengesteuert". (Insgesamt wurden vom Land für die Teilnahme von rund 2.300 steirischen Wissenschaftern an internationalen Kongressen auf der ganzen Welt 14 Millionen Schilling zugeschossen.)

„Die Steiermärkische Landesregierung hat in ihrem Budget 1988 rund 260 Millionen Schilling für Forschung und Entwicklung vorgesehen, das ist ein Prozent des Gesamtbudgets und liegt nur 0,3 Prozent unter dem des Bundes", der eigentlich dafür zuständig sei. „Technik"-Altrektor Stefan Schuy präsentierte eindrucksvolle Zahlen und Fakten: Die Steiermark habe den ersten Wissenschaftsförderungsfonds eines Bundeslandes gegründet, die erste Abteilung für Wissenschaft und Forschung in einer Landesregierung errichtet und 1986 den ersten Technologiepark Österreichs geschaffen – und inzwischen sind es um einige mehr geworden. Mit der Joanneum Research verfügte sie über die größte außeruniversitäre Forschungseinrichtung außerhalb des Wiener Raums. (In den 20 Instituten von Joanneum Research forschen heute rund 300 qualifizierte Leute in Bereichen der Geo- und Umweltwissenschaften, der

Biotechnologie und Umwelttechnik, der Elektronik und Informationsverarbeitung, der Werkstofftechnik und der Wirtschaft und Technologie.) Damit wurde auch der Boden für zukunftsträchtige Industrieansiedlungen im Raum Graz geschaffen: 1983 für die AMS-Mikrochipfertigung und 1990 für das Eurostar-Autowerk.

Die Brücke zu den schönen Künsten schlug Otto Kolleritsch, Prorektor der Hochschule für Musik und darstellende Kunst. Krainer sei „angesteckt von der Faszination des Kreativen". Darum könne er, wenn er über Subventionen für Kunst und Wissenschaft zu entscheiden habe, das auf der Grundlage „besonderer eigener Interessen" tun. Zu den konkreten Ziffern gehören auch die 14,4 Millionen Schilling, die das Land zur Adaptierung des Palais Meran und anderer Objekte für die Hochschule beigesteuert hatte.

Die persönliche Nähe zu Dichtern, Architekten, Malern, Musikern und anderen Künstlern und ihren Werken war und ist für Josef Krainer einfach ein Stück Leben. Zum „steirischen herbst" kam Nikolaus Harnoncourts Musikfest „Styriarte", und wie Koren so manches Avantgardespektakel als Produkt einer kritischen Phantasie und bewußtseinserweiternder Geistesstürme verteidigte, selbst wenn er wenig damit anzufangen vermochte, so stellte sich Krainer etwa vor Gerhard Brunner, den Intendanten der Vereinigten Bühnen, und die oft heftige Proteste provozierenden kühnen Inszenierungsexperimente in der Grazer Oper, und in der Welt des Bauens gilt

Krainer als der Anreger, Förderer und Protektor der inzwischen in Österreich als beispielgebend empfundenen und längst international anerkannten „Grazer Schule der Architektur".

Direkten Umgang pflegte Josef Krainer auf seinen nicht aus Landesmitteln finanzierten legendären Kulturreisen mit kleinen Künstlergruppen. Mit Schriftstellern flog er zur Frankfurter Buchmesse, mit bildenden Künstlern zur Biennale nach Venedig oder zur Documenta nach Kassel, er war bei Pierre Boulez in seinem Forschungsinstitut (IRCAM) im Pariser Centre Pompidou oder führte durch die deutsche Museumslandschaft. Für Johannes Koren, der diese Bildungsausflüge, diese Lehr- und Kundfahrten managte, waren es oft „unvergeßliche Sternstunden. Es war typisch Joschi, wie er im Internationalen Pavillon der Biennale mit dem Präsidenten Achille Benito Oliva ein leidenschaftliches Streitgespräch über die Zukunft der modernen Kunst begann, in perfektem Italienisch, immer mehr Leute sammelten sich um die beiden und spendeten einmal dem einen und dann dem anderen zustimmenden Beifall. Und am Abend, als wir alle müde und erschöpft dem Ausgang zustrebten und uns auf ein Bier im ‚Paradiso' freuten, da war er plötzlich weg. Ich bin zurück, und sah ihn in einem Pavillon ganz allein vor ein paar Gemälden stehen, und er sagte: ‚Schau, die sind alt genug und werden sich auch ohne uns zurechtfinden.' Dann nahm er mich bei der Hand: ‚Aber die drei Bilder hängen hier in einer Konstellation nebeneinander, wie wir sie nie wieder sehen werden.

Die fünf Minuten, die wir mit ihnen verbringen, die kann uns keiner nehmen.' Und dann sind wir dort noch eine Weile andächtig gestanden, bis wir endlich der Gruppe gefolgt sind."

Der letzte dieser Abstecher aus der Politik in die Sphären der Kunst, ein Flug zur Frankfurter Buchmesse mit Literaten und Journalisten, fand im Oktober 1995 statt, unmittelbar vorher hatte sich Krainer für die Zusammenlegung der Landtagswahl mit der Nationalratswahl entschieden. Es war der Tag, an dem der Landesfürst abgedankt hatte, er wußte es nur noch nicht...

An der Grenze

„Es war ein Glücksfall, daß es zu keinerlei Kampfhandlungen gekommen ist. Aber es hat genügt, daß die Bevölkerung die Soldaten und die Panzer gesehen hat."

Josef Krainer zum Bundesheereinsatz
an der slowenischen Grenze im Sommer 1991

„Wir standen bei Mureck und bei Spielfeld am Murufer und konnten mit freiem Auge zuschauen, wie drüben Krieg war, wie die Männer von der Slowenischen Territorialverteidigung die Kasernen ausgeräuchert haben. Sie hatten einen Panzer der jugoslawischen Volksarmee gekapert. Es war so unwirklich, wie sie sich langsam hingetastet haben, zuerst auf 200 Meter, da erfolgte der erste Einschuß, dann gingen sie auf 150 Meter heran und schossen wieder, und während die Slowenen immer näher an die Kaserne heranrückten, sahen wir, wie auf der Rückseite der Gebäude die Soldaten hinaus- und davonrannten. Als Bub habe ich ja einiges vom Krieg mitbekommen, wie da in Gasselsdorf herumgeschossen wurde, und die Russen und die Partisanen und die Bulgaren durchs Land zogen, und ich habe Tieffliegerangriffe erlebt und die Bombenzerstörungen in Graz, aber daß dann so etwas geschehen konnte, vor unseren Augen Wirklichkeit wurde im Jahr 1991, das war unfaßbar..."

Diese Tage an der Grenze haben sich Josef Krainer

ins Gedächtnis gegraben. Und alle Grenzlandrhetorik erhielt in diesem aufregenden Frühsommer einen anderen Klang. Während sich Oberösterreich, Niederösterreich und das Burgenland auf friedliche Weise an die Ostöffnung mit ihren positiven wie negativen wirtschaftlichen und menschlichen Folgen anpassen mußten, krachte es an der Grenze der Steiermark, und die Steirer wurden zu Zaungästen eines Kriegs, blieben aber zumindest im Fall des Landeshauptmanns keineswegs unbeteiligte Zuschauer. „In der Auseinandersetzung zwischen Demokratie und Diktatur im allgemeinen, in der zwischen dem serbischen Kommunismus und der slowenisch-kroatischen Demokratie kann es keine Äquidistanz geben", proklamierte Krainer in einer Sondersitzung des Landtags am 1. Juli 1991. „Unser Platz kann nur auf seiten der Demokratie und der Demokraten sein." Und dieses „Engagement für eine friedliche Entwicklung bei unseren Nachbarn" sei auch „ein Engagement für unsere eigene Sicherheit."[69]

Im Sitzungsprotokoll wird die Hitze des Tages spürbar, und die Spannung, die Ungewißheit. Mit den Landeshauptleuten von Wien, Oberösterreich und Kärnten war Krainer noch am 26. Juni als Ehrengast bei der Unabhängigkeitserklärung in Laibach: „Wir sind da sehr bewußt hingegangen, Zilk, Zernatto, Ratzenböck, als Vorsitzender der ARGE Alpen-Adria, und ich. Es war ein bewegender Anlaß, klassisch slowenisch, alles eher unterspielt ohne triumphalistische Gesten mit einer raffiniert zurückhaltenden Rede Präsident Milan Kucans, des früheren KP-

Chefs, und auch Peterle hat klug gesprochen. Wir sind noch in der Nacht heimgefahren, und am nächsten Tag ist es losgegangen. Ich mußte zum Bundesparteitag nach Wien, da sind unten bereits die ersten Bomben gefallen. Ich bin sofort wieder nach Graz zurück und an die Grenze."

Der Versuch der von Belgrad gelenkten Armee, die Abspaltung Sloweniens von Jugoslawien mit Gewalt zu verhindern, war für Krainer keine Überraschung. Wie so oft in solchen Krisenfällen hatte man vorher zwar die schlimmsten aller möglichen Entwicklungen durchgedacht und einkalkuliert, sie jedoch nicht wahrhaben wollen. „Wir hielten seit langem beste Kontakte zu den Slowenen über Peterle, auch Kucan bin ich öfters begegnet. Ebenso war es mit den Kroaten. Franjo Tudjman hat seine Partei, die HDZ, im Grazer Krainer-Haus gegründet. Wir wußten also, was da läuft, und daß auch eine militärische Intervention nicht auszuschließen sei."

Darum hat Josef Krainer vielleicht über seine Landeshauptmann-Kompetenzen hinausgegriffen und das betrieben, was er unter regionaler Außenpolitik versteht. Bereits Anfang Mai, bei der Konferenz „Europa der Regionen" mit Vertretern aus elf Staaten und 44 Regionen, war er der Initiator eines einstimmigen Appells an die Adresse Belgrads und die übrige Welt, das Selbstbestimmungsrecht der Völker zu achten und die Eigenständigkeit jugoslawischer Republiken nicht zu gefährden. Krainer machte den heutigen EU-Präsidenten Jacques Santer telephonisch auf die drohenden Gefahren aufmerksam, und dem deutschen Altbundeskanzler Willy Brandt legte er in Graz Slowenen und Kroaten in einer längeren Unterredung ans Herz. Unmittelbar vor den Laibacher Feiern flog er spontan nach Bonn, um dort Helmut Kohl drastisch die alarmierende Lage zu schildern: „Der deutsche Bundeskanzler hat sofort begriffen und gleich mit George Bush telephoniert." Dabei ging es vor allem auch darum, daß Slowenien vom Westen so schnell wie möglich als unabhängiger Staat anerkannt würde.

Auf Landesebene war man seit langem für den „Ernstfall Jugoslawien" gerüstet. Bei den ersten Zerfallsanzeichen im einstigen Tito-Staat hatte Krainer 1989 einen „Koordinationsausschuß für eine allfällige Krisensituation bei unserem südlichen Nachbarn" geschaffen, und am 7. Juli 1990, also genau ein Jahr vor dem Slowenien-Drama, wurde in einem Planspiel aller zuständigen Institutionen und Behörden in den Grenzbezirken die Reaktion auf bürgerkriegsartige Zustände im Nachbarland simuliert. Am 27. Juni 1991 war es dann soweit: um 5.30 Uhr früh wurde Alarm geschlagen. Vor dem Landtag berichtete Krainer von den ersten Notmaßnahmen: Etwa 300 Gendarmeriebeamte aus der ganzen Steiermark rückten innerhalb von zwölf Stunden ins Grenzland ein, die letzten, aus Bad Aussee, waren kurz nach Mitternacht auf ihren Posten. 300 Pfähle mit rotweißroten Fahnen, alle auf Sichtweite gesetzt, markierten die Staatsgrenze zwischen Sicheldorf und Radlpaß – bis auf einige Stellen, wo es wegen der Kampfhandlungen zu gefährlich war. Das Grazer

Landeskrankenhaus und in den Bezirken die Spitäler Radkersburg, Wagna und Deutschlandsberg trafen alle Anstalten, um Verwundete aufnehmen zu können. Vier mobile Operationsteams standen bereit, und auf Ersuchen des slowenischen Roten Kreuzes wurde sofort ein umfangreiches Medikamentenpaket nach Marburg gesandt. Das steirische Rote Kreuz schickte zusätzliche Krankenwagen in die Südsteiermark, und man bereitete sich auf die Aufnahme von Flüchtlingen vor.

Das war's, was das Land tun konnte. Und was tat der Bund? Zwischen Radkersburg und Spielfeld luden die Menschen ihre Sorgen und Ängste beim Landeshauptmann ab. Und immer wieder vernahm er die vom „existentiellen Sicherheitsbedürfnis der Bevölkerung" diktierte Frage: „Wo bleibt das Bundesheer?" Da trat Krainer in Aktion: „Als ich an der Grenze ankam, hat mir eine amerikanische Journalistin die ersten Details von jugoslawischen Bombenangriffen erzählt. Ich bin sofort in die Kaserne nach Straß gefahren, habe mich dort mit den Offizieren besprochen und dann aus meinem Auto Verteidigungsminister Fasslabend angerufen. Der konnte mir nur sagen, daß über Wunsch des Herrn Bundeskanzler an keinen unmittelbaren Bundesheereinsatz gedacht sei. Das war völlig unmöglich. Ich habe fast den ganzen Tag lang herumtelephoniert. Die Leute haben sich gefürchtet, und wir mußten uns dauernd anhören: ‚Wozu haben wir es denn überhaupt, das Bundesheer?' Fasslabend wurde nun aktiv, und dann sind endlich die Panzer aufgefahren. Es ging vor allem um die demonstrative, optische Präsenz. Die Soldaten waren zum Teil noch nicht einmal ordentlich ausgebildet, und manche haben ehrlich Angst gehabt. Andererseits traf ich auch hervorragende Leute, ich erinnere mich an einen Hauptmann, der ständigen Kontakt mit den Slowenen hielt, auch mehrmals auf der anderen Seite war und uns direkte Informationen lieferte. Es war ein Glücksfall, daß es zu keinerlei Kampfhandlungen gekommen ist. Aber es hat genügt, daß die Bevölkerung die Soldaten und die Panzer gesehen hat. Das Ansehen des Bundesheers ist nach diesem Grenzeinsatz sprunghaft gestiegen."

In Erinnerung bleibt die den tieferen Kern unserer Wehrbereitschaft enthüllende Szene mit dem Landeshauptmann, der einen jungen Soldaten vor der Fernsehkamera fragte: „Wie geht's Ihnen denn so?" „Na, ganz gut, ich telephoniere eh jeden Abend mit meiner Mama."

Wesentlich wichtiger als dieses Flaggezeigen in der vordersten Linie waren jedoch die politischen Anstrengungen Krainers hinter den Kulissen. Er spann seine Fäden in alle Richtungen, konferierte telephonisch mit Bundeskanzler Vranitzky und Außenminister Mock, holte Vizekanzler Busek und den Minister Fasslabend an die Grenze, hielt Kontakt zur kroatischen Führung in Agram und ließ die Verbindung zu Peterle in der Kommandozentrale der Slowenen nicht abreißen. Wie erhitzt die Atmosphäre war, belegt die Warnung Peterles, daß sogar die Gefahr eines Angriffs auf das grenznahe Atomkraftwerk Krsko bestünde.

Um alle Kräfte zur Unterstützung der Slowenen zu mobilisieren, wurde eine Krisensitzung der ARGE Alpen-Adria in Klagenfurt einberufen. Im Büro des Landeshauptmanns Christof Zernatto saß Krainer mit dem auf Umwegen nach Kärnten gelangten slowenischen Premier Peterle zusammen. Aus Bayern war Ministerpräsident Max Streibl eingeflogen. Gemeinsam beschlossen die führenden Regionalpolitiker, alle ihre Beziehungen spielen zu lassen. Die Italiener sollten über Außenminister Andreotti und die Deutschen über Kohl und Genscher die zögernden Amerikaner, und natürlich die EU, auf die richtige Linie bringen. Dafür würde sich Krainer mit Mock absprechen. „So ist bei der jugoslawischen Zentralführung der Eindruck entstanden, die EU meint es ernst, und wenn wir die Sache überziehen, dann könnte etwas passieren. Dazu kam die unerwartet starke Verteidigung der Slowenen. Deswegen, und weil es in Slowenien keine serbische Minderheit gab, hat sich die Armee schließlich zurückgezogen."

Endlich ist auch das Stichwort ARGE Alpen-Adria gefallen. In diesen schweren Stunden hatte der Regionalismus auf einmal weltpolitische Dimensionen erlangt, die Provinzvertreter aus sechs Staaten handelten alles andere als provinziell. Eine lockere Gemeinschaft leistete wirksame Arbeit, und erreichte durch die Kombination vieler kleiner Einheiten historische Größe: „Die ARGE Alpen-Adria hat in vielem auch Avantgarde- und Pionierfunktion übernommen und Entwicklungen des Ost-West-Verhältnisses, die sich erst in den letzten Jahren herausbildeten, vorwegnehmen können", schreibt Josef Krainer über eines seiner liebsten Kinder.[70] Er war noch Landesrat, als dieses Nachbarschaftsforum 1978 in Venedig ins Leben gerufen wurde. Doch Krainer ist gemeinsam mit Landeshauptmann Niederl einer der Väter dieses Schulterschlusses lokaler Kräfte über so viele Grenzen und Systeme hinweg. Das war ja das Faszinierende und Zukunftsträchtige an diesem Bündnis. Krainer nennt es einen „europäischen Mikrokosmos, weil auf kleinstem Raum abbildhaft die Vielfalt Europas – die Reichtümer der Geschichte, Natur und Kultur, die Innovationskraft, aber auch die Kooperation von Mitgliedern aller europäischen politischen Systeme, neutrale, blockfreie, NATO-, COMECON-, EG- und Warschauer Pakt-Mitglieder – zum Tragen gebracht wurde. In der ARGE Alpen-Adria arbeiteten also Regionen aller Systeme zusammen, lange bevor Ost- und Westeuropa jetzt zusammenzuwachsen beginnen."

Um die Vorreiterfunktion der ARGE besser zu werten, muß man sich ins Jahr 1978 zurückversetzen: In Wien hieß es unter Kreisky: „Die Außenpolitik, das bin ich." In Jugoslawien lebte Tito noch als Garant der Einheit des Staates, und Roms Zentralisten beäugten jegliches grenzüberschreitendes Beginnen seiner nördlichen Regionen mit tiefstem Mißtrauen und witterten einen separatistischen Sündenfall. Alles, was diese „Provinzler" da betrieben, war in so vielem neu, ungewohnt, unerprobt, gegen überkommene Regeln und fernab von ausgetretenen Wegen. Wolfgang Mantl unterstreicht die bahnbrechende

Rolle dieser Alpen-Adria-Initiativen: „Bei uns war die Außenpolitik seit Jahrhunderten nur auf Wien konzentriert. Und nun lief diese Zusammenarbeit von Landeshauptstadt zu Landeshauptstadt ohne Umweg über die Hauptstadt des jeweiligen Staates. So war es etwa für die Norditaliener wichtig, daß sie sich nicht mehr alles in Rom erbetteln mußten, sondern direkt handeln konnten. Über staatliche und ideologische Grenzen hinweg kooperierte man bei Umweltfragen, im Sport, in der Kunst usw. Ein gutes Beispiel dafür ist die gemeinsame Bekämpfung der Tollwut, so etwas hat es vorher nicht gegeben. Und was Erhard Busek von Wien aus mit seiner Mitteleuropa-Idee anstrebte, das wurde hier in der ARGE Alpen-Adria lebendig."

Am 20. November 1978 unterschrieben in Venedig neun Länder die Gründungsurkunde der Arbeitsgemeinschaft: die italienischen Regionen Veneto und Friaul–Julisch-Venetien, die sozialistischen Republiken Slowenien und Kroatien und die Bundesländer Oberösterreich, Kärnten und Steiermark. Salzburg und der Freistaat Bayern gesellten sich als „aktive Beobachter" hinzu. Bayern ist seit 1988 Vollmitglied. Josef Krainer übernahm beim Amtsantritt 1980 von seinem Vorgänger den turnusmäßigen Vorsitz und war Gastgeber einer glanzvollen Präsidentenkonferenz in Schloß Eggenberg. Dabei wurden die Weichen für eine weitere, kühne Ausdehnung der Arbeitsgemeinschaft gestellt. So gelang es in den frühen achtziger Jahren, in einer eher kritischen Phase des kalten Kriegs, endlich den Eisernen Vorhang zu durchbrechen und, nach von Budapest eher erschwerten Verhandlungen, die ungarischen Komitate Vás, Györ–Sopron, Somogy, Zala und Baranya in den Klub aufzunehmen. Etwa zur selben Zeit vermehrte sich der Kreis um das Burgenland und um die italienischen Regionen Lombardei und Trentino-Südtirol, und der Kanton Tessin erhielt den „aktiven Beobachter"-Status. Daß die ARGE 1994 mit der Region Emilia-Romagna auf 19 Mitglieder angewachsen ist, zeugt für ihre ungebrochene Anziehungskraft selbst nach den politischen Umwälzungen in Europa.

Allein mit ihrem eher blutleeren, dem Bürokratenjargon entlehnten Namen würde die ARGE keine besonderen Gefühlswallungen erzeugen. Vielleicht war das auch Absicht, um weniger Widerstände zu provozieren. Und wie die ARGE zur Aufweichung des Kommunismus beigetragen hat, so sollte sie nun nach der Ansicht des früheren Grazer Bürgermeisters und FPÖ-Vorsitzenden Alexander Götz „zur Speerspitze der EU im donaueuropäischen Raum" werden. Es sei durchaus im Sinn von Maastricht, wenn da ein Gegengewicht „zur wenig demokratisch legitimierten" Brüsseler Bürokratie entstünde und der Stellenwert der derzeitigen Bundesländer auf grenzüberschreitende Regionen übertragen würde. Der energische ARGE Alpen-Adria-Anwalt Götz möchte auch erreichen, daß „wir uns innerhalb dieser Strukturen nicht nur um wirtschaftliche Kooperation kümmerten, sondern auch versuchten, uns mehr politische Gewalt anzueignen."[71] Das entspräche durchaus Krainers föderalistischen Konzepten. Für ihn ist die ARGE ja „Ausdruck des neu erwachenden europäischen Regionalismus, des Suchens der Menschen nach Identität und Geborgenheit, nach Heimat..."[72]

Den älteren Generationen in der Steiermark drängt sich zu „Heimat" oft noch das Adjektiv „verlorene" auf. „Unsere Südgrenze hat vor 1918 nur Bezirkshauptmannschaften voneinander getrennt, Radkersburg und Leibnitz von Marburg. Heute ist sie die abrupte Grenze unserer deutschen Muttersprache nach Süden hin", sagte Hanns Koren 1979. „Wer in einem Land mit einer solchen Grenze wohnt und die Geschichte dieser Grenze und die Landstriche zu ihren beiden Seiten kennt und erlebt hat, kann nur den leidenschaftlichen Willen entwickeln helfen und fördern, daß über diese Grenze nie mehr geschossen wird. Daß die Grenze kein Stacheldrahtzaun wird, sondern aussieht wie die grüne lebende Hecke, über die man einander leicht die Hände geben kann, wie Nachbarn am lebenden Zaun, der ihre Höfe trennt. Wer an einer Sprachgrenze wohnt, hat die menschliche Pflicht des Übersetzens, der Interpretation, nicht nur von Nachrichten und von Literatur, sondern auch von anderen Erfahrungen und Lebensgrundsätzen, von Lebensgefühlen. Das ist Friedenstiftung..."[73] Dieses Koren-Zitat hätte in der Gründungsurkunde der ARGE Alpen-Adria stehen können. Aus einer solchen Gesinnung heraus hatten die Steirer, Landeshauptmann Niederl und mit ihm und nach ihm Josef Krainer, dieses große

Nachbarschaftsprojekt so energisch vorangebracht, vor allem in Richtung Süden.

Schon der „alte" Krainer wollte eine tote Grenze, die unmittelbar nach dem Krieg eine blutige war, wieder lebendig und durchlässig werden lassen. Die jugoslawischen Gebietsansprüche nach 1945, die bis Wildon reichten, hatten die Bevölkerung zutiefst verunsichert. Die Menschen im Grenzland konnten nicht vergessen, wie 1918/19 die Untersteiermark preisgegeben worden war, und alle Versuche, sie für Österreich zu retten und nach Kärntner Muster einen Abwehrkampf zu organisieren oder eine Volksabstimmung zu erzwingen, an der passiven und bremsenden Haltung der Bundes-, aber auch der Landesregierung gescheitert waren. Wien und Graz fürchteten nämlich, daß der neue südslawische Staat die in jener Hungerzeit unverzichtbaren Lebensmittellieferungen aus Slowenien und Kroatien blockieren würde. 1941, nach dem Blitzsieg der Wehrmacht über Jugoslawien, wurde die Untersteiermark an den Gau Steiermark angegliedert, und nun litt die slowenische Bevölkerung unter der brutalen nationalsozialistischen Germanisierungs- und Umsiedlungspolitik. Die Antwort war ein gnadenloser Partisanenkrieg, der 1945 in Greueltaten gegen alles, was deutsch sprach, gipfelte und schließlich zur Vertreibung der Überlebenden führte. Als Sieger verlangte Tito schmerzliche „Grenzkorrekturen" zwischen Radkersburg und der Soboth, und es kam immer wieder zu Zwischenfällen und Übergriffen, Leute wurden verschleppt, Gendarmen erschossen, und im Grenzland ging die Angst um. Vater Krainer war dort häufig unterwegs, um den Menschen die Unsicherheit zu nehmen, und ihnen die Gewißheit zu vermitteln, das sie diesmal nicht im Stich gelassen würden. Und sein Sohn erzählte im Wahlkampf 1995, wie er als 16jähriger den Vater zu Versammlungen von Leutschach bis Halbenrain begleitet hatte: „Ich vergesse nicht, wie am Hauptplatz von Leutschach der Bürgermeister gesagt hat: ‚Wir haben 1918 gekämpft und, wenn es nötig ist, dann kämpfen wir auch jetzt wieder.' Gott sei Dank ist es nicht soweit gekommen."[74] Als Tito 1948 nach dem Bruch mit Stalin mangels sowjetischer Unterstützung seine Expansionspläne in Richtung Kärnten und Steiermark vergessen mußte, strebte Krainer sofort eine Normalisierung der Verhältnisse an, unter anderem durch die rasche Fertigstellung einer Straße durch die Soboth, um dieses Gebiet fester an die Steiermark anzubinden, denn „da muß man eine Straße bauen, damit keiner auf eine falsche Idee kommt."[75]

Der junge Krainer hatte vom Vater gelernt, daß die beste Sicherheitsgarantie ein funktionierendes Nebeneinander über die Grenze hinweg war. Was später in der ARGE Alpen-Adria in so vielen Sparten in die Praxis umgesetzt wurde, wurzelte in einer vorsichtigen kulturellen Annäherung. Die jungen Schriftsteller vom Grazer „Forum Stadtpark" starteten 1961 mit der Laibacher „Gesellschaft slowenischer Literaten" gemeinsame Veranstaltungsreihen, 1962 stand die „Steirische Akademie" unter dem Motto „Die Steiermark und der Südosten", und 1963 konnte Hanns Koren das von ihm erdachte Trigon-Konzept verwirklichen: regelmäßige Dreiländerausstellungen mit Malern und Bildhauern aus Österreich, Jugoslawien und Italien (und „Trigon" wurde zur Keimzelle des „steirischen herbstes").

Koren verschwieg die politischen Motive hinter dem Kunstereignis nicht. Es sei ihm darum gegangen, „die historische Erinnerung an eine nachbarschaftliche Bindung in Freud und Leid, in Not und Fortschritt, kurz in allem menschlichen Schicksal, nicht als bloße Erinnerung in Vitrinen zu stellen, sondern die jungen Menschen der ‚Trigon'-Länder, des alten Innerösterreichs, zu einem gemeinsamen aktuellen Erlebnis einzuladen, herzubitten, zusammenzurufen."[76] Seine Absicht sei es gewesen, „die jüngste geistige Kraft in der Jugend dieser Länder, eben die Kunst, als Bundesgenossen zu gewinnen, (und) aus der historischen Erinnerung einen menschlich sittlichen Auftrag zu formulieren".[77] Das war die Saat, aus der dann die ARGE Alpen-Adria aufgegangen ist. Der junge Krainer hatte all diese Bewegungen von Anfang an, auch als er noch nicht in der Politik war, mit leidenschaftlicher Anteilnahme verfolgt und mitgemacht – bis er selber zum Anreger und Beweger werden konnte.

Weil Graz von seiner alten Position im Herzen des ehemals innerösterreichischen Raums träumte, wurde „Südost" in jenen Jahren groß geschrieben, die Grazer Messe hieß nun „Südost-Messe", das ÖVP-Organ „Steirerblatt" verwandelte sich in die „Südost-Tagespost". Und einige Zeit lang profitierten die

Landeshauptstadt und die südsteirischen Einkaufsstädte vom Kundenstrom aus Jugoslawien. Zur wirklichen Drehscheibe wurde Graz erst in Kriegszeiten, als der Agramer Flughafen ausfiel und der Thalerhof den meisten Politikern aus Kroatien und Bosnien als Tor zur Welt diente.

Dadurch hatte der Landeshauptmann Gelegenheit, von vielen führenden Männern aus dem ehemaligen Jugoslawien direkte Informationen zu erhalten: „Der spätere bosnische Premier Haris Silajdžić, damals war er noch Außenminister und ursprünglich Universitätsprofessor in Pristina, hat mich inständigst um Verständnis dafür gebeten, daß das bosnische Moslemtum ein europäisches sei und nichts mit den islamischen Fundamentalisten gemein habe. Auf die Frage, ob es Krieg geben werde, antwortete er: ‚Nein, wir wollen keinen Krieg, und daher gibt es auch keinen.‘ Vierzehn Tage später stellte ich dem kroatischen Ministerpräsidenten Stipe Mesic dieselbe Frage, und der sagte: ‚Selbstverständlich kommt es zum Krieg. Die Volksarmee hat 100.000 Mann unter Waffen. Da ist gar nichts anderes denkbar.‘ Die Kroaten hatten eben heroischere, aber auch realistischere Vorstellungen."

Freunde und Mitarbeiter waren Zeugen, wie Josef Krainer von dem tragischen Geschehen in Slowenien, Kroatien und Bosnien aufgewühlt und mitgerissen wurde und wie er sich unermüdlich bemüht hat, zu helfen und zu vermitteln. Erhard Busek hatte mit Josef Krainer über die Mur auf den abgeschossenen Kirchturm von Gornja Radgona, von Oberradkersburg, geblickt: „Wir waren zutiefst erschüttert, und der Joschi hat gesagt: ‚Wenn die Geschichte gut vorübergeht, müssen wir wieder hierher, damit die Leute ein Gespür und ein Gefühl dafür kriegen, was da wirklich passiert ist.' "

Nicht einmal zwei Monate danach, Mitte August 1991, lud Krainer zum Steiermark-Wien-Treffen nach Radkersburg ein. Und eine imposante Gesellschaft wanderte über die Brücke hinüber in den slowenischen Ortsteil. Neben dem geköpften Turmstumpf lag der Zwiebelhelm, Restauratoren waren bereits an der Arbeit. Das Geld dafür kam aus der Steiermark. Und der Pfarrer erläuterte, wie die Serben ganz bewußt auf den Turm gezielt hätten – als ein Symbol des slowenischen Katholizismus. Wieder auf der österreichischen Seite, trank Krainer mit seinem slowenischen Freund Peterle ein Glas Wein auf eine gemeinsame, bessere Zukunft. Für Peterle ging es politisch jedoch bald bergab, zuerst war der Christdemokrat noch Außenminister, danach mußte er in die Opposition.

Auch Josef Krainer erfuhr, daß ihm die mutige Südostpolitik nicht nur Freunde beschert hatte. Waltraud Klasnic imponierte seine Haltung: „Während der Krise an der Grenze ist er hingegangen, wo sonst niemand mehr hingegangen ist, dorthin, wo es ganz eng wurde. Das sind Eigenschaften, die man braucht, um einen solchen Posten auszufüllen. Aber als er sich damals so total für die Slowenen eingesetzt hat, haben das viele Menschen nicht verstanden. Nicht die Leute unmittelbar an der Grenze, denen hat es ein gutes Gefühl gegeben, daß er gekommen ist. Andere haben dagegen gesagt: ‚Ist das nicht zuviel, was er da tut?'. Das alles hat ihn monatelang beschäftigt, und er hat auch sehr viel darüber geredet. Er hat eben über die Grenze geschaut, und ihn hat das Schicksal des Nachbarn betroffen. Im Moment waren die meisten Leute berührt davon, dann bei den Wahlen ein paar Monate später, da waren die eigenen Probleme wieder die allerwichtigsten, und von den Problemen der Nachbarn wollte keiner mehr viel wissen."

Viele Beobachter meinen, daß Josef Krainer sein Einsatz für Slowenien bei den Landtagswahlen am 22. September 1991 eher geschadet als genützt hatte. Eine hinterhältige Flüsterpropaganda weckte alte Ressentiments, wie einst, als dem Vater der Name „Partisanen-Seppl" angehängt wurde. „Der soll nur obi geh'n zu die Slowener. Was will er denn mit denen", hieß es. „So großartig und so richtig wir uns verhalten haben, sowenig haben das viele Menschen mitvollzogen", bedauert Josef Krainer. „Und wenn sie dann auf der karitativen Ebene hilfreich waren, so hatte das andere Motive. Sie haben nicht begriffen, daß da ja unser eigenes sicherheitspolitisches Interesse im Spiel war. Ich habe ja gesehen, was da unten läuft, und das hat sich leider alles bewahrheitet."

Und bewahrheitet haben sich auch die düsteren Voraussagen vor den Landtagswahlen. Wie in ganz Österreich wurden bei den Nationalratswahlen 1990 die fundamentalen Verschiebungen im politischen Kräftefeld Österreichs erstmals voll wirksam. Die

Freiheitlichen verdoppelten die Zahl ihrer Wähler fast, und der ÖVP liefen über 60.000 Wähler davon. Nun, als es um den Landtag ging, sackte die ÖVP von 51,8 auf 44,2 Prozent ab, die SPÖ erreichte unter dem neuen Vorsitzenden Schachner-Blazizek mit 34,9 Prozent ihren historischen Tiefststand, und die FPÖ feierte einen Stimmenzuwachs von fast 85.000 (15,4 Prozent). Die über 140.000 Vorzugsstimmen für seine Person konnten Josef Krainer nicht darüber hinwegtrösten, daß die Steirische VP zum erstenmal seit 16 Jahren die absolute Mehrheit eingebüßt hatte. Er wurde zwar als Landeshauptmann einstimmig wiedergewählt. Trotzdem war nichts mehr so zwischen Landhaus und Burg wie bisher...

In einem anderen Land

"Der heute neu konstituierte Landtag repräsentiert das Spiegelbild der am 22. September 1991 tiefgreifend veränderten politischen Landschaft unserer Steiermark."

Josef Krainer in seiner Regierungserklärung am 18. Oktober 1991

„Die ersten zehn Jahre, die waren die Kür, und nun ist es die Pflicht geworden. Es war ein Unterschied wie Tag und Nacht." Josef Krainer gibt zu, wie sehr er vom Verlust der absoluten Mehrheit im Herbst 1991 betroffen war. Die ÖVP hatte einen Regierungssitz eingebüßt, es stand nun 4 : 4 : 1, und im Landtag verfügte die ÖVP über 26, die SPÖ über 21 und die FPÖ über neun Mandate. „Die Mühsal dieser Konstellation hat mich schon sehr belastet. Alles mußte ausgefeilscht werden. Dann haben sich doch alle gewundert, wie rasch ich mich auf diese schwierigen Verhältnisse eingestellt habe." Gleich im ersten Satz seiner Regierungserklärung am 18. Oktober 1991 hat Krainer die „tiefgreifend veränderte politische Landschaft in unserer Steiermark" angesprochen. Denn am Morgen nach der Wahl war es beinahe, als ob er in einem anderen Land aufgewacht wäre. „Die gegenwärtige Mehrheitssituation" sei für ihn eine neue Herausforderung: „Sie öffnet allen politischen Kräften neue Möglichkeiten, sie birgt allerdings auch Versuchungen und Gefahren: Parteitaktik, Verzögerung und unsachliche Junktimierungen sind jene Spielarten der Politik, die von der Bevölkerung zu Recht kritisiert werden und in verstärktem Maße Protestphänomene hervorrufen."[78] Daß Krainer diesen Begriff im Laufe der Rede noch zweimal wiederholte, enthüllt wohl, wie sehr ihm die breite Ablehnungsfront gegenüber den etablierten Großparteien unter die Haut gegangen ist. Fast beschwörend mahnte der Landeshauptmann zur Zusammenarbeit. Er wolle „das Gemeinsame stärken und Auseinanderstrebendes integrieren", um ein Klima zu schaffen, das „nicht ausgrenzt, sondern verhängnisvoller Polarisierung und billiger Demagogie entgegenwirkt".

Der Auftritt Josef Krainers in der Landstube unterschied sich elementar von seinen früheren Premieren als Chef einer neuen Landesregierung. Dieser Mann griff nicht mehr nach den Sternen, zu oft war er an die Grenzen des Möglichen gestoßen, und statt Visionen hatte er nur die für ihn völlig ungewohnten Beschwernisse des Regierens ohne klare Mehrheit im Visier. Der Gegner war zum erstenmal in der Überzahl. Auf dem Fußballfeld hat Krainer das Tor gehütet, in der Politik dagegen spielte er am liebsten Sturmspitze. Und nun mußte er plötzlich auf Defensive umschalten. Er war zwar bereit, sich dieser Aufgabe mit vollem Einsatz zu stellen. Nur, die unbändige Freude am politischen Match, die war ihm vergangen.

Wenn jemand seine Persönlichkeit so total in die Politik einbringt wie Josef Krainer, dann wird jede seiner großen Proklamationen zum Psychogramm. Legt man nun die Antrittsrede von 1991 neben die von 1980, 1981 und 1986, so glaubt man, es mit verschiedenen Autoren zu tun zu haben. Sie verhalten sich zueinander wie Feuer und Wasser, wie Dur und Moll. Die optimistischen Erneuerungsmanifeste einer besseren Vergangenheit strotzten von reformerischer Energie, waren von Aufschwungselan erfüllt und mit geistvollen Zitaten der Vordenker der Moderne angereichert. Und nun suchte ein enttäuschter Landesfürst nach Worten, um sich mit dieser seiner kühlen und nüchternen Reaktion auf die Niederlage doch noch über die Tiefen alltäglichen Parteienzanks zu erheben. Nur am Ende der Rede, da war endlich etwas von seinem Ehrgeiz zu verspüren, in politische Deklarationen literarische Elemente einzubringen. Krainer hat diese Passage in der Schlußphase, wenn er nachts allein noch am Manuskript feilte, eigenhändig eingefügt, um Freund und Feind inständigst aufzurufen, den Menschen über die Politik zu stellen: „In diesem Geiste sollten wir teilnehmen an der Freude und der Trauer der Menschen, an ihren Erfolgen und Niederlagen, an ihrem Stolz und ihrer Demut, an ihrer Einsamkeit und ihrer Zuwendung, an ihren Leistungen und Heimsuchungen, auf ihrer Suche nach dem Sinn des Lebens, in der Düsternis des Zweifels und der Armut, in der Sehnsucht nach einem menschenwürdigen Dasein und schließlich in der Hoffnung und Zuversicht auf Erfüllung und Frieden." Da klang noch einmal der „alte" jüngere Krainer durch, abgehoben vom Tageskampf und -krampf, idealistisch, das Wort wägend, bis es Gewicht gewann, mit Sinn für Sprache und ohne Scheu vor ehrlichem Pathos. Sonst allerdings triumphierte in dieser Bilanz eines ungewissen Morgens das Müssen über das Wollen und die Wirklichkeit über die Träume; und einer, der so souverän mit der Macht umzugehen wußte, stand nun vor der Aufgabe, aus dem vom Wähler reduzierten Machtvolumen doch noch ein Maximum für das Land herauszuholen. Er gab sich keinerlei Illusionen darüber hin, welch harte Jahre ihn erwarteten. Daß an diesem Tag für ihn die „Ära Josef Krainers III." begonnen hatte, dürfte ihm wohl nicht in den Sinn gekommen sein.

Spricht man Krainer auf diesen ungewohnten, beinahe fremden Tonfall seiner 91er-Rede an, dann begründet er ihn mit der völlig gewandelten Atmosphäre, die der Verlust der „Absoluten" erzeugt hatte: „Das Wahlergebnis war da schon mitbestimmend, und der Unterschied im Gang der Verhandlungen. Dabei war den meisten Leuten ja nicht bewußt, daß der Vater überhaupt nie eine absolute Stimmenmehrheit erreicht hatte. Im Laufe der Jahre hat sich auch der Wandel im Regierungsstil bestätigt. Man mußte von nun an darüber froh sein, wenn bei wichtigen sachpolitischen Themen überhaupt etwas weitergebracht werden konnte."

Das Wahlresultat sei ernster Anlaß zu kritischer Selbstprüfung, hatte Krainer gesagt und am Tag nach der Wahl dem Parteivorstand sein Amt angeboten. Das wurde jedoch einstimmig abgelehnt. Viele fragten sich, wie so ein Rückschlag überhaupt möglich war. Wer immer sich von außen kommend in der Steiermark umsah, bewunderte einen imponierend wortgewaltigen und tatkräftigen Landeshauptmann. Er war weitum beliebt und im Volk verwurzelt, ein scheinbar unschlagbarer Siegertyp.

Und ohne seine Popularität wäre die ÖVP sicherlich weit tiefer abgestürzt. Immerhin hatten sich bei der Landtagswahl 80.000 Steirer mehr (11 Prozent) für die Volkspartei entschieden als ein Jahr zuvor bei der Nationalratswahl, trotzdem waren es um 50.000 weniger als 1986. Aber die Zeit hatte auch dem Landeshauptmann Wunden geschlagen. „Die wirtschaftlichen Probleme ließen zeitweilig das Gefühl vorherrschen, daß die Steiermark der große Krisenfall sei", ermittelte der Soziologe Manfred Prisching, „und daß sie in erster Linie jene Sanierungsopfer zu leisten habe, die in den achtziger Jahren unumgänglich geworden waren. In einer Befragung 1988 meinten 45 Prozent der Steirer, daß die Interessen des Bundeslandes im gesamten Staat nicht hinreichend zur Geltung kämen, im österreichischen Durchschnitt vertraten nur 29 Prozent für ihr jeweiliges Bundesland diese Meinung."[79] Der Steirer als der kranke Mann, die Steiermark als das kranke Land Österreichs und von der Republik nicht ausreichend mit Medikamenten versorgt – dieses schleichende Unbehagen untergrub die Vertrauens- und Glaubwürdigkeit der Regierenden. Die Steirer fühlten sich kränker, als sie waren, und suchten Medizin, indem sie in Scharen in die weitgeöffneten Arme der Opposition liefen. Das von Krainer zitierte Protestphänomen war voll wirksam geworden. Die Verstaatlichtenkrise galt zwar als bewältigt, doch viel zu viele Menschen sind davon betroffen worden, hatten sich mit neuen, oft schlechteren Lebensumständen abzufinden, waren auf der Strecke geblieben und betrachteten sich als Verlierer. Weiters mußten Krainer und seine Mitstreiter für die Drakenaffäre bezahlen. Die Düsendonnerer waren alle in der Steiermark gelandet, und den Leuten dämmerte es allmählich, daß all die Erregung umsonst war, daß der Wirbel nichts gebracht hatte. Wieder einmal war die Steiermark auf die Verliererstraße geraten, und der Wählerzorn richtete sich weniger gegen die Sieger in Wien als gegen die heimischen „Generäle", die sie in diesen Krieg hineingehetzt hatten.

Zur steirischen Malaise kam noch die bundesweite Entfremdung eines ständig wachsenden Wählerpotentials von den beiden Großparteien. Dadurch war das politische Verhalten der Bürger völlig unberechenbar geworden. „Das liegt auch daran, daß die Individualisierung und Pluralisierung jedes einzelnen Menschen und des gesamten politischen Lebens zugenommen hat", diagnostiziert der Politologe Wolfgang Mantl. „Früher einmal war es für einen Sozialdemokraten selbstverständlich, am 1. Mai mitzumarschieren, so wie ein Katholik an der Fronleichnamsprozession teilnahm. Das war eben meine Partei, mein Haus, mein Lager, doch solche emotionellen Bindungen schwinden mehr und mehr, und das Segment jener, auf die sich die traditionellen Parteien verlassen konnten, wird immer kleiner."

Auch Gerhard Hirschmann, in all den Wahlschlachten seit 1981 als Landesparteisekretär und ab 1989 als geschäftsführender Parteiobmann in vorderster Linie, sucht nach den Ursachen dieser galoppierenden Wählerschwindsucht: „Auf Bundesebene hat sich die Wende zum Negativen für uns bereits Mitte der achtziger Jahre abgezeichnet. Wir haben uns lange bemüht, deutlich zwischen Bund und Land zu differenzieren, aber es war uns auch bewußt, daß sich das auf die Dauer nicht machen ließe, daß wir einfach mitgeschwemmt würden. Das war ja in den anderen Bundesländern nicht anders. Wir hatten zum Beispiel auf Zehntelpunkte genau die gleichen Wahlergebnisse wie die Oberösterreicher. Und Krainer hat instinktiv gespürt, daß wir aus dieser Ecke nicht mehr herauskommen. Nach der Wahl 1991 war das Regieren dann natürlich viel, viel schwerer. Manches, was bis dahin alltäglich und selbstverständlich erschien, galt auf einmal nichts mehr. Der Führungsanspruch der ÖVP ließ sich nur noch sehr schwer aufrechterhalten und mußte erst in mühseliger Tagesarbeit durchgesetzt werden. Alles wurde noch dadurch erschwert, daß wir im Land mit den Sozialisten ein überaus problematisches Verhältnis hatten. Da ist nicht nur auf rationaler, sondern auch auf emotionaler Ebene einiges schiefgelegen."
Wie hier die politische Konkurrenz der Väter in einer zutiefst persönlichen Rivalität der Söhne eine erheblich komplexbeladenere Neuauflage erfuhr, ist eher ein Fall für den Psychologen als für den Politologen. 1989 hatte Peter Schachner-Blazizek den bis-

herigen SPÖ-Landesparteivorsitzenden Hans Gross abgelöst. Der 1942 geborene doppelte Doktor, Universitätsprofessor für Finanzwissenschaften und ehemalige Generaldirektor der Grazer Stadtwerke sollte dem Schrumpfungsprozeß seiner Partei auf Landesebene ein Ende bereiten. Dabei stand ihm das Vorbild seines Vaters vor Augen. Der einstige Bezirkshauptmann von Mürzzuschlag, Alfred Schachner-Blazizek, ebenfalls Träger zweier Doktorate, seit 1954 Landesrat und seit 1963 Erster Landeshauptmann-Stellvertreter, hat es immerhin fertiggebracht, in zwei Wahlgängen (1965 und 1970) gegen den alten Krainer den Mandatsstand der SPÖ von 20 auf die nie mehr erreichte Zahl 26 zu erhöhen. Das hätte ihm der Sohn gerne nachgemacht. Wieder hieß der Gegner Josef Krainer. Anders als der längst bewährte Landeshauptmann mußte sich der jüngere Herausforderer erst bestätigen. „Der Krainer war immer ganz oben und der Schachner immer nur der Zweite, und das hat er nicht ausgehalten", heißt es in den Gängen der Burg. Das Oben und das Unten war auch durch die Lage der Büros der beiden Herren eindeutig festgelegt. Schachner amtierte einen Stock tiefer als der Landeshauptmann. Und weil die beiden von Anfang an keinen menschlichen Zugang zueinander fanden, hat ihn Krainer, vielleicht ohne es zu wollen oder zu merken, diesen Abstand manchmal zu deutlich spüren lassen.

Bezeichnend dafür ist, daß bei den Regierungsverhandlungen 1991 von Schachner nicht die Ressortverteilung als erster Punkt auf die Tagesordnung gebracht wurde, sondern die Frage der Vertretung des Landeshauptmanns. Denn Schachner hatte sich permanent zurückgesetzt und gedemütigt gefühlt. Das gestand er indirekt auch Landtagspräsident Franz Wegart, als dieser einmal einen Versöhnungsversuch unternahm: „Ich hab' dem Schachner gesagt: ‚Schauen Sie, Herr Kollege, ich bin mit Ihrem Vater zehn Jahre auf der Regierungsbank gesessen, und wir hatten ein sehr gutes menschliches Verhältnis, und wenn wir voneinander etwas gebraucht haben, dann haben wir gesagt: wenn's geht, dann machen wir's. Probieren Sie es doch auch, das Land würde es brauchen.' Da antwortete er mit einem vielsagenden Beispiel: ‚Nehmen wir irgendeine große Veranstaltung, da kommt einer eurer Abgeordneten und vertritt den Landeshauptmann. Und ich, als der Erste Landeshauptmann-Stellvertreter, bin nur unter ferner liefen gereiht.' Da hat man gesehen, wie sehr dieser Konflikt von persönlichen, allzumenschlichen Motiven bestimmt war." Das wird auch von sozialistischer Seite bestätigt, etwa vom Grazer Bürgermeister Alfred Stingl: „Es bestanden zu starke Reibungsflächen, die beiden sind von der Persönlichkeit her so völlig anders strukturiert. Vielleicht wird es sich den beiden Herren später einmal zeigen, daß das eine oder andere doch besser hätte gehen können oder sich fruchtbarer hätte gestalten lassen. Ich hatte nie solche Probleme mit Krainer, aber das war eben der Unterschied in der Funktionserfüllung – Krainer war der Erste und Schachner deutlich der Zweite, ich dagegen bin in der Stadt der Erste. Jeder hat gewußt, wo der andere ideologisch steht, wir sind Angehörige zweier verschiedener Parteien, was uns jedoch nicht hinderte, bei der Erfüllung unserer Aufgaben über Parteigrenzen hinaus gemeinsame Wege zu suchen, in einer nutzbringenden Partnerschaft für Land und Landeshauptstadt. Wichtig war dabei, daß wir auch Gegensätzliches offen besprochen haben, und wenn nötig unterschiedliche Positionen in der Öffentlichkeit in kultivierter Weise ausgedrückt haben." Durch häufige offizielle und private Kontakte entstand zwischen dem „schwarzen" Landeshauptmann und dem „roten" Bürgermeister eine auf gegenseitigen Respekt gegründete menschliche Nähe. „Wir konnten wirklich miteinander reden, und in schwierigen Situationen hat er sich immer gemeldet, zum Beispiel nach der Gemeinderatswahl 1993. Es war kein guter Wahltag für mich, wir hatten rund sieben Prozent Stimmen verloren. Am Abend hat mich Krainer angerufen: Das hätten Wahlen eben so an sich, daß nicht immer eine runde Leistung beurteilt würde und daß er meine Arbeit trotz allem sehr schätzte. Das hätte er nicht sagen müssen. Er hat einen bestimmten politischen Stil anerkannt, nämlich kleinliches Hickhack zu vermeiden und nicht jede Idee oder Initiative nur deshalb negativ zu beurteilen, weil sie vom anderen kommt." [80] Das alles hört sich wie die Definition des legendären „steirischen Klimas" an. Stingls Parteifreund Gmoser dagegen spricht von einem Wettersturz: „Weil die beiden Söhne nie zueinander gefunden haben, fiel das steirische Klima auf den Nullpunkt. Und als es dann mit der Mehrheit nicht mehr lief, weigerte sich Krainer, irgendwelche müden Kompromisse zu schließen, nur um nicht zu streiten. Da ist er lieber mit fliegenden Fahnen untergegangen."

Was haben Wetterwerte und politisches Handeln in der Steiermark nun wirklich gemein? Franz Wegart ist ein auf fünfzigjährige Erfahrung aufbauender Kenner dieses so häufig strapazierten „steirischen Klimas" mit all seinen Schwankungen: „Das hat etwas für sich gehabt, und es hatte seine historischen Gründe. Im Jahr 1934, durch die Februarkämpfe und den Juliputsch, sind in unserem Land die politischen Gegensätze viel stärker hervorgetreten als in anderen Bundesländern, vor allem wie damals die Schutzbündler niederkartätscht wurden. Das hat tiefe Wunden hinterlassen. Durch diese Erfahrungen geläutert, haben sich nach 1945 Politiker wie Machold, Krainer oder Gorbach gesagt: ‚Leutln, die Fehler von damals dürfen wir heute nicht wiederholen. Versuchen wir es in einer anderen Form.' Das war das Geheimnis des steirischen Klimas. Als ich 1949 in den Landtag gewählt wurde, gleichzeitig mit dem Sozialisten Adalbert Sebastian, ist der nach der Angelobung auf mich zugegangen: ‚Lieber Herr Kollege Wegart, wir sind von derselben Generation, wir waren an der Front. San ma per du. Mach' ma net die Fehler, die unsere Väter gemacht haben.' Natürlich haben wir auch gestritten, aber es wurde nie verletzend, nie persönlich, nie so, daß wir nicht kompromißfähig geblieben wären. Das galt für beide Seiten. Wenn ich etwas mit einem Sozi vereinbart habe, dann hat das gehalten. Da hätte die Eisenbahn drüberfahren können. Und umgekehrt auch. Wir waren handschlagfähig. Und diese Handschlagfähigkeit ist mit Schachner verloren gegangen."

Dabei basieren die Regierungsgeschäfte in der Steiermark auf Zusammenarbeit, wie es die Landesverfassung verlangt: Jede in den Landtag gewählte Partei, die mindestens sechs Mandate erlangt hat, muß in der Regierung vertreten sein. Für Josef Krainer ist „diese in Österreich einmalige Konsensverfassung die Wurzel des steirischen Klimas". In keinem anderen Bundesland mit einem ÖVP-Landeshauptmann wurde den Sozialdemokraten eine solch starke Stellung in der Landesregierung eingeräumt. Franz Wegart hat es noch im Ohr, wie „der alte Krainer oft betont hat: ‚Man muß ihnen jenen politischen Lebensraum gewähren, der ihnen kraft ihrer Stimmenzahlen gebührt.' Und der Sohn hat das fortgesetzt. In jedem anderen Bundesland war das Finanzreferat in der Hand der Partei, die den Chef stellte, nur bei uns war das umgekehrt. Seit 1945 ist der Finanzlandesrat ein Roter. Laut Geschäftsordnung geht jeder Akt über seinen Tisch. Wenn nur ein Schilling ausgegeben wird, muß das von ihm gegengezeichnet werden. Er hat also faktisch ein Vetorecht." Das Räderwerk dieser Koalitionsmaschinerie lief trotz der routinemäßigen Parteienzwietracht und den im politischen Tagesbetrieb völlig normalen Kontroversen Jahrzehnte hindurch zu voller Zufriedenheit der meisten Beteiligten – bis Schachner-Blazizek antrat, mit der Absicht, die SPÖ aus ihrem Tief zu holen.

Zuerst haben ihn die Wähler jedoch selbst einmal in den Keller fallen lassen. Statt die Partei zu neuen Höhen zu führen, hatte er das schlechteste SPÖ-Ergebnis aller Zeiten eingefahren. Andererseits war Josef Krainer durch die veränderten Mehrheitsverhältnisse verwundbarer als früher. Die neue SPÖ-Führung hatte sich bereits vor den Wahlen in hinhaltendem Widerstand geübt. Schachner hat von Anfang an eine Obstruktionspolitik betrieben, weil er im Gegensatz zu seinen Vorgängern „einer Umarmung durch Krainer entgehen wollte". Für Fritz Csoklich war es nämlich Krainers „jahrelanges Erfolgsrezept, ständig alle Leute zu umarmen – vom Forum Stadtpark bis zu den Sozialisten. So hat er sie alle auf seine Seite gebracht." Die katastrophalen Stimmenverluste ließen nun die „jungen Löwen", wie sie der Journalist nennt, erwachen. „Sie haben dem Schachner gesagt: ‚Wenn wir nicht alles tun, damit dieser Krainer nicht einen einzigen Erfolg für sich buchen kann, dann kommen wir nie mehr aus diesem Tief heraus. Wir müssen ihn pausenlos attackieren und alles verhindern, was für ihn zu einem positiven Ergebnis führen könnte." Und so war es dann, und nichts, oder kaum etwas, ging mehr.

Wenn das Spiel nicht richtig läuft, tauscht der Trainer ein paar Leute aus. Weil Krainer erkannte, wie die Landespolitik erstarrte und ÖVP und SPÖ einander blockierten, suchte er im Herbst 1993 sein Heil in einer Regierungsumbildung. Gerhard Hirschmann wurde Landesrat für Sport und Fremdenverkehr, und Waltraud Klasnic, seit 1988 Wirtschaftslandesrat, erhielt als erste Frau in der Steiermark das Amt des Zweiten Landeshauptmann-Stellvertreters. Das war nur die letzte Konsequenz einer gezielten Aufwertung der Frau in der Partei und in der Landespolitik durch Krainer. Die Nachfolgerin Krainers hat 1970 als Gemeinderätin begonnen. „Damals war ich eine von zwölf in der Steiermark. Heute haben wir zwölf Bürgermeisterinnen, davon neun von der ÖVP. Später war ich im Bundesrat die einzige Frau, ebenso 1981 im Landtag, in einer Fraktion von 31. In der letzten Periode waren dagegen von 26 Mandataren bereits sechs Frauen. Das ist die Handschrift Josef Krainers. Ich hätte noch so fleißig arbeiten können, wenn er als Landeshauptmann und Parteiobmann nicht gesagt hätte, ich will das, dann wäre ich niemals so weit gekommen. Ich war Landesleiterin der Frauenbewegung und gehörte nicht einmal dem Vorstand des Wirtschaftbunds an und habe in der Landesregierung das Wirtschaftsressort gekriegt. Das war ein großer Vertrauensvorschuß, eine mutige Entscheidung, es hätte ja auch schiefgehen können. Aber es ist dann gut ausgegangen. Unter Josef Krainer hat die Steiermark auch die erste Bezirkshauptfrau Österreichs gestellt. Ich möchte jetzt, daß künftig in jedem Wahlkreis zumindest eine Frau fix gereiht wird. Das ist sicher in seinem Sinn."

Um die sozialdemokratische Mauer zu durchbrechen, lancierte Gerhard Hirschmann spektakuläre Projekte, zu denen er sich Zustimmung aus breitesten Bevölkerungskreisen erhoffte. Da war einmal die Bewerbung um die Olympischen Winterspiele

2002, und dann sollte die Formel 1 auf den Österreichring bei Zeltweg zurückgeholt werden. Mit Olympia sind die Steirer beim IOC nicht durchgekommen, und bei Zeltweg haben sich die Sozialdemokraten die längste Zeit quergelegt. Sie vermochten schließlich eine Einigung mit Bernie Ecclestone, dem Herrn des Grand Prix-Zirkus, nicht aufzuhalten. Die Taktik war jedoch deutlich erkenntbar: vieles, was Krainer und sein Team anregten oder zu verwirklichen suchten, wurde prinzipiell abgelehnt. Und im Wählervolk verbreitete sich die Meinung, daß der Landeshauptmann wenig oder nichts mehr zustande brächte.

Ob dieses permanenten Kleinkriegs enttäuscht und ernüchtert, versuchte Krainer 1993 in einem Aufsatz die Möglichkeiten des Regierens – oder genauer die wachsende Unmöglichkeit öffentlichen Handelns – in größeren Zusammenhängen zu analysieren, der Zeit die Diagnose zu stellen: „Wir leben tatsächlich in einem ‚Zeitenbruch‘. Der Zeitgeist reflektiert unterschiedlichste Wechselbäder. Herrschte gestern noch Euphorie über das Ende des Kommunismus im Osten und die Eurodynamik im Westen, so gibt es heute vielerorts finsteren Pessimismus, obwohl 1989/90 allen bewußt war, daß dies erst der Beginn eines schwierigen und schmerzhaften Stabilisierungsprozesses von Demokratie, Rechtsstaatlichkeit und Marktwirtschaft sein kann." Krainer wies auf das „tiefe Unbehagen am politischen System und irrationale Frustrationen in nahezu allen westlichen Demokratien" hin. Dort „bläst allen großen politischen

Parteien der Wind ins Gesicht." Angesichts des „tiefsitzenden Erosionsprozesses der traditionellen Großparteien erfüllt es uns mit Sorge, daß sich die Demagogen, Populisten und ‚Schwarzweißmaler' auch hierzulande der wichtigen Themen mit gefährlicher Vereinfachung bemächtigen wollen – sei es die europäische Integration, die Ausländerproblematik und die oftmals sehr berechtige Kritik an den Auswüchsen unseres politischen Systems. Von dieser Art Stimmungsdemokratie darf sich verantwortungsbewußte Politik nicht in die Defensive treiben lassen." Der Umbruch in der Parteienlandschaft sei eher eine echte Herausforderung. Und er zitierte die „Pythia von Allensbach", die Meinungsforscherin Elisabeth Noelle-Neumann: „Für die Demokratie ist nichts gefährlicher als die Kombination von anschwellenden Ängsten, die aus den unmittelbaren Erfahrungen des Alltags rühren, und dem Eindruck, daß die Politiker nichts tun wollen oder sich nicht zu helfen wissen." Um dieser sich ständig ausbreitenden Mentalität zu begegnen, müßten laut Krainer die „großen Volksparteien die Problemlage offen und kritisch analysieren, tragfähige Lösungen finden und diese sodann mutig und entschieden umsetzen." Es gelte, „das Notwendige und Zukunftsorientierte mehrheitsfähig zu machen, das langfristig Erforderliche nicht dem kurzfristig Opportunen vollkommen unterzuordnen. Damit kann auch verhindert werden, daß Parteienverdrossenheit in gefährliche Demokratieverdrossenheit umschlägt. Nur durch seriöse und verantwortungsbewußte Politik kann dem Protest der Nährboden entzogen werden, soweit er überhaupt auf rationalen Beweggründen beruht."[81]

Vernunft, Verantwortung und Seriosität werden im Vokabular unserer von Popularitätskurven und Umfrageziffern diktierten Telekratie immer rarer. Das hatte auch Josef Krainer auf bittere, sehr persönliche Weise erfahren müssen. Mit dem Abstand, den er seit seinem Rücktritt zum politischen Tagesbetrieb gewonnen hat, reflektiert er weiter über Zwänge, Nöte und Zweifel, die „das Regieren heute objektiv immer schwieriger werden lassen. Alle Gesellschaften der hochzivilisierten Ersten Welt stoßen an gewisse Grenzen." Das unserem Demokratieverständnis eigene „Prinzip der Verteilungsdemokratie" würde vielleicht in der Phase des Wachstums funktionieren, aber wenn es damit vorbei sei, löste jeder Versuch einer Reduzierung der staatlichen Wohltaten oder auch nur ihrer Stabilisierung auf dem bisherigen Niveau sofort unglaubliche Spannungen aus: Ausgehend „von der Einheit einer Gesellschaft und ihres Lebensgefühls finde ich, daß jede Gesellschaft die Politiker hat, die sie verdient. Es bedarf also einer außerordentlichen Standfestigkeit oder des vielzitierten Drucks der leeren Kassen, um überhaupt zu den unumgänglichen Spar- und Stabilisierungsvorgängen zu gelangen." In Österreich hätten sich nur die Vorarlberger einer hemmungslosen Ausgabenpolitik widersetzt, weil bei ihnen die Sparsamkeit Teil des Volkscharakters sei. Überall anderswo existierten durchgehend Verschuldungsphänomene, die eigentlich nicht sein dürften.

Für die Steiermark kann Krainer anführen, daß sie nie reich war und „daß wir in diesem südöstlichen Blindarm gelebt haben, seit 1918 abgeschnitten von den alten Gebieten. Dann haben wir die Krisenerscheinungen der achtziger Jahre wahrgenommen wie kein anderes Bundesland." Krainer freilich sucht die Gründe für die scheinbare und tatsächliche Handlungsunfähigkeit der Regierenden allüberall, nicht nur bei den roten Zahlen in den Bilanzen: „Es hat wohl auch einiges damit zu tun, daß die geistigen Ziele abgelöst werden von sehr vordergründigen materiellen Zielen. Die Religiosität der Menschen ist viel krisenhafter und anfälliger geworden, das sieht man am Zustand der Kirchen. Alle Großinstitutionen, nicht nur die staatlichen, auch die der Selbstverwaltung, sind unter Druck geraten und die Tendenz der Menschen zur Privatisierung ihres Lebens ist mit dem vermehrten Wohlstand erheblich gestiegen. Dazu hat diese ungeheure politische Befreiung durch den Zusammenbruch des Kommunismus zu einer Öffnung geführt, die auch das ökonomische Gleichgewicht einer bis dahin abgeschlossenen westlichen Wirtschaft in höchstem Maße stört." Was dagegen zu tun sei? Der überzeugte Föderalist Krainer will als Gegengewicht zu den in der EU integrierten staatlichen Großorganisationen die Eigenständigkeit der Regionen bewahren. Denn anders als die übernationale Bürokratie sei regionale und lokale Regierungstätigkeit noch überschaubar. Deshalb plädiert er für das Europa der Regionen und verstärkte Bürgernähe, „obwohl das ja schon klischeehafte Begriffe sind".

Vorerst mußte sich das kleine Österreich die Tür zur EU öffnen. Als Vorsitzender der Landeshauptmännerkonferenz nahm Krainer an der alles entscheidenden Endphase der Beitrittsverhandlungen in Brüssel teil. Für den überzeugten Europäer war das „eines der spannendsten Ereignisse meines politischen Lebens. Wir haben kaum geschlafen, sind nächtelang in unseren Delegationsräumen herumgesessen, während Mock und die anderen ein paar Stockwerke höher unsere jeweiligen Positionen vorgetragen haben. Wenn sie wieder heruntergekommen sind, dann war es wieder an uns, interne Entscheidungen zu finden. Es war alles ungeheuer dramatisch, vor allem, als es um die Landwirtschaft und um den Transit ging. Da waren wir uns parteiübergreifend einig, heimzufahren, wenn wir nicht erreichen sollten, was wir schließlich erreicht haben. Das war ein unglaublich starker Auftritt der Koalition, da hieß es wirklich: Österreich vor allem. So sind wir dann besten Gewissens von Brüssel heimgeflogen."

Am 12. Juni 1994 war Josef Krainer noch ein großes Erfolgserlebnis beschert, haben ihn die Steirer noch einmal glücklich gemacht – bei dem EU-Referendum gab es in der Steiermark hinter dem Burgenland die meisten Ja-Stimmen. Um diese Zeit wurde jedoch bereits offenbar, daß der Landeshauptmann sein Amt neu überdacht und sich aus dem Tageskampf so weit wie möglich absentiert hatte. Die Enttäuschung nach dem Verlust der absoluten Mehrheit hat er nie überwunden. Temperamentsausbrüche wechselten mit Momenten einer gewissen

Resignation. „Es war, als ob etwas in ihm zerbrochen wäre", beobachtete ein naher Freund. „Sein Fehler war, daß er ein Rückzugsgefecht auf einer scheinbar höheren Ebene geführt hat, statt mit doppelter Power gegen die neue Situation anzukämpfen. Er war wirklich zutiefst getroffen und hat seine Frustration vielleicht in die falsche Richtung hin ausgelebt."

Bernd Schilcher dagegen zeigt mehr Verständnis für Krainers Haltung: „Dieses Weitertun, ohne es eigentlich zu wollen, das hat ihn belastet und verändert. Josef Krainer ist ein sehr empfindsamer Mensch. Er nahm das alles sehr persönlich – das ist eben der Unterschied zu den bloßen Managern der Macht." Als ihn Franz Wegart im Landtagsklub einmal aufforderte, den Leuten doch zu sagen, daß sie sich auch unter den geänderten Verhältnissen ins G'schirr legen müßten, antwortete Krainer nur: „Du, ich mach das, aber du siehst ja, wie unser Ins-G'schirr-Legen gegangen ist."

Bernd Schilcher erinnert an einen Ausspruch des Vaters Krainer: „,Ohne Macht geht nichts, wenn du etwas verändern willst, dann brauchst du Macht.' Und er hat sich auch nicht gescheut, diese Macht sehr klar auszuüben." Und der Sohn hat sich an dieses Beispiel gehalten, solange er aus der Fülle der Macht schöpfen konnte. Als dem nicht mehr so war, „da ist in ihm der Gedanke gereift, daß jetzt die Jungen zeigen sollten, was sie können, vor allem der Hirschmann". Schilcher spinnt die Gedanken Krainers weiter: „Ich ziehe mich auf die Position des Landespräsidenten zurück. Den gibt es von der Verfassung her zwar nicht, aber den werde ich schon noch einführen." Schilcher vergleicht diese Amtsauslegung mit der Stellung des Monarchen in England in seiner Rolle als eine kontinuitäts- und identitätsstiftende Figur: „Ich habe den Joschi gut verstanden, wenn er nach mehr als 20 Jahren in der Politik sagt, ich ziehe mich ein wenig zurück."

Auf den „Landespräsidenten" angesprochen, ist Josef Krainer von Bernd Schilchers Deutung gar nicht so weit entfernt: „Da ist wirklich etwas dran, wenn auch sehr differenziert: Ich wollte ja, daß die nächste Generation in die Verantwortung hineinwächst. Aber die Gestaltung der Landespolitik habe ich keineswegs aufgegeben. Jetzt, mit dieser Dreiparteienkonstellation auf der Regierungsebene, wollte ich mehr denn je die Funktion des Landeshauptmanns so verstanden wissen, daß ich meine Aufgabe über den Parteien wahrnehme. In diesem Sinn habe ich den Parteimann quasi auf Null reduziert. Darum habe ich bereits vor der Wahl auch einen geschäftsführenden Obmann eingesetzt."

Krainer ging inzwischen auf 65 zu, an den Ruhestand dachte er jedoch nicht. Dazu war sein Pflichtgefühl gegenüber Land und Partei viel zu ausgeprägt. Auf die Frage, warum Krainer angesichts der widrigen Umstände nicht aufgegeben habe, meint Wolfgang Mantl: „Das liegt an einer Verantwortungsethik, die für seine Generation kennzeichnend ist – für einen Mock, Busek, Riegler usw., für jene Generation, die während des Kriegs oder unmittelbar danach in die Schule gekommen ist und gewußt hat, man muß lernen und sich selbst als Persönlichkeit aufbauen, und auch das Land. Da gibt es kein Herumlavieren je nach Tagesstimmung, sondern man muß einfach durchhalten. Das ist sicher auch eine Folge seiner katholischen Grundhaltung."

Spätestens im Frühsommer 1995 war klar, daß sich Josef Krainer noch einmal einer Wahl stellen würde, vermutlich im Frühjahr 1996, dann wurde der Termin intern auf den Herbst verschoben, bis schließlich auf Bundesebene die Koalition am Streit um die Sparpolitik zerbrach und für 17. Dezember 1995 Neuwahlen angesetzt wurden. Und Krainer entschied: „Da ziehen wir mit."

Der Panther ist los

"Wenn man solange dabei ist, kann einem schon passieren, daß man die eigene Sicht für die Realität nimmt und eine darauf bezogene Kritik von sich wegschiebt. Meiner Vorstellung nach habe ich mich ja auf dem richtigen Pfad befunden."

Josef Krainer zu diversen Vorwürfen vor der Wahl 1995

Anheimelnder Duft von Glühmost, Kletzenbrot und Tannenreisig, von gesponnenem Zucker und Lebkuchen, Holzbuden im Lichterkettenglanz, dicke Kerzen, blaue, rote und silbrige Glaskugeln, Seidenmalereien, allerlei kunsthandwerklicher Krimskrams, wie man ihn gern verschenkt: Christkindlmarkt im Herzen von Judenburg, dicke weiße Pölster auf den Dächern, Schneemassen erstarrt in der trockenen Kälte. Das „Alle Jahre wieder"-Geklingel aus der Einkaufspassage ging an diesem frühen Abend in heißen Jodlerrock-Rhythmen unter. Von einer mobilen Bühne mitten am Platz versuchten die „Alpenrebellen" die wartende Menge aufzuwärmen und anzuheizen, unter der Devise „Der Panther kommt". Ja, Weihnachten war nah – und der Wahltag auch; und Josef Krainer zog durchs Land, unterwegs zum letzten Gefecht.

Im Angesicht des freistehenden mächtigen Judenburger Stadtturms stand er im dunklen Lodenmantel, die Schultern wegen der Minustemperaturen ein wenig hochgezogen, mit dem Mikrophon in der

Hand, nun völlig allein auf der Bühne, selber ein Turm in der Schlacht um die Stimmen: Josef Krainer als Einzelkämpfer in einer Kampagne, die völlig auf seine Person konzentriert war. Die Leute sollten wissen: „Wenn ihr mich weiter haben wollt, dann müßt ihr mich wählen." Am 11. November, als Krainer die Partei für einen sechswöchigen Intensivwahlkampf zu motivieren suchte, hatte er es deutlich ausgesprochen: „Wenn es von euch, von unseren Landsleuten gewünscht wird, so stehe ich als Landeshauptmann gerne und mit vollem Einsatz auch für die nächste Periode zur Verfügung. Ich werde daher diese Wahl auch als eine Abstimmung der Steirerinnen und Steirer über ihren Landeshauptmann werten und ihre Entscheidung in jedem Fall als bindend ansehen."[82]

Und dann wurde der Panther losgelassen. Um den Wählern die Idee von Dynamik, Kraft, Feuer und grün-weißem Lebensgefühl zu vermitteln, hatten Krainers Werbestrategen das steirische Wappentier vor den Karren des Landeshauptmanns gespannt. Sie schickten Krainer auf die Panthertour, weckten Erinnerungen an den „alten Panther", an den Vater Krainer, und stilisierten den Sohn durch das Panthersymbol zum Inbegriff alles Steirischen. Im Gegensatz zum bösen Drachen galt der Panther in der antiken Fabel als friedfertig und schön. Wenn er in seiner Höhle vom dreitägigen Schlaf erwachte, stieß er einen Schrei aus, verströmte süße Düfte und zog so alle guten Tiere an. Eine ähnliche Anziehungskraft sollte der Panther-Wanderzirkus auch auf die Steirer haben, so hofften es die Wahlmanager wenigstens. Krainer gefiel die Idee, er spielte mit, war voll dabei, brachte es auf rund hundert solcher winterlicher Wahlauftritte und klang durchaus überzeugend, wenn er seine Landsleute aufrief: „Arbeiten wir auch in der Zukunft gemeinsam für unser Heimatland Steiermark und für unser Vaterland Österreich." Und wie immer schloß er mit seinem „ein steirisches Glück auf".

Doch gegen Ende der anstrengenden Steiermark-Rundfahrt war sich Krainer seines Glücks nicht mehr so sicher. Dabei umdrängten ihn die Menschen vor und nach seiner Rede wie eh und je, und für jeden nahm er sich Zeit, hörte ihn an, machte sich Notizen – Josef Krainer in seiner vertrauten Landesvaterrolle. Und so sollten ihn die Wähler auch sehen: als ein Monument seiner selbst, voller Leben und Tatkraft, das die Weisheit des Alters mit jugendlichem Schwung vereinte. Darauf war die Wahlwerbung aufgebaut: sie wollte den „elder statesman" Josef Krainer als „die letzte große Landesvatergestalt Österreichs", als „ein Politdenkmal oder politisches Urgestein" verkaufen, als „Garanten der Stabilität und Kontinuität", aber auch als „Erneuerer und Beweger der Dinge in einer politisch immer schwieriger und unübersichtlicher gewordenen Zeit".

Mit 65 hatte er zwar ein Alter erreicht, in dem die große Mehrheit der Österreicher längst Pension oder Rente beansprucht, doch das wurde durch den Hinweis auf Altersweisheit und Erfahrung kompensiert. Die „fruchtbarsten Jahre eines Politikers" lägen oft zwischen dem 60. und dem 70. Geburtstag, und als

Beleg dafür dienten der Vater Krainer oder Bundeskanzler Kreisky, „der als 68jähriger 1979 seinen größten Wahlsieg erzielt hatte".

Daß sich Krainer in den letzten Jahren von der Tagespolitik abgehoben hatte, wurde in ein positives „Über-den-Dingen-Stehen" umgedeutet. Und ebenso stünde er über den Parteien. Er habe sich „bewußt von den Parteiquerelen abgesetzt, präsentiert sich quasi als überparteilicher Landesvater und Staatsmann, der sich nur zu wirklich wichtigen Fragen der Politik äußert und so die durch die neuen Mehrheitsverhältnisse noch wichtiger gewordenen Integrationsaufgaben wahrnimmt": Josef Krainer, der Mann mit dem „weiteren Horizont", der „eine längere Zukunftsperspektive im Auge hat" und auch die „größeren internationalen Zusammenhänge sieht".[83] Dieses Skript war nicht unrealistisch, das Wunschbild von der Wirklichkeit gar nicht so weit entfernt, und Krainers Imagepfleger konnte sich auch auf Umfragen stützen, die ihm bei einer direkten Wahl des Landeshauptmanns 72 Prozent zubilligten – gegenüber 17 Prozent für Schachner-Blazizek (bei 11 Prozent Unentschiedenen). Für Landtagswahlen hatten die Meinungsforscher zwar weitere VP-Verluste, aber doch einen Wähleranteil von 38 bis 40 Prozent vorausgesagt, die SPÖ würde auf 28 bis 30 Prozent absinken, während die Freiheitlichen 18 bis 20, die Grünen acht bis zehn und das Liberale Forum vier bis fünf Prozent erreichen könnten. Auf diese Zahlen baute man in der Steirischen VP, selbst wenn nicht alle daran glaubten: „Ich habe mich immer über die

Meinungsforscher geärgert", bekennt Rosemarie Krainer. „Gleich ob im Ausland oder bei uns, sie hauen immer daneben, und ich habe meinem Mann öfters gesagt: ‚Warum verlaßt ihr euch so sehr auf sie?' "

Man hat sich auf sie verlassen und darum auch die Zusammenlegung der Landtagswahl mit der Nationalratswahl riskiert, obwohl dieser Termin vielen gestandenen ÖVPlern unheimlich war. „Ich habe dafür gestimmt, daher stehe ich dazu und sage nicht, der Krainer war's, und ich war's nicht", erinnert sich Franz Wegart der historischen Parteivorstandssitzung: „Nach einem kurzen Bericht über die Lage hat der Landeshauptmann ausgesprochen, was wir ohnehin schon geahnt hatten: ‚Freunde, angesichts der totalen Blockade der Landespolitik und der Situation, in der wir uns befinden, schlage ich die vorzeitige Auflösung des Landtags vor – die Mehrheit dafür ist gesichert –, und wir wählen gleichzeitig mit der Nationalratswahl. Ich möchte diese Blockade endlich durchbrechen.' Bei einigen herrschte lähmendes Entsetzen. Abgeordnete und Vorstandsmitglieder hatten mir bereits vorher gesagt, das ginge doch nicht, das sei ein Wahnsinn. Nur jetzt blieben die meisten still. Erst nach einer Schrecksekunde kamen die ersten paar Wortmeldungen, ich war als Fünfter an der Reihe. Und ich habe dann gesagt: ‚Die Würfel sind gefallen. Auch wenn wir nicht wissen, welches Risiko wir damit eingegangen sind, heißt es jetzt nicht philosophieren, sondern marschieren.' Dann haben wir es einstimmig beschlossen. Und diese Entscheidung war sicher ein strategischer Fehler."

Diese Art der Entscheidungsfindung dagegen sagt einiges über Krainers Führungsstil in der Partei aus. Er hat sich andere Meinungen wohl angehört, jedoch nur im seltensten Fall einen vorher gefaßten Entschluß umgestoßen. Waltraud Klasnic sieht Krainer als das, was „man sich unter einem richtigen Chef im wirklichen Sinn vorstellt. Ich habe voll und ganz damit leben können, jemanden zu haben, der sagt, da geh'n wir hin, das machen wir, so geht der Weg. Aber ich konnte auch eigene Ideen einbringen, und sagen, daß man das oder das bedenken sollte." Wie er Kritik vertrug? „Es kam darauf an, wie man sie formulierte. Daß jemand seine eigene Meinung sagte, hat er immer respektiert. Aber da ich ja bei der gemeinsamen Meinungsbildung dabei war, hätte ich mich selber kritisieren müssen. Und wenn ihn etwas besonders geärgert hatte, da hat er den einzelnen nicht direkt vor der Gruppe, etwa im Klub, bloßgestellt. Nein, da waren dann 30 Leute versammelt, und er saß da vorne, und hat nur gesagt: ‚So geht das nicht, das ist der falsche Weg', oder ‚Das dulde ich nicht, das lasse ich nicht zu'. Und manchmal habe ich mich zurückgelehnt und gewußt, jetzt meint er mich." Krainer habe eben „Partei und Landtagsklub in der Hand gehabt hat", bestätigt Wegart. „Da ist nichts geschehen, was er nicht wollte. Vielleicht entstand so bei manchen der Eindruck, daß er die Partei etwas zu straff geführt habe. Wir waren zumindest keine sehr diskussionsfreudige Runde. Da wurde etwas vorgegeben, und damit war die Sache gelaufen."

So geschah es also auch mit dem Wahltermin, nur die Sache lief dann völlig anders, als es sich der Landeshauptmann und seine Berater vorgestellt hatten. Dem idealen Krainerbild, diesem Hochglanzpositiv, das den Wählern präsentiert wurde, stellte eine eher skeptische öffentliche Meinung ein Negativ gegenüber. Aus dem „weiteren Horizont" wurde ein „In-den-Wolken-Schweben", aus der „Abgehobenheit" ein „Isoliertsein", aus dem „Über-den-Parteien-Stehen" ein „Die-Partei-Vernachlässigen".

Man kommt zum Krainer nicht mehr vor, hieß es, er zeigt sich viel zuwenig, interessiert sich nicht mehr für uns und sperrt sich in der Burg ein. Und das Klischeewort ging um, daß er eigentlich nur noch bei Ordensverleihungen oder irgendwelchen großen repräsentativen Veranstaltungen zu sehen sei.

„Diese Ordensverleihungen gestaltete er zu fulminanten Ereignissen, und es war traumhaft, ihm da zuzuhören, im bummvollen Saal voll gespannter Aufmerksamkeit." Aber Bernd Schilcher erkannte bald, daß „die Leute seinen Rückzug auf das Amt des Landespräsidenten, diese De-facto-Verfassungsänderung, nicht verstanden und nicht akzeptierten. Ein-, zweimal haben wir es ihm auch gesagt, und er ist fast wild geworden: ‚Laßt's mich in Ruh, sucht's euch einen anderen. Wenn ihr das von mir wollt, dann Grüß Gott.' Da war er beinhart, und wir haben uns gesagt, gut, warum sollen wir ihn in etwas hineinreden, was er nicht mag."

Aus der Praxis seiner täglichen, engen Zusammenarbeit mit Krainer nennt Gerhard Hirschmann einen plausiblen Grund dafür, warum sich der Landeshauptmann immer rarer gemacht hat: „Er war einer jener seltenen Politiker, der jedem, der ihm gegenübergesessen ist, einfach gesagt hat, wie er die Dinge sieht, was er tun kann und was er nicht tun kann. Und er hat wie kein anderer darunter gelitten, daß die Politik bei uns wie auch in anderen Wohlfahrtsstaaten nur noch dazu mißbraucht wird, den Leuten alles und jedes zu versprechen oder zu sagen, das werden wir schon machen, das und das finanzieren wir. Das hat sich vor allem in den siebziger Jahren zu einem fatalen System entwickelt. Damals schien alles möglich zu sein. Und es hieß dann eher noch ‚Darf's ein biss'l mehr sein, ein Schwimmbad wollt's auch noch, das bauen wir euch sofort.' Gegen Ende der achtziger Jahre hat man dann jedoch zunehmend gespürt, daß das nimmer so läuft. Und der Landeshauptmann mußte jedem Bürgermeister und den verschiedensten Interessenvertretern immer wieder sagen: ‚Jetzt hört's endlich auf, so geht es einfach nicht mehr weiter.' Diese Fehlentwicklung hat ihn sehr belastet, und er hat sich sehr damit beschäftigt, wie man aus dieser Sackgasse wieder herauskommen könnte. Und er hat es vielleicht nicht mehr ausgehalten, was da tagtäglich alles auf ihn zugekommen ist. So ein Landeshauptmann ist ja ein Briefkasten für Hunderte von Wünschen, egal, wo er hingeht, auf den Sportplatz, ins Konzert, in die Oper, zu einem Feuerwehrfest oder auf ein Begräbnis. Er wollte den Leuten aber nichts versprechen, was er nicht zu halten vermochte. Da hat er sich dann selber gesagt: ‚Bevor ich die Leute anlügen muß, ziehe ich mich lieber ein wenig zurück.' "

Und das hat man im Land gespürt, das hat das Land nicht angenommen. Immer mehr Menschen beklagten sich darüber, daß sie oft Wochen ohne Antwort auf einen Termin warten mußten. Sie waren sich nicht im klaren darüber, ob das nur die Folge bürokratischen Verschleppens oder eines bewußten Abschirmens war. Darauf folgten die aus Schilchers Sicht typischen Reaktionen vergrämter Bürgermeister oder „dieser Bürgerlichen, die immer sehr gepflegt sein wollen, und wenn sie sich vernachlässigt fühlen, gleich fremdgehen. Und dann heißt es: ‚Ja, man hat ihn ja nie gesehen. Und wenn du dich uns nicht zeigst, dann werden auch wir uns anders zeigen.' "

Wer auf dem Gipfel steht, dem verwehren manchmal Nebel und Wolkendecken die Sicht ins Tal. „Je höher man oben ist, desto weniger sieht man die Schwächen der eigenen Mannschaft." Karl Schwarzenberg weiß, wovon er spricht. Als Kanzler Präsident Havels hat er in Prag selber politische Höhenluft geatmet. „Nur äußerst selten dringt nach oben durch, wie sehr sich eine Situation verändert oder verschlechtert hat. Erst wenn man draußen ist, erkennt man die eigenen Fehler und die seiner Umgebung in kürzester Zeit."

Krainer verlor so auch die Unterstützung einer wichtigen Gruppe von Meinungsträgern und Stimmungsmachern, der Angehörigen der Grazer kulturellen Szene. Wie kein anderer ÖVP-Politiker in Österreich außer Erhard Busek hatte er es verstan-

Zu Gast bei den Kennedys – Josef Krainer mit Senator Ted Kennedy und Arnold Schwarzenegger bei dessen Hochzeit mit Maria Shriver 1986 in Hyannisport.

Zwei Steirer, die Weltkarriere machten – Josef Krainer mit dem Schauspieler Klaus Maria Brandauer (oben) und dem Dirigenten Nikolaus Harnoncourt.

In der Grazer Literaturszene – Josef Krainer mit dem Schriftsteller Alfred Kolleritsch, einem der Gründer des Forum Stadtpark und der Grazer Autorenvereinigung.

Thema Kultur – der Landeshauptmann mit William M. Johnston, dem Verfasser einer „Österreichische Kultur- und Geistesgeschichte", mit Hanns Koren und dem langjährigen Finanzreferenten der Steirischen VP Ernst Höller.

Steirisches Sportidol – der Landeshauptmann verleiht 1995 Tennisstar Thomas Muster vor einem Massenpublikum am Grazer Hauptplatz das Goldene Ehrenzeichen.

Einzug beim Landesparteitag 1989 – Josef Krainer, Lindi Kalnoky, Franz Hasiba, Waltraud Klasnic und Franz Wegart.

Industrieansiedlung im Raum Graz – mit Bundespräsident Thomas Klestil, und Vorstandsdirektor Horst Gebert 1993 im AMS-Chipwerk in Unterpremstätten.

Zur Grundsteinlegung für das inzwischen so erfolgreiche Eurostar-Auto-Werk kam 1991 der damalige Chrysler-Boss Lee Iacocca nach Graz.

Freunde und Weggefährten – der Landeshauptmann mit Karl Fürst Schwarzenberg und Botschafter Fritz Hoess 1993 auf der Turrach.

Auf der Suche nach der 3. Republik – Josef Krainer reiste mit dem Grazer Politikwissenschafter Wolfgang Mantl (rechts) und einigen Landespolitikern in die Schweiz, um das dortige Demokratiemodell zu studieren (hier im Gespräch mit dem Präsidenten des Internationalen Roten Kreuzes Cornelio Sommaruga).

Tägliches Krafttraining – nach seiner Bandscheibenoperation 1989 turnt Josef Krainer jeden Morgen eine Stunde lang.

*Wieder Zeit für die Familie –
Josef Krainer im Frühjahr 1996 mit seiner Frau Rosemarie,
seinen Kindern, Schwiegerkindern und Enkelkindern.*

den, Schriftsteller, Architekten, Maler, Schauspieler usw. für sich zu begeistern. Jeder nahm ihm ab, daß Kunst und Kultur in seiner Werteskala ganz oben standen. Darum erschien es durchaus logisch, daß der Landeshauptmann 1991, weil ein Sitz in der Landesregierung verloren gegangen und Kurt Jungwirth ausgeschieden war, das Kulturreferat an sich zog. Er wollte diesen für ihn so bedeutenden Bereich nicht den Sozialisten überlassen.

Nach der Ansicht Fritz Csoklichs hat er sich damit jedoch mehr geschadet als genützt: „Krainer hat wohl unterschätzt, wie zeitraubend dieses Amt ist. Deshalb hat man ihn kaum noch bei all jenen Veranstaltungen gesehen, bei denen ein Jungwirth immer anwesend war, bei Vernissagen usw. Und es hat bald geheißen, der Krainer geht ja nirgends mehr hin. Das hat sich für ihn äußerst nachteilig ausgewirkt."

Und der „Joschi", lange Zeit der „Darling" der Journalisten, hatte auf einmal eine schlechte Presse. Zum Teil ist die Schuld sicher darin zu suchen, daß es für Medienleute immer schwieriger wurde, an ihn heranzukommen. Und seine eigenen Leute ließ er oft abblitzen, wenn sie ihm journalistische Gesprächspartner zu bringen versuchten.

Gerhard Hirschmann nennt die Gründe dafür, warum sich Krainer von den Medien in den letzten Jahren nach Möglichkeit absentiert hat: „Vom Alltagsmedienrummel hat er nichts gehalten. Schlagzeilen waren ihm nichts wert. Er hat sich gesagt: ‚Diesen Jahrmarkt der Eitelkeiten mache ich nicht mit, bei den Seitenblicken bin ich sicher nicht dabei, auch nicht bei den politischen. Ich habe eine andere Auffassung von einer seriösen Arbeit.' Und das ist ihm zum Teil auf den Kopf gefallen." Auch Waltraud Klasnic gesteht zu, „daß die Presse mit Krainer keine Freude gehabt hat" – und er nicht mit ihr: „Irgendwann einmal hat er mir gesagt: ‚Ich hab' geglaubt, ich war bei einer anderen Veranstaltung, als ich den Bericht darüber gelesen hatte.' Und da hat er sich vielleicht etwas zu sehr von den Medien zurückgezogen."

Aus eigener Erfahrung weiß Fritz Csoklich, daß Krainer auch in seinen Glanzzeiten für Interviews nicht leicht zu haben war: „Vielleicht hat da sein Perfektionismus entgegengewirkt, und er hat sich nach jedem Interview gesagt: ‚Das hätte ich ja noch anders und viel besser formulieren können.' Außerdem hat er gewisse Journalisten von vornherein als feindselig klassifiziert und darauf gesehen, daß er mit denen nichts zu tun hat." Und die haben es ihm dann heimgezahlt. Viel tiefer und schmerzlicher hat Krainer jedoch getroffen, daß ihn nun auch Zeitungen angriffen, die immer als „Krainer-Blätter" gegolten hatten, und einige der ätzendsten Artikel von Leuten stammten, die seiner Auffassung nach gesinnungsmäßig „zu uns" gehörten und denen er früher einmal freundschaftlich verbunden war.

Während Krainer früher solche Attacken einfach abschüttelte, reagierte er jetzt verärgert und gereizt. Bei der letzten Fernsehdebatte vor der Wahl konnte oder wollte er seinen Unwillen über manche Fragen und über die Person des Fragestellers nicht verbergen und kam so trotz all seiner Routine eher schlecht über den Schirm. Franz Hasiba spürte „eine erhöhte persönliche Verletzlichkeit. Ich glaube nämlich, daß man nach langer politischer Dienstzeit nicht abstumpft, sondern eher empfindlicher wird. Und das könnte dann zu Reflexen führen, die das Wählervolk nicht versteht." Und in der Steiermark ging das Wort um, daß der Krainer eben nicht mehr der sei, der er einmal war.

Wie eine Sandsteinfigur von Wind und Wetter und Abgasen langsam zerfressen wird, so litt das Monument Josef Krainer unter dieser sich im ganzen Land verbreitenden unguten Stimmung. Er muß wohl etwas davon verspürt haben, aber je höher einer oben ist, desto schwieriger wird es für ihn, die Welt so zu sehen, wie sie ist, vor allem dann, wenn sie seinem Willen und seiner Vorstellung widerspricht – und wenn er selber nicht so sein will, wie ihn die anderen gerne haben möchten.

Hat Krainer wirklich unter einem Realitätsverlust gelitten, war er blind für das, was um ihn vorging, hat er nicht mehr auf seine Ratgeber gehört, oder haben die es nicht gewagt, ihm die Wahrheit zu sagen? Und hat er nicht selber gemerkt, daß er in eine Art Isolation geraten war? „Mir war das alles nicht so bewußt. Wenn man solange dabei ist, kann einem schon passieren, daß man die eigene Sicht für die Realität nimmt und eine darauf bezogene Kritik von sich wegschiebt. Meiner Vorstellung nach habe ich mich ja auf dem richtigen Pfad befunden."

Und wie war es mit diesem angeblichen Abgehobensein? „Wenn ich dieselben Worte nicht noch aus der Regierungszeit meines Vaters, vor allem aus seinen letzten Jahren, in den Ohren gehabt hätte, dann wäre ich von solchen Vorwürfen wohl irritiert gewesen. Anscheinend fördern längere Amtsperioden eine solche Einschätzung der Verhaltensweisen eines Regierenden. Eines kann ich jedoch mit Sicherheit sagen: Wie der Vater habe ich immer von früh bis spät gearbeitet und nach allen Seiten hin Kontakte gehalten. Und wenn man mir nachsagte, daß ich mich einzig auf Ordensverleihungen beschränkt hätte, dann brauche ich mich nur zu erinnern, wie meine Arbeitstage ausgesehen haben, und dann weiß ich, daß das nur ein winziger Teil meiner Tätigkeit war. Doch das ist dann durch eine gezielte, immer wiederkehrende sozialistische Propaganda, und auch durch gewisse Zeitungen, so drübergekommen. Den Journalisten gegenüber war ich sicherlich deshalb zurückhaltender, weil ich die tagespolitischen Angelegenheiten bewußt dem Gerhard Hirschmann überlassen habe. Ich selber wollte nur noch zu grundsätzlichen Fragen Stellung nehmen. Daß das dann so interpretiert worden ist, als ob ich von der Öffentlichkeit abgeschirmt würde, halte ich durchaus für möglich. Daß ich von der Wirklichkeit abgehoben gewesen wäre, habe ich selber nie feststellen können. Allerdings, seitdem ich dieses Amt nicht mehr innehabe und mit der Tramway fahre oder mir in der Stadt einen Parkplatz suchen muß, spüre ich schon, daß mir die Menschen viel unbefangener begegnen als früher."

Das Persönlichkeitsbild des Landeshauptmanns und seine Amtsauffassung standen jedoch keineswegs im Zentrum der Debatten. Krainer konnte nicht verhindern, daß die Bundespolitik völlig gegen seine Intentionen zum beherrschenden Element des Wahlkampfs wurde. Und immer wieder mußte er sich die Gretchenfrage gefallen lassen, wie er es denn mit einer schwarz-blauen Koalition hielte. Das hatte Krainer selber provoziert, indem er sich bereits 1993 als erster der ÖVP-Granden gegen eine „Ausgrenzung" Jörg Haiders wandte. Es bringe nichts, wenn man ihn verteufelte und dämonisierte, meinte Krainer. Von ihm ginge eine gewisse Reformkraft aus, weil er immerhin so manche Fehlentwicklung aufgezeigt habe. Er sei auch ein relativ junger Politiker, der noch änderungsfähig wäre. Und Haider redete gerne von „meinem Freund Joschi", tauchte 1990 ungeladen und unangemeldet beim Geburtstagsfest zu Krainers Sechziger in Gasselsdorf auf und sagte dann 1995 jedem, die Steirer könnten ruhig blau wählen, der Krainer bliebe ihnen trotzdem erhalten. Denn die FPÖ würde auf jeden Fall für Krainer als Landeshauptmann stimmen. Das hatte den Wahlausgang ohne Zweifel beeinflußt.

Als Krainer in der für ihn nicht sehr glücklichen Radiodiskussion zehn Tage vor der Wahl einmal mehr auf Haider angesprochen wurde, holte er weit in die Vergangenheit aus und erzählte, wie sein Vater 1945 von einem überzeugten Nationalsozialisten vor der unmittelbar bevorstehenden Verhaftung gewarnt worden sei, und das habe ihm das Leben gerettet. „Und das können sich viele Junge heute gar nicht vorstellen, daß es unter den Leuten des NS-Regimes welche gegeben hat, die menschlich erstklassig waren."[84] Deshalb müsse man den Menschen grundsätzlich positiv gegenübertreten, unabhängig, woher sie kommen, „sonst hätte man nach 1945 den inneren Frieden nicht zustande gebracht. Wir haben nie jemanden ausgegrenzt, auch den Jörg Haider nicht. Ich kenne ihn sehr lange, und die Jagd auf ihn, die von bestimmten Kreisen veranstaltet wird, tut niemandem gut." Auf die unvermeidliche Standardfrage: „Heißt das, daß Sie niemals ‚mit Haider nie' sagen würden", antwortete Krainer mit dem erwarteten: „Natürlich nicht", und abschwächend fügte er hinzu: „Aber das gilt auch für so viele andere."

Mit ähnlichen Äußerungen hatte sich Krainer zu Zeiten, als Erhard Busek noch Parteiobmann war, in krassen Gegensatz zu dessen prinzipieller Absage an Haider gestellt: „Ich konnte nicht auf einmal sagen, das ist alles völlig anders, nur weil der Busek dazu eine andere Auffassung hatte. Bei einer gemeinsamen Pressekonferenz in Graz hat es einmal überhaupt kein anderes Thema gegeben als Haider. Da konnte ich nicht sagen, es ist alles bestens, wir sind in voller Übereinstimmung. Mein maximales Zugeständnis war, die Causa Haider als eine bundespolitische Entscheidung zu klassifizieren. Aber in unserem Land ist die Situation anders, und daß wir da immer unterschiedliche Positionen gehabt haben, ist wahrscheinlich auf die steirische Erfahrung mit Integration und Versöhnungspolitik zurückzuführen. Dafür hatte Erhard Busek als Wiener überhaupt keine Antenne."

Aber der ehemalige ÖVP-Chef Busek hat Krainers Haltung zumindest respektiert: „Ich habe das von der steirischen Landschaft her verstanden. Die starke Rechtslage ist in der Steiermark traditionell. Das alles ist auch ein Erbe Alfons Gorbachs. Die Eingliederung so vieler ‚Ehemaliger' in die Partei hat schließlich der ÖVP die Mehrheit in der Steiermark erhalten. Und die Linie der beiden Krainer und ebenso Niederls, die Dinge immer in Balance zu halten, war schon genial. Daß es sich dann mit der FPÖ nicht ausgegangen ist, liegt daran, daß sie kein Bündnispartner ist."

Auf Grund der Mehrheitsverhältnisse seit 1991 hätte Krainer gemeinsam mit der FPÖ die SPÖ jederzeit überspielen können. Er ist dieser Versuchung jedoch nur selten erlegen: „99 Prozent der Regierungsbeschlüsse zwischen 1991 und 1995 waren einstimmig, waren Dreiparteienentscheidungen. Es hat oft jedoch sehr lange gebraucht und viel Mühe gekostet, um dahin zu gelangen." Laut Krainer sei in den ersten zwei Jahren eher der falsche Eindruck entstanden, als ob eine FPÖ-SPÖ-Koalition im Lande herrschte und es die Mehrheitspartei nicht mehr gäbe. Wenn er es allerdings für nötig hielt, dann hat sich Krainer nicht gescheut, mit den „Blauen" gegen die „Roten" zu gehen. So wurden die Millionen für den Österreichring und die Auflösung des Landtags samt dem Neuwahlbeschluß mit den FPÖ-Stimmen gegen das Nein der SPÖ durchgesetzt.

Dem „blauen" Veteranen Alexander Götz war das zuwenig. Er billigt Krainer zu, daß ihm „politische

Harmonie ein wirklich ernstes Bedürfnis" war. Aber das habe ihm auch geschadet, weil dieses „Harmoniebedürfnis zum Schluß nur noch verbal über die Rampe gekommen" sei. Obwohl Krainer zusammen mit den Freiheitlichen die Mehrheit gehabt hätte, habe er diese Chance nur allzuoft seiner Neigung zum Konsens geopfert. Viele wichtige Entscheidungen seien durch sein stetes Bemühen um Kompromißlösungen nicht mehr zustande gekommen. Götz hat auch ein Rezept, wie der sozialistischen Blockade am besten zu begegnen gewesen wäre – Krainer hätte der SPÖ nur den Finanzreferenten nehmen müssen. Denn ohne dessen Placet sei ja nichts gegangen. Götz glaubt, daß eine solche Konfrontation und Verhärtung die Landespolitik wieder in Bewegung gebracht hätte.

Das paßte jedoch nicht zu Krainers Stil. Das Bekenntnis zur Integration aller gutwilligen Kräfte im Land war für ihn ein Glaubenssatz. Durch seine guten, persönlichen Beziehungen zu Haider wollte er nach der Meinung Fritz Csoklichs vielleicht „abwehren, daß der Jörgl mit voller Wucht in die Steiermark hineinfährt". Außerdem pflegte Krainer die Verbindungen zu den Freiheitlichen, um „im Fall des Falles nicht nur auf die Sozialdemokraten angewiesen zu sein, um die FPÖ eventuell gegen die SPÖ ausspielen zu können."

Ein so liberaler Kopf wie Rupert Gmoser hat keine Probleme mit Krainers offenem Herz für die dritte Kraft im Lande: „In keiner der großen Parteien in der Steiermark gibt es eine absolute Ablehnung der

FPÖ. Und der Joschi hat sich wohl gesagt, daß er sich die Möglichkeit, mit den Blauen im Gespräch zu bleiben, nicht nehmen lassen wollte. Das hat nichts mit Ideologie zu tun. Er ist alles andere als ein Deutschnationaler und kommt aus einer völlig anderen Welt als Jörg Haider. Sein Vater und Gorbach haben ihm den Umgang mit dem nationalen Lager vorgelebt. Also war es für ihn kein Quantensprung, wenn er mit Haider geredet hat. Er meinte eben, wenn man die Demokratie nicht zu Tode reiten möchte, dann müßte auch diese Möglichkeit denkbar sein."

Damit vermag ein anderer sozialdemokratischer Krainerfreund, nämlich Bürgermeister Alfred Stingl, wenig anzufangen. Für ihn war das Hofieren Haiders als „eine Reformkraft, wobei fast eine Erklärung seiner Regierungsfähigkeit herausgekommen ist", ein entscheidender Fehler. Und der habe dann auch zu Krainers Niederlage beigetragen: „Daß niemand ausgegrenzt werden soll, das verstehe ich noch, aber das war des Guten zuviel. Da ging ein Riß durchs Land, durch Bevölkerungskreise, die Krainer für lange Zeit seines politischen Lebens für sich gewonnen hatte. Eine solche Polarisierung wurde von vielen nicht gewollt. Das war eine Zäsur in seinem Anspruch, Landeshauptmann aller Steirer zu sein."

Haider, hin, Haider her – eine Mehrheit der Steirer konnte sich auch in Zukunft keinen anderen Landeshauptmann vorstellen als Josef Krainer. Nur allzu viele waren sich diesmal nicht so sicher, ob sie ihn deshalb auch unbedingt wählen würden. Da waren die, die es diesem „starken Mann da oben einmal zeigen" oder ihm irgend etwas, was nicht so gelaufen war, wie sie es gerne gehabt hätten, „heimzahlen" wollten. Schließlich hatte eine beachtliche Mehrheit weder die Steiermark noch Krainer im Kopf. Vor allem ältere Menschen fürchteten durch den von Wolfgang Schüssel vertretenen Sparkurs einen krassen Sozialabbau. Sie ließen sich von Existenzängsten bedrängen und bangten um ihre Pensionen. Als Obmann des Seniorenbunds war Franz Wegart voll im Wahlkampf engagiert: „Ich habe etwa 60 Veranstaltungen gemacht, und wo ich hingekommen bin, haben mich alte Leute unter vier Augen gefragt: ‚Is da was mit dem Schilling los, i hab' a bißl was erspart.' Da konnte ich die Menschen noch beruhigen, und dann kam der Vranitzky-Brief. Das war, als ob sich Rauhreif auf die Stimmen gelegt hätte. Kein Mensch hat mich mehr gefragt, sie sind bei jeder Versammlung da drunten gesessen wie das personifizierte schlechte Gewissen. Wir sind wie gegen eine Mauer angerannt."

Nach 15 Jahren Krainer wurde auch ein Gewöhnungseffekt wirksam. Josef Krainer war für die Steirer zu einem Teil ihres alltäglichen Lebens geworden, er war immer da und würde immer da sein. „Die Menschen haben ihn sehr gerne gehabt", bemerkt Waltraud Klasnic. „Aber sie haben dann auch immer etwas gesucht, warum sie ihn diesmal nicht wählen sollten. Das hatte nichts mit seiner Person zu tun. Sie waren sich ohnehin sicher, daß Josef Krainer oben bleibt. Dadurch sind sie jedoch in ihrem Einsatz für ihn nachlässiger geworden. Sechs Wochen nach dem 17. Dezember haben wir bei der Bauernkammerwahl ein Mandat dazugewonnen. Und danach haben mir viele gesagt: ‚Da san ma g'rennt', und ich darauf: ‚A so, jetzt? Und was war vor dem 17. Dezember?' "

Einen nicht zu unterschätzenden Einfluß auf das Wahlverhalten hatten damals auch die allabendlichen Fernsehbilder von den Streiks und Demonstrationen gegen die Sparpolitik der französischen Regierung. Solche Zustände wünschte sich keiner in Österreich. Für die meisten Steirer wurde die Landtagswahl von der Nationalratswahl vollkommen zugedeckt.

So kam es, daß sich zahlreiche Stammwähler der ÖVP an diesem 17. Dezember scheuten, ihren Haken in die gewohnte Rubrik der gewohnten Liste 1 zu setzen. Bundeskanzler Vranitzky hielten sie für einen besseren Sicherheitgaranten als einen Schüssel oder einen Krainer. Und die Unzufriedenen oder Verärgerten, die ihren Groll gegen die Regierenden loszuwerden versuchten, die sind eben zur FPÖ, zu den Grünen und zum Liberalen Forum abgewandert.

In den letzten Tagen vor der Wahl war man im ÖVP-Lager längst auf Moll gestimmt. Krainer führte unverdrossen seine Wahltour zu Ende. Der Schrei des Panthers war allerdings heiser geworden, und an einen großen Sieg wagte niemand mehr zu denken, aber auch nicht an einen solchen massiven Stimmenschwund, wie er der ÖVP an diesem 17. Dezember beschert wurde. 1991 waren der Krainer-Partei bereits 50.000 Wähler abhanden gekommen, jetzt waren es weitere 30.000. Angesichts dieses Ergebnisses diente es nur als schwacher Trost, daß trotz allem viele Wähler ihr Stimme geteilt hatten. So erhielt die Steirische Volkspartei bei der Landtagswahl um 6,8 Prozent mehr Stimmen als die Bundes-VP bei der Nationalratswahl, obwohl sich dabei der ÖVP-Stimmenanteil in der Steiermark gegenüber 1994 von 27,5 auf 29,5 erhöht hatte. Das änderte nichts an Krainers Entschluß.

So ging es dann wie ein Beben durchs Land, als die Steirer über den Bildschirm Zeugen von Josef Krainers so beeindruckendem Abschied wurden. Seinen für die meisten völlig unerwarteten Satz: „Sie werden verstehen, daß ich bei diesem Ergebnis als Landeshauptmann zurücktrete", den mußten die Menschen erst verdauen, in einer Steiermark ohne Krainer mußten sie sich erst einmal zurechtfinden. Das politische Theater, das nur allzuoft zur Schmiere verkommt, war zum großen Drama geworden.

Nach der Rücktrittserklärung im Weißen Saal der Burg zog sich Krainer in sein einen Stock höher gelegenes Büro zurück. Dort erwarteten ihn seine Kinder, und ein Enkel strahlte ihn an: „Opa, jetzt hast du wenigstens mehr Zeit für uns." Bevor er sich kurz mit ihnen zusammensetzte, fand er für die Schar völlig verstörter Mitarbeiter noch ein paar tröstende Worte. So sei das Leben eben, aber sie bräuchten keine Angst zu haben. Er würde schon dafür sorgen, daß es für sie weiterginge. Von der Burg begab sich Krainer ins nahe VP-Hauptquartier am Karmeliterplatz. Er versuchte vergeblich, die dort herrschende Begräbnisstimmung mit ein paar aufmunternden Sätzen aufzulockern, und verfolgte das Ende des Wahlabends im Fernsehen. Gegen elf Uhr nachts setzte sich der Landeshauptmann ins Auto und fuhr nach Hause. Für den nächsten Morgen um neun hatte er den Parteivorstand ins Josef-Krainer-Haus bestellt.

Leben nach der Politik

„Und ich bin zur Waltraud hin und hab' ihr gesagt: ‚Du mußt es machen.' Und Waltraud Klasnic hat ‚Ja' gesagt."

Josef Krainer über die „Hofübergabe" am 18. Dezember 1995

Sie mußten ihm alle in die Augen schauen, dem alten Krainer. Als die Damen und Herren des Parteivorstands am Morgen des 18. Dezember 1995 das Foyer des Josef-Krainer-Hauses betraten, übernächtig und gezeichnet wie Boxer nach einem verlorenen Kampf, fiel ihr Blick zwangsläufig auf Günter Waldorfs plakatives Bild des Krainer-Vaters: breitbeinig steht er da, frontal zum Betrachter, die Linke in der Hosentasche, streng schaut er drein, als ob er darauf achten wollte, daß die nächsten VP-Generationen sein Erbe nicht verspielten. Auch ihm war es nicht erspart geblieben, mit schlechten Wahlresultaten fertig zu werden. „Aber er is' net z'rucktret'n", dürfte sich mancher gedacht haben, der mit der Entscheidung des Sohnes seine Probleme hatte. Solche vereinzelte Zweifel enthoben die Parteiführung jedoch nicht ihrer Pflicht, nun einen Kandidaten für das so plötzlich verwaiste Amt des Landeshauptmanns zu küren.

Josef Krainer hatte eine klare Vorstellung gehabt. Er betrachtete Gerhard Hirschmann als seinen politischen Ziehsohn, er war für ihn der logische Nachfolger. Und das hatte er ihm auch eröffnet – am Wahlsonntag nachmittags, als er Hirschmann als erstem in seiner Partei den Rücktrittsentschluß anvertraute: „Unter vier Augen hat er mir gesagt: ‚Ich geh, und ich werde jetzt den anderen Führungsleuten in einer Stunde mitteilen, daß ich dich als Nachfolger vorschlage.' " Hirschmann empfand das selbstverständlich als ehrend, und auch als ein Zeichen seiner Zuneigung. „Ich habe darauf nichts geantwortet. Ich habe in den Jahren zuvor gerne viele Aufgaben an der Seite Josef Krainers übernommen, in der Partei, im Landtagsklub und später in der Landesregierung. Und mein Lebensweg war so eng mit Josef Krainer verknüpft, daß ich in dieser Situation gewußt habe, das kann ich nicht und das darf ich nicht machen. Ich glaube, das war das einzige Mal in meinem Leben, daß ich ihm aus guten Gründen gesagt habe, du, ich mache das nicht. Das heißt, gesagt habe ich es ihm erst am nächsten Tag, zwei Minuten vor der Parteivorstandssitzung."

Daß Krainer vor allen anderen an Hirschmann gedacht hatte, kam für niemanden überraschend. Bei der Frage der Meinungsforscher lange vor der Wahl, wen sich die Steirer am ehesten als Landeshauptmann vorstellen könnten, falls Krainer nicht mehr kandidierte, lag Hirschmann am ersten Platz. Seine 14 Prozent waren zwar nicht aufregend, aber nach ihm erreichten Waltraud Klasnic zehn Prozent und Martin Bartenstein sechs bis sieben Prozent. Der Rest verteilte sich auf andere Namen. Und wer war den Steirern von den möglichen Nachfolgekandidaten am sympathischesten? Da führte Klasnic klar vor Agrarlandesrat Erich Pöltl, und Hirschmann lag weit abgeschlagen irgendwo im Hintertreffen. Er mußte dafür bezahlen, daß er jahrelang Krainer als der „Mann fürs Grobe" gedient hatte. Mit geschliffenen, oft beißenden, meist in jedem Sinn des Wortes treffenden Formulierungen sagte er vom und zum politischen Gegner, was sich der Landeshauptmann in aller Stille höchstens dachte. Wo immer es krachte in der politischen Landschaft, mischte Hirschmann vorne mit. Er sei „zu einer der unpopulärsten Gestalten der steirischen Szene geworden, weil ihn die Partei mißbraucht" habe, urteilt Fritz Csoklich. „Als Parteisekretär mußte er dauernd die Sozialisten attakkieren, ätzend, mit scharfer Zunge, und das mögen die Leute nicht." Als Hirschmann zu Beginn seiner Karriere einmal ein Jahr lang in der „Kleinen Zeitung" arbeitete, hatte ihn Csoklich als sein Chefredakteur völlig anders erlebt: „In der Redaktion ist er schon bei den kleinsten internen Konflikten als leiser, stiller Friedensengel von einem zum anderen gegangen und hat abgewiegelt und geschlichtet, wo es etwas zu schlichten gab. Ich war wirklich erstaunt, wie er auf einmal sozusagen als ‚Wadlbeißer vom Dienst' die Leute ständig mit Salzsäure übergossen hat. Davon ist er dann nicht mehr losgekommen, auch als er versucht hat, staatsmännischer aufzutreten."

Um all das hat auch Hirschmann gewußt und sich über seine Beliebtheit kaum Illusionen hingegeben. Am späteren Abend des Wahltags hatte er Krainer erste Zweifel spüren lassen: „Er hat mich gefragt: ‚Glaubst du das wirklich?' Und ich hab' ihm gesagt: ‚Du wirst dich zusammennehmen müssen und nett sein zu den Leuten. Dann werden wir das schon hinkriegen.' "

Für den potentiellen Thronfolger wurde es noch eine lange Nacht. Von der Psyche her ist es durchaus verständlich, daß einem politischen Menschen wie Hirschmann eine solche Herausforderung den Schlaf raubt, selbst wenn viele Vernunftgründe dagegen sprechen, sich ihr zu stellen: „Natürlich überlegt man sich so etwas ein paar Stunden hindurch ernstlich und schiebt es im Kopf hin und her. Aber im Inneren war es für mich in dem Moment entschieden, als er es mir gesagt hat. Ich habe sein Angebot als väterlich und freundschaftlich sehr zu würdigen gewußt, aber es war für mich instinktiv klar: das geht nicht."

Der Landeshauptmann war als einer der ersten im Josef-Krainer-Haus erschienen. Da hieß es, daß Hirschmann bereits auf ihn wartete und vor der Sitzung noch mit ihm reden wollte: „Da ist er ganz allein drinnen gesessen und hat mir gesagt: ‚Du, ich habe heute fast kein Auge zugetan. Sei mir nicht bös', aber ich habe die Überzeugung gewonnen, daß das keinen Sinn hat. Glaubst du nicht, daß wir uns mit der Waltraud in der gegenwärtigen Situation unendlich viel leichter tun würden?' Sie war für mich stets eine Art Jolly Joker. Ich konnte sie mir schon immer als Landeshauptmann vorstellen. Hirschmann, Klasnic und Bartenstein waren seit langem im Gespräch, alle drei hatten in meinem Denken einen

Platz gehabt. Der Bartenstein ist der Glücksfall eines Steirers, der gerne in Wien ist, und den brauchen wir dort. Und dann sind wir halt in die Sitzung gegangen, und ich bin zur Waltraud hin, und hab' ihr gesagt: ‚Du mußt es machen.' " Und Waltraud Klasnic hat „Ja" gesagt – und im Stillen ein Stoßgebet geflüstert.

Thronwechsel in Graz, Hofübergabe auf steirisch: es hatte gegolten, das Nachfolge-Spiel so kurz wie möglich zu halten, denn die Verhandlungen mit den anderen Parteien, deren Stimmen die ÖVP zur Wahl eines Landeshauptmanns aus ihren Reihen brauchte, würden ohnehin schwierig genug werden. Krainer war's zufrieden, obwohl ihm „sein" Hirschmann eine Absage erteilt hatte. Er empfand es als Glück, „daß das mit der Waltraud so gut gegangen ist. Ihr „Ja" ohne ein Zögern, das gehört „zu den Wesensmerkmalen dieser Frau. Ich habe ihren Weg von Anfang an begleitet, seit ich sie als junge Gemeinderätin bei einem Bauernbundball kennengelernt habe. Da ist mir ihr gesunder Hausverstand aufgefallen, aber sie hat auch Charisma, und eine herzhafte Menschlichkeit. Ohne groß darüber zu reden, ist sie Obfrau des Kinderdorfs in Stübing und der Kastastrophenhilfe Österreichischer Frauen, und bis zum heutigen Tag betreut sie in aller Stille ein Pflegeheim in Graz. Wie sie das neben all ihren politischen Aufgaben geschafft hat, das macht ihr so schnell keiner nach."

Die neue Landeshauptfrau, die sich jedoch lieber „Frau Landeshauptmann" nennen läßt, ist eine Art Kontrastprogramm zu Josef Krainer. Und viele entdecken mehr Ähnlichkeiten mit dem Vater. Wie er stammt sie aus kleinsten, ärmlichsten Verhältnissen und hat ihren Weg an die Spitze ganz, ganz unten beginnen müssen, ohne die Bildungsprivilegien, die etwa dem Krainer-Sohn zuteil geworden sind. Die Wirklichkeit der Arbeitswelt hat sie durch harten Einsatz im gemeinsam mit ihrem Mann aufgebauten Transportunternehmen im wahrsten Sinn erfahren. Wenn es sein mußte, saß sie am Steuer des Schulbusses oder auch eines schweren Lkws. Ihr politischer Aufstieg ist jedoch eng mit ihrem Vorgänger verknüpft, und sie weiß, daß sie immer wieder an ihm gemessen wird. In den Amtsräumen in der Burg hat sie wenig verändert, und auch einige Leute aus dem Krainer-Team sind nun in ihrem persönlichen Stab tätig.

Und was nimmt Waltraud Klasnic sonst noch von Josef Krainer junior mit? „Ich habe von Josef Krainer gelernt, daß das Amt zwar etwas Besonders ist, aber daß man dabei die Nähe zum Menschen nicht verlieren darf. Man darf nicht weggehen von den Leuten, sondern man muß immer mitten in sie hineingehen, so wie er das jahrzehntelang praktiziert hat. Er ist unter die Leute gegangen, hat mit ihnen geredet, und sie hatten das Gefühl, er ist einer von uns. In seinen Entscheidungen war er meistens sehr klar, und er war sehr direkt, und das verträgt nicht jeder, und auch nicht jede Situation. Das Krainerwort hatte in Wien schon ein Gewicht, und darüber hinaus in ganz Österreich. Mir ist bewußt, daß ich das, was er an Auslandskontakten hatte, nicht einbringen kann. Ich kann das nur in kleinen Schritten tun, und ich werde auch versuchen, Netze zu knüpfen, wenn auch in einer anderen, neuen Form. Schließlich muß sich jeder selber so darstellen, wie er eben ist. Ich will ihn nicht kopieren, und ich kann's auch gar nicht. Da ist es als Nachfolger vielleicht sogar etwas leichter, eine Frau zu sein. Dann ist auch die Erwartungshaltung eine andere. Aber in manchem Bereichen ist es auch wieder schwieriger. Eine Schonfrist war mir nicht gegönnt. Und von einer Frau wird oft mehr Einfühlungsvermögen verlangt als von einem Mann, und mehr Verständnis, dort, wo ein Mann nur seine Autorität einzusetzen braucht. Ja, von mir als Frau erwartet man doch andere Akzente, und die muß ich dann setzen. Aber ich habe ein gutes und schönes Erbe übernommen, und ich werde versuchen, es zu mehren, damit er selber wieder seine Freud' daran hat, und mit uns; und er hat ja eine Freud' mit uns, und er leidet auch mit, wenn einmal etwas nicht geht. Und das ist ebenfalls ein gutes Gefühl."

Mit der Begründung: „Wer die Verantwortung hat, soll auch das Sagen haben", hatte Josef Krainer unmittelbar vor der Amtsübergabe am 23. Jänner auch seine Parteiobmannsschaft zurückgelegt. Am 9. März rief die Nachfolgerin zu einem Sonderparteitag in die Schwarzl-Halle in Unterpremstätten bei Graz. Wo sonst Popkonzerte und Bälle stattfinden oder auch einmal zu einem Massenpreisschnapsen eingeladen wird, versuchten Krainer und Klasnic den zutiefst verunsicherten Funktionären wieder Mut und Selbstvertrauen einzuimpfen. Und diese Versammlung sollte auch vergessen machen, welcher Konzessionen es gegenüber der FPÖ auf Bundesebene bedurft hatte, daß der Landeshauptmann jetzt nicht Peter Schachner-Blazizek, sondern Waltraud Klasnic hieß. Das war nun unter Dach und Fach. Doch zum erstenmal seit 1945 hatte es eine Kampfabstimmung gegeben. Klasnic war mit den Stimmen der ÖVP, der Freiheitlichen und der Liberalen gewählt worden, die SPÖ hatte für Schachner-Blazizek gestimmt (bei Stimmenthaltung der Grünen).

Das Haus, das sie vorgefunden hatte, sei in Ordnung gewesen, bekannte die neue Frau an der Spitze. Sie bat Josef Krainer, die Wahl zum Ehrenobmann der Steirischen VP anzunehmen, und dann wurde ein überschweres Abschiedsgeschenk aufs Podium gehievt – Gerhardt Moswitzers Metallplastik „Der König". Krainer war gerührt – ein so kostbares Geschenk habe er sein ganzes Leben lang nicht erhalten; und im Saal fanden selbst jene, die mit der abstrahierten, zackengekrönten Figur nicht viel anzufangen wußten, daß das die rechte Gabe sei für einen scheidenden Patriarchen von stählernem Willen, eiserner Disziplin und erzener Sprache, für einen abgedankten Landesfürsten mit Sinn für Monarchenmacht und moderne Kunst. Krainer präsentierte sich seinen Parteifreunden – und zu dieser Stunde schien er nur noch Freunde zu haben – in bester Form, nicht als Verlierer, eher als einer, der erleichtert ist, einer schweren Last ledig geworden zu sein und nun aus abgeklärter Sicht Rückschau hält, Bilanz zieht und Dank sagt. In seiner Rede ist alles drin: die Laudatio auf die Nachfolgerin, ein Bekenntnis zum treuen Gefährten Gerhard Hirschmann, Anerkennung für die Jungen in der Partei und für die Alten, Gedanken an eine verheißungsvollere Zukunft und, wie es Krainer so liebt, ein Abstecher in die Vergangenheit: „Ich bin ja schon von Kindheit an von Politik umgeben gewesen, und habe etwa Franz Wegart bereits vor fünfzig Jahren in unserem Haus in Gasselsdorf kennengelernt." Er nannte noch so manchen Namen, und dankte schließlich dafür, daß er „diesem Land so lange dienen durfte". Am Ende berichtete der Alt-Landeshauptmann von einer für ihn völlig neuen Erfahrung – daß nämlich auch „das Leben nach der Politik Qualität hat".

All das brachte Josef Krainer in kämpferischer Sprache vor, als ob er doch noch einmal eine Wahl gewinnen müßte. Die geballte Faust fuhr durch die Luft, und jeder Satz war ein Treffer. Der eher bedächtige Rede-Rhythmus mit den vielen bewußt gesetzten Pausen erweckte den Eindruck, als ob sich Krainer jedes Wort erst in diesem Moment ausdenken würde, ein sicheres Mittel, um zusätzliche Spannung zu erzeugen. Alles war Josef Krainer pur – wohlkalkulierte Improvisation, kontrollierte Spontaneität, ein herzlich-rauher steirischer Ton, das Organ fast zu laut für ein solches Freundschaftstreffen, aber Krainer wollte damit wohl Sentimentalität verhindern und allfälligen Abschiedstränen wehren. Und bei einem so festen, harten Ton bricht die Stimme nicht so leicht, wenn's einem weh ums Herz wird.

Josef Krainer war also per Akklamation zum Ehrenobmann auf Lebzeiten erwählt worden, zum aktuellen Geschehen hielt er jedoch bewußt Abstand. Er wollte nicht Modell stehen für das Zerrbild des rastlosen Ex-Politikers, der nicht aufhören kann, den ein Dasein ohne Öffentlichkeit, ohne Dienstwagen, Stab und Büro in die Verzweiflung treibt und der sich ständig überall einmischt, zu allem und jedem eine Erklärung abgibt und sich an die letzten Zipfel der Macht klammert wie an ein rettendes Seil. Das heißt nicht, daß Krainer das Interesse an der Politik und am Land vergangen ist. Dazu bedeuten ihm die Steiermark, ihre Menschen und seine Partei viel zuviel. Gegenüber der Nachfolgerin übt er sich jedoch in vornehmer Zurückhaltung, nirgends möchte er ihr im Weg stehen oder ihr gar die Schau stehlen, höchstens, daß er mit diskretem Rat aushilft, wenn es sie danach verlangen sollte.

Krainers Zeit sei eben abgelaufen gewesen, hatte es in vielen Nachrufen auf einen Lebenden geheißen. Er erweckt eher den Eindruck, als ob er sich die Zeit zurückerobert hätte, weil sie nun wieder zu seiner eigenen geworden ist: „Ich werde mit Einladungen überhäuft, aber jetzt suche ich sie mir aus, sage nur zu, wenn es mir Freude macht, gehe also nur dorthin, wohin ich gerne gehe, und nicht, wohin ich gehen muß." Viele Stunden verbrachte er über den Stößen von Briefen, von Freunden und Fremden, von großen Namen und einfachen Leuten, die ihm nach dem Rücktritt geschrieben hatten. Die Liste der Absender reicht von Kirchschläger bis zu Olah, von Busek bis zu Haider, vom Universitätsprofessor bis zu einfachen Bauern. „Diese Briefe alle zu beantworten, werde ich noch Monate brauchen." Krainer leidet auch unter keinerlei Entzugserscheinungen, „weil sich anscheinend ein jahrzehntelanger Streß angesammelt hat und ich jetzt auf einmal tun und lassen kann, was ich will. Meine Frau hatte die gute Idee, uns zuerst einmal wegfahren zu lassen." Bald nach dem Jahreswechsel sind die Krainer im Jänner 1996 nach Barcelona geflogen. „Wir haben uns einen alten Wunsch erfüllt, sind tagelang durch die Stadt flaniert, in Cafés am Hafen im Freien gesessen, zu den Gaudi-Bauten gepilgert und ins Romanische Museum. Dort standen wir vor dem berühmten Lamm, das Herbert Boeckl für seine Seckauer Apokalypse verwendet hat. Wir sind durch das gotische Viertel gewandert und haben das Picasso-Museum besucht. Und wir waren mit Jordi Pujol, dem katalanischen Präsidenten, zusammen, einem klassischen Föderalisten, den ich seit langem kenne." Dieser Ausflug war keine Flucht, eher ein befreiendes Durchatmen. Das schöne Erleben „hat uns ein wenig weggezogen von allem". Im Februar gönnte sich Krainer bei einem Südtiroler Skiurlaub mit den Enkelkindern ein paar stille Stunden auf der Loipe. Immer wieder nutzt Krainer die noch ungewohnte Muße zu irgendwelchen Kunstreisen. So ist er im Frühsommer von seinem geliebten Südtiroler Urlaubsort, von Völs am Schlern, mit Rosemarie im Auto nach Südfrankreich gefahren, um endlich einmal die Matisse-Kapelle in Vence und auf der Rückreise die Antelami-Skulpturen im Baptisterium von Parma zu sehen, und einige Wochen später besichtigte er bayerische Barockklöster. Josef Krainer ist dankbar für das so spannungs- und erfahrungsreiche Leben, das mit seinem Amt verbunden war. Aber er hat keinerlei Schwierigkeiten mit der neuen Freiheit, er schöpft sie voll aus und scheint sie zu genießen. Er denkt daran, sich mit dem Computer vertraut zu machen, und selber einmal seine politischen Gedanken niederzuschreiben und darüber zu reflektieren, was politisches Handeln in unseren Tagen ist, sein soll, sein kann und welche Grenzen dem Handelnden gesetzt sind. Stoff genug für solche Überlegungen hat er im Lauf seiner Karriere gesammelt. Auch andere quälen sich mit dem so jähen Ende der Krainer-Ära, suchen nach Gründen und versuchen zu analysieren. Dabei gebraucht nicht nur Erhard Busek den naturwissenschaftlichen Begriff von den „Halbwertszeiten, die für Politik und Politiker immer kürzer werden". Und er spricht aus eigener Erfahrung. „Der Joschi und ich, wir sind beide keine Leute der ‚virtual reality', der Scheinwirklichkeit, in der sich die Politik heute bewegt. Wir haben natürlich auch unsere Konzessionen gemacht, ich denke da an manche große Inszenierung im ‚steirischen Landestheater'. Aber wir wollten ja etwas schaffen, etwas bewegen, und das wird immer unmöglicher, immer weniger aktuell, denn heute kann ja kaum noch regiert werden. Das liegt auch daran, daß das geistige Prinzip nicht mehr gefragt ist. Seltsam, in einem Zeitalter, das für Bildung soviel getan hat, ist die tiefere Bildung des Politikers nicht mehr so gefragt. Darum sind der Krainer und ich für das Tagesgeschehen, wie es heute abläuft, nicht mehr die zeitgemäßen Typen." Dieser Verlust des Geistigen oder zumindest seine Vernachlässigung und Unterbewertung führten dazu, „daß sich die Politik immer mehr von den Wirklichkeiten absetzt und in diesem Maße auch ihre Fähigkeit abnimmt, die anstehenden Probleme zu lösen."

Karl Schwarzenberg glaubt nicht, daß Josef Krainer gescheitert ist. „Er hat die Steiermark um einen wesentlichen Schritt vorangebracht. Das reicht vom Straßennetz bis zu den intellektuellen Entwicklungen. Aber jeder Mensch ist aus seiner Zeit geboren, von einer gewissen Zeit geprägt, für eine bestimmte Zeit geschaffen worden, und irgendwann läuft das dann auseinander. Seine Generation ist von den Aufbaujahren nach dem Krieg geformt, und wenn man heute sieht, wie überall in Europa bereits die Zeit der Nachfolgegeneration, der 68er, zu Ende geht, dann wird verständlich, daß ein Politiker sozusagen aus der Vorzeit den Leuten heute typusmäßig nicht mehr entspricht." Das sind eben die Spielregeln der Politik. Viele Große haben sich in ihrem Amt überlebt, ein Churchill genauso wie ein Raab und ein Kreisky. „Das gehört eben zum Lebensgang eines erfolgreichen Politikers", theoretisiert Gerhard Hirschmann, „der Aufstieg, der Abstieg und schließlich der Fall. Irgendwann ist dann der Moment da, daß einer seine Botschaft nicht mehr so an die Leute bringt, nicht mehr so ankommt, wie er es verdienen würde. Dabei ist Josef Krainer seit seinem Rücktritt mit Abstand der populärste Mann im ganzen Land, vielleicht populärer, als er jemals war."

So ist die Volksseele. Wenn die Steirer nun den Krainer auf einmal auf einen Sockel stellen, dürfte dabei auch eine gute Portion schlechtes Gewissen mitspielen: weil jetzt viele empfinden, daß Josef Krainer doch nicht verdient habe, was sie ihm da angetan hatten. Wahrscheinlich wäre alles normaler gewesen, wenn er nach der Wahlniederlage nicht zurückgetreten wäre. War er denn wirklich am Ende? Er hätte dem Land wohl noch einiges geben können. Daran hat er auch selber geglaubt, sonst wäre er nicht noch einmal angetreten. Er hatte jedoch das gnadenlose Gesetz der sich ständig reduzierenden Ablauffristen in der Politik gegen sich. Aus der professoralen Perspektive Wolfgang Mantls ist Krainer ein Opfer seiner langen Amtszeit. „Er war 16 Jahre lang Landeshauptmann und 25 Jahre hindurch in der Politik. Weil die Demokratie immer stärker als Herrschaft auf Zeit empfunden wird, geraten länger dienende Amtsinhaber gleichsam in den Bewußtseinsschatten der Öffentlichkeit. Und der legt sich dann wirklich wie ein Schatten über ihr Bild." Der Politiker verbraucht sich heute auch deshalb wesentlich schneller als früher, weil „das Massenmedium Fernsehen mit seiner täglichen Bilderflut nach einiger Zeit eine gewisse Sättigung erzeugt, und weil Macht und Machtveränderung längst nicht nur von Wahlakten abhängen, sondern mehr und mehr zu medialen Prozessen werden. Da zählt nur noch der Augenblick, und frühere Leistungen werden nicht mehr richtig gewürdigt. Eine so lange Amtsperiode hinterläßt Zeichen, historische Markierungen, aber auch psychische Narben und seelische Kerben. Und irgendwann wird ihm dann die Rechnung präsentiert. Dem Josef Krainer ist sicher nicht alles gelungen, was er gewollt hat, aber er hat auch nichts von dem, mit dem er angetreten ist, preisgegeben oder verraten."

So ist der Alt-Landeshauptmann also aus seinem Haus Steiermark ins eigene zurückgekehrt. „Allzuviel hat sich für mich nicht verändert", findet Rosemarie Krainer, „bis auf das, daß er jetzt viel daheim ist und über seine Zeit verfügen kann. Wir haben endlich Gelegenheit, Freunde zu besuchen, und zum erstenmal wieder eine Art Privatleben." Dennoch machen sich einige aus der alten Krainer-Mannschaft Gedanken darüber, wie sich das ungeheure Potential dieses Mannes doch noch nutzen ließe, für das Land, für Österreich oder auf internationaler Ebene. Er wollte kein Büro und keine Sekretärin, die Briefe beantwortet er eigenhändig. Er bekennt sich zu seinem privaten Dasein. Doch ein Josef Krainer, der einfach aufhört, schöne Bücher liest, mittelalterliche Kathedralen besucht und seine Abende im Konzert oder in der Oper verbringt, das fügt sich nicht leicht ins vertraute Bild, das sich seine Freunde von ihm gemacht haben.

Dieser Josef Krainer, der da inmitten von Büchern, Bildern und Graphiken im hellen ebenerdigen Wohnzimmer sitzt, mit Worten in seiner Vergangenheit kramt und sich beim Blättern in alten Photoalben die Jugend zurückruft, ist gelöst und gelassen. Jetzt, da er den Lauf der Dinge nicht mehr zu leiten und zu lenken hat, scheint er über den Dingen zu stehen. Er hat zwar Wahlen verloren, aber wie er mit der Niederlage umgegangen ist, das hat ihn doch wieder auf das Siegerpodest gebracht. Ob sich Josef Krainer wie ein Gescheiterter fühlt? „Subjektiv überhaupt nicht, obwohl ich mir diese Frage immer wieder selber stelle. Ja, wenn wir den Landeshauptmann nicht mehr hätten, wenn jetzt ein Sozialdemokrat auf meinem Platz säße, dann wäre das wohl ein Scheitern gewesen. Mit der Wahlzusammenlegung habe ich einen großen Fehler gemacht. Ich hätte sicher noch gerne eine Amtsperiode gemacht, habe mir das lange überlegt, und bei den Tests kam heraus, daß jeder andere nur ein schlechteres Ergebnis als Krainer erzielen würde. Daraufhin habe ich mich hingestellt und war voll dabei. Nur ist es dann anders gekommen. Vieles läßt sich planen und bestimmen, doch nicht alles. Nicht alles läuft den Regeln der Vernunft entsprechend. So manches in entscheidenden Lebensbereichen hat man eben nicht in der Hand. Aber die Amtsübergabe ist überraschend gut gelungen. Nein, es war kein Scheitern..."

Das Tonband ist abgelaufen; während des Kassettenwechsels steht Josef Krainer auf und geht in den Garten hinaus, streift sich Handschuhe über, greift nach der Blumenschere und fängt an, die Rosen zu beschneiden...

Zeittafel

1930 Geboren am 26. August 1930 in Graz, verheiratet, 5 Kinder, 6 Enkelkinder

1949 Reifeprüfung am Oeverseegymnasium

1949-1954 Studium der Rechtswissenschaften an der Karl-Franzens-Universität in Graz. Gründungsmitglied der akademischen Vereinigung für Außenpolitik

1951/52 Studium der Politischen Wissenschaften als Fulbright-Stipendiat an der University of Georgia in den USA. Präsident des dortigen „Cosmopolitan Club"

1954 Promotion zum Dr. jur. und Gerichtsjahr

1954/55 Studienjahr am Bologna Center der Johns Hopkins University, mit Auszeichnung absolviert. Einmonatiger Studienaufenthalt am Istituto Pro Civitate Christiana in Assisi

1956-1962 Generalsekretär der Katholischen Aktion in der Steiermark. Beteiligt am Aufbau der Afro-Asiatischen Institute in Wien und Graz

1957 Hochzeit am 6. Juli mit Frau Rosemarie, geb. Dusek

1962-1966 Wissenschaftlicher Assistent bei Univ. Prof. DDr. Anton TAUTSCHER am Institut für Volkswirtschaftslehre und Finanzwissenschaft der Universität Graz

1966-1969 Direktor-Stellvertreter des Steirischen Bauernbundes

1969 -1972 Direktor des Steirischen Bauernbundes

1.3.1970 – Nationalratswahl   Österr.   Stmk.

	Österr.	Stmk.
ÖVP	44,8 %	45,63 %
SPÖ	48,2 %	47,87 %
FPÖ	5,5 %	4,98 %

Josef KRAINER wird Abgeordneter zum Österreichischen Nationalrat und Obmann des Steirerklubs der Steirischen VP-Abgeordneten

15.03.1970 – Landtagswahl

ÖVP	48,6 %	28 Mandate
SPÖ	44,7 %	26 Mandate
FPÖ	5,3 %	2 Mandate

10.10.1971 – Nationalratswahl

	Österr.	Stmk.
ÖVP	43,1 %	44,53 %
SPÖ	50,0 %	48,93 %
FPÖ	5,5 %	4,88%

Josef KRAINER als steirischer VP-Listenführer wieder in den Nationalrat gewählt.

28.11.1971 Tod von Landeshauptmann Josef KRAINER I.

10.12.1971 Neuwahl des Landeshauptmanns durch den Landtag nach dem Tod von Ök.-Rat Josef KRAINER: Friedrich NIEDERL wird Landeshauptmann, Josef KRAINER wird Landesrat. Die weiteren Mitglieder der Landesregierung von 1971 bis 1980 sind für die ÖVP: Landeshauptmann-Stellvertreter Franz WEGART und die Landesräte Anton PELTZMANN und Kurt Jungwirth, für die SPÖ: Erster Landeshauptmann-Stellvertreter Adalbert SEBASTIAN und die Landesräte Josef GRUBER, Hannes BAMMER, Christoph KLAUSER

1971-1980 Josef KRAINER ist Landesrat für Agrar- und Baufragen in der Steiermärkischen Landesregierung, intensive Bemühungen um regionale Außenpolitik mit den angrenzenden Ländern. Mitbegründer der ARGE Alpen-Adria

18.3.1972 Der Landesparteitag der Steirischen VP wählt Landeshauptmann Friedrich NIEDERL zum Landesparteiobmann und Landesrat Josef KRAINER zum geschäftsführenden Landesparteiobmann. NIEDERL und KRAINER führen die Partei im Team bis 1980.

20.10.1974 – Landtagswahl   ÖVP   53,3 %   31 Mandate
                                                 SPÖ   41,2 %   23 Mandate
                                                 FPÖ   4,2 %   2 Mandate

5.10. 1975 – Nationalratswahl   Österr.   Stmk.
                                                 ÖVP   43,0 %   43,94 %
                                                 SPÖ   50,4 %   50,27 %
                                               FPÖ   5,4 %   4,58 %

8.10.1978 – Landtagswahl   ÖVP   52,0 %   30 Mandate
                                              SPÖ   40,3 %   23 Mandate
                                             FPÖ   6,4 %   3 Mandate

6.5.1979 – Nationalratswahl   Österr.   Stmk.
                                             ÖVP   41,9 %   41,37 %
                                           SPÖ   51,0 %   51,37 %
                                           FPÖ   6,1 %   6,15%

4.7.1980 Josef KRAINER wird nach dem Rücktritt Friedrich NIEDERLs von den Abgeordneten zum Steiermärkischen Landtag erstmals einstimmig zum Landeshauptmann von Steiermark gewählt, nach den Landtagswahlen 1981, 1986 und 1991 Wiederwahl.

Der Regierungsmannschaft von LH KRAINER gehören für die ÖVP: Zweiter Landeshauptmann-Stellvertreter Franz WEGART, die Landesräte Anton PELTZMANN (ab 26.08.1980 Hans-Georg FUCHS), Kurt JUNGWIRTH und Ing. Simon KOINER, für die SPÖ: Erster Landeshauptmann-Stellvertreter Hans GROSS und die Landesräte Josef GRUBER, Christoph KLAUSER und Gerhard HEIDINGER an.

15.11.1980 Beim VP-Landesparteitag wird Landeshauptmann Josef KRAINER zum Landesparteiobmann gewählt und übt diese Funktion bis 1996 aus.

4.10.1981 – Landtagswahl   ÖVP   50,9 %   30 Mandate
                                       SPÖ   42,7 %   24 Mandate
                                       FPÖ   5,1 %   2 Mandate

19.11.1983 Beim VP-Landesparteitag Wiederwahl von Landesparteiobmann Josef KRAINER mit 97,10 %

1983 Personalrochaden an der Landtagsspitze: Franz FELDGRILL folgt Hanns KOREN als Landtagspräsident, Waltraud KLASNIC wird 3. Landtagspräsidentin. In der Landesregierung folgen Helmut HEIDINGER auf Hans-Georg FUCHS und Josef RIEGLER auf Simon KOïNER.

11.1.1985 Franz WEGART folgt Franz FELDGRILL als Landespräsident. Kurt JUNGWIRTH wird Landeshauptmann-Stellvertreter, der Grazer Bürgermeister Franz HASIBA wird Landesrat.

21.09.1986 – Landtagswahl   ÖVP   51,8 %   30 Mandate
                                     SPÖ   37,6 %   22 Mandate
                                     FPÖ   4,6 %   2 Mandate
                                     Grüne   3,7 %   2 Mandate
Landeshauptmann Josef KRAINER läßt sein erfolgreiches Regierungsteam unverändert.

23.11.1986 – Nationalratswahl   Österr.   Stmk.
                                       ÖVP   41,3 %   41,00 %
                                       SPÖ   43,1 %   44,09 %
                                       FPÖ   9,7 %   9,93 %
                                       Grüne   4,8 %   4,08 %

Jänner 1987: Nach Bildung der großen Koalition auf Bundesebene wird Josef RIEGLER Landwirtschaftsminister. Ihm folgt in der Landesregierung Hermann SCHALLER.

Mai 1988 Waltraud KLASNIC wird in der Nachfolge Helmut HEIDINGER Wirtschaftslandesrätin.

15./16.9.1989 VP-Landesparteitag: Landesparteiobmann Landeshauptmann Josef KRAINER wiedergewählt und schlägt Gerhard HIRSCHMANN als geschäftsführenden Landesparteiobmann vor.

7.10.1990 – Nationalratswahl

	Österr.	Stmk.
ÖVP	32,06 %	33,18 %
SPÖ	42,80 %	43,33 %
FPÖ	16,63 %	16,83 %
Grüne	4,78 %	4,78 %

22.09.1991 – Landtagswahl

ÖVP	44,2 %	26 Mandate
SPÖ	34,9 %	21 Mandate
FPÖ	15,4 %	9 Mandate
Grüne	2,9 %	kein Mandat

Nach den Landtagswahlen scheiden Kurt JUNGWIRTH und Hermann SCHALLER aus dem VP-Landesregierungsteam aus. Franz HASIBA wird LH-Stv., Waltraud KLASNIC übernimmt zum Wirtschafts- und Fremdenverkehrs- auch das Verkehrsressort, Erich PÖLTL wird neuer Agrar- und Umwelt-Landesrat.

Der SP-Regierungsmannschaft gehören der Erste LHStv. Peter SCHACHNER-BLAZIZEK, der 1990 Hans GROSS ablöste, Hans-Joachim RESSEL, Dieter STRENITZ und Erich TSCHERNITZ an. Neu in der Regierung ist der von der FPÖ gestellte Landesrat Michael SCHMID.

23./24.10.1992 VP-Landesparteitag: Landesparteiobmann Landeshauptmann Josef KRAINER und gfd. Landesparteiobmann Gerhard HIRSCHMANN wiedergewählt.

Okt. 1993 Franz HASIBA wird als Nachfolger von Franz WEGART Landtagspräsident, Waltraud KLASNIC die erste weibliche LH-Stellvertreterin der Steiermark und Gerhard HIRSCHMANN Landesrat.

10.10.1994 – Nationalratswahl

	Österr.	Stmk.
ÖVP	27,67 %	27,45 %
SPÖ	34,92 %	36,60 %
FPÖ	22,50 %	23,43 %
LIF	5,97 %	4,93 %
Grüne	7,31 %	6,17 %

17.12.1995 – Nationalratswahl

	Österr.	Stmk.
ÖVP	28,3 %	29,6 %
SPÖ	38,3 %	39,9 %
FPÖ	22,1 %	21,3 %
Grüne	4,6 %	3,8 %
LIF	5,3 %	4,0 %

– Landtagswahl

ÖVP	36,25 %	21 Mandate
SPÖ	35,93 %	21 Mandate
FPÖ	17,15 %	10 Mandate
Grüne	4,31 %	2 Mandate
LIF	3,84 %	2 Mandate

Josef KRAINER gibt seinen Rücktritt als Landeshauptmann bekannt.

23.1.1996 Josef KRAINER hält seine Abschiedsrede im Landtag. Waltraud KLASNIC wird als erste Frau an die Spitze eines österreichischen Bundeslandes gewählt.

9.3.1996 VP-Landesparteitag: Josef KRAINER wird per Akklamation zum Ehrenobmann der Steirischen VP gewählt. Waltraud KLASNIC wird zur Landesparteiobfrau gewählt.

Anmerkungen

1 Wenn nicht anders angegeben, beruhen alle Krainer-Zitate auf mehreren ausführlichen Tonband-Interviews mit Josef Krainer im Frühjahr und Frühsommer 1996.
2 Tonband-Interview mit Dr. Gerhard Hirschmann im Mai 1996 (auch die weiteren Zitate).
3 Tonband-Interview mit Dr. Bernd Schilcher im Mai 1996 (auch die weiteren Zitate).
4 Harald Sommer, „A unhamlich schtorka Obgaung", 1970 beim „steirischen herbst" uraufgeführt.
5 Hanns Koren, Max Mayr, Kurt Wimmer, „Josef Krainer – ein Leben für die Steiermark", Graz–Wien–Köln 1981, S. 11. 6 Karl II., Erzherzog von Österreich 1540–1590, übernimmt 1564 die Herrschaft in Innerösterreich (Steiermark, Kärnten, Krain, Triest und das Küstenland).
7 Die biographischen Angaben stützen sich auf Koren–Mayr–Wimmer, a. a. O., und Ernst Trost, „Vater Krainer", Dokumentarfilm, ORF 1991, sowie auf Gespräche des Autors mit Hans Vollmann, Franz Spenger und der Familie Hirn.
8 Zitiert nach Trost, a. a. O.
9 Koren–Mayr–Wimmer, a. a. O., S. 142.
10 Die Ziffern laut Walter Zitzenbacher, „LandesChronik Steiermark", Wien-München 1988.
11 Tonband-Interview mit Anni Strempfl geb. Krainer im Mai 1996 (auch die weiteren Zitate).
12 Tonband-Interview mit Dr. Heinz Krainer im Mai 1996 (auch die weiteren Zitate).
13 Tonband-Interview mit Willibald Pennitz im Mai 1996 (auch die weiteren Zitate).
14 Jahresbericht 1946/47 des Oeverseegymnasiums.
15 Ziffern laut „LandesChronik Steiermark", a. a. O.
16 „Kleine Zeitung" Graz, 16. März 1985.
17 Jahresbericht, a. a. O.
18 Tonband-Interview mit Hofrat Dr. Franz Leopold im Mai 1996.

19 Jahresbericht des Oeverseegymnasiums für das Schuljahr 1948/49.
20 Zitiert nach Koren–Mayr–Wimmer, a. a. O.
21 Tonband-Interview mit Franz Wegart im Mai 1996 (auch die weiteren Zitate).
22 „Der Mann des Denkanstoßes – Versuch einer Charakterisierung des Josef Krainer", in: Gerd Bacher, Karl Schwarzenberg, Josef Taus (Hg.), „Standort Österreich", Graz–Wien–Köln 1990.
23 Tonbandprotokoll der Rede Josef Krainers beim privaten Fest zum 60. Geburtstag in Gasselsdorf am 5. Juli 1990.
24 ORF-Interview mit Rosemarie Krainer 1981.
25 Tonband-Interview mit Univ.-Prof. Dr. Wolfgang Mantl im Mai 1996 (auch die weiteren Zitate).
26 Tonband-Interview mit DDr. Rupert Gmoser im Mai 1996 (auch die weiteren Zitate).
27 Rede in Gasselsdorf, a. a. O.
28 Tonband-Interview mit Dr. Erhard Busek im Juli 1996 (auch die weiteren Zitate).
29 Tonband-Interview mit Prälat Dr. Willibald Rodler, Leiter des bischöflichen Amtes für Schule und Bildung der Diözese Graz-Seckau (auch die weiteren Zitate).
30 Antwort auf eine Politikerbefragung des Oberstufenrealgymnasiums St. Ursula in Klagenfurt im Mai 1994.
31 Gasselsdorfer Rede, a. a. O.
32 Politikerbefragung, a. a. O.
33 Tonband-Interview mit Dr. Fritz Csoklich im Mai 1996 (auch die weiteren Zitate).
34 Koren–Mayr–Wimmer, a. a. O.
35 Protokoll Nationalrat, XII. Gesetzgebungsperiode, 21. Sitzung – 2. Dezember 1970.
36 Tonband-Interview mit Landtagspräsident Franz Hasiba im Mai 1996 (auch die weiteren Zitate).
37 Koren–Mayr–Wimmer, a. a. O.
38 Tonband-Interview mit Frau Landeshauptmann Waltraud Klasnic im Mai 1996 (auch die weiteren Zitate).
39 Alle Redenzitate „Stenographischer Bericht der 19. Sitzung des Steiermärkischen Landtags, IX. Gesetzgebungsperiode – 4. Juli 1980".

40) Wolfgang Pesendorfer, „Der Landeshauptmann", Wien-New York.
41) Zitate aus der Regierungserklärung nach „Stenographischer Bericht – 1. Sitzung des Steiermärkischen Landtags X. Gesetzgebungsperiode – 21. Oktober 1981".
42) Manfred Prisching, „Facetten der Steiermark – Aspekte der Sozialstruktur", in: „Standort Steiermark", Sonderheft „Politicum" 66, Graz 1995.
43) Hannes Burger, „Nach 800 Jahren noch Grenzlandprobleme", in: „Süddeutsche Zeitung" vom 28./29. Juni 1980.
44) Prisching, a. a. O.
45) "Stenographischer Bericht", a. a. O.
46) Koren–Mayr–Wimmer, a. a. O.
47) Gunther Tichy, „Endogene Erneuerung der Steirischen Wirtschaft", in: „Standort Steiermark", a. a. O.
48) „Luftraumüberwachung", Informationsbroschüre der Luftstreitkräfte, BMLV R1722.
49) Josef Bernecker, „Das österreichische Luftraumüberwachungsflugzeug Saab 35 OE, Draken" („Truppendienst", 24. Jahrgang, Sonderdruck Oktober 1985, S.3).
50) Bernecker, a. a. O., S. 1.
51) „Neue Kronen Zeitung", 5. Mai 1985.
52) „Neue Kronen Zeitung", 10. Mai 1985.
53) Bernecker, a. a. O., S. 6.
54) „Neue Kronen Zeitung – Steirerkrone", 18. Oktober 1987.
55) Zitate aus der Regierungserklärung nach dem Manuskript vom 6. Dezember 1986.
56) Hanns Koren, „Steirische Anlässe", Graz–Wien–Köln 1982.
57) Zitiert nach „LandesChronik Steiermark", a. a.O.
58) „LandesChronik Steiermark", a. a. O.
59) Bacher, a. a. O.
60) Rudolf Stamm, „Ein Geburtstag in der Steiermark", „Neue Zürcher Zeitung", 21. September 1990.
61) In: Wolfgang Mantl (Hg.), „Die neue Architektur Europas – Reflexionen in einer bedrohten Welt", Wien–Köln–Graz 1991.
62) dtv-Lexikon, München 1981.
63) Tonband-Interview mit Karl Fürst Schwarzenberg im Juni 1996 (auch die weiteren Zitate).

64 Bacher, a. a. O.
65 Zitiert nach Carlo Schmid (Hg.), „Macchiavelli", Frankfurt–Hamburg 1956.
66 Tonband-Interview mit Dr. Johannes Koren, Pressechef der Handelskammer Steiermark (wie auch die weiteren Zitate).
67 Bildungszentrum der ÖVP Steiermark in Graz.
68 Alle Zitate von der akademischen Feier am 30. Mai 1988 nach den Manuskripten der Reden.
69 Nach dem Manuskript der Rede im Steiermärkischen Landtag am 1. Juli 1991 in Graz.
70 Josef Krainer, „Unser Standort im neuen Europa", in: Mantl, a. a. O.
71 Tonband-Interview mit Dr. Alexander Götz, Präsident der Grazer Südost-Messe (auch die weiteren Zitate).
72 Krainer, a. a. O.
73 Koren, a. a. O.
74 Josef Krainer in einer Radiodiskussion auf Schloß Seggau am 7. Dezember 1995.
75 Busek, a. a. O.
76 Koren, a. a. O.
77 Koren, a. a. O.
78 Nach dem Manuskript der Regierungserklärung am 18. Oktober 1991.
79 Prisching, a. a. O.
80 Tonband-Interview mit Alfred Stingl, Bürgermeister von Graz (auch die weiteren Zitate).
81 Josef Krainer, Wolfgang Mantl (Hg.), „Ortsbestimmung – Politik, Wirtschaft, Europa", 1991.
82 Nach dem Manuskript seiner Rede in Graz am 11. November 1991.
83 Interne ÖVP-Studie „Politik August 1995 aus steirischer Sicht".
84 Radiodiskussion, a. a. O.

Personenregister:

Andreotti, Giulio 286
Anton, Bauer 54
Arnold, NS-Ortsgruppenleiter 66
Assigall, Peter 68
Attems, Edmund Graf 184
Attems, Ignaz Maria Graf 182

Bacher, Gerd 86, 236, 246
Balthasar, Urs von 106
Bartenstein, Martin 12, 117, 351, 353
Bartoszewski, Wladislaw 244
Bauer, Baumeister 69
Bernecker, Josef 213, 217
Bernini, Carlo 244
Birendra, König von Nepal 268
Blemattl, Isidor 133
Boeckl, Herbert 184, 360
Boulez, Pierre 278
Böhm, Karl 31
Böll, Heinrich 173
Bracher, Karl Dietrich 244
Brandauer, Klaus Maria *330*
Brandl, Josef 25
Brandt, Willy 257, 269, 283
Brühl, Kurt D. *258*
Brunner, Gerhard 277
Buchner, Hermann 136
Busek, Erhard 101, 105, 108-109, 112, 114, 119, 147, 191, 234, 245, *261*, 285, 288, 294, 319, 337, 342-343, 360-361
Bush, George 283

Carnogursky, Jan 246
Chardin, Teilhard de 103, 107
Churchill, Winston 362
Clary-Aldringen, Manfred Graf 184
Claudel, Paul 103
Corti, Axel 145
Cortolezis, Candidus 218, *262*
Csoklich, Fritz 109-110, 146, 310, 337-338, 344, 352
Cwienk, Ewald *158*

Dalai Lama *259*, 268
Danhauser sen., Josef 182
Deferre, Gaston 268
Demut, Anna 237
Dienstleder, Alois 70
Dollfuß, Engelbert 45-46
Drimmel, Heinrich 101
Durnwalder, Luis 243
Dusek, Rosemarie, siehe Krainer, Rosemarie

Eberstein, Otto von 182
Ecclestone, Bernie 312
Eisenhower, Dwight D. 91
Ekbert von Bamberg, Bischof 182
Eybner, Richard 89

Fanfani, Amintore 268
Fasslabend, Werner 284-285
Fastl, Anton 105, 142
Feldgrill, Franz *162*
Feldgrill-Zankel, Ruth 117, 129
Figl, Leopold 77, 108
Fischer, Joschka 244
Fischler, Franz *261*
Franz Joseph I., Kaiser v. Österr. 183-184
Franz von Assisi 106
Friedrich der Streitbare, Hz. v. Österr. 182
Friedrich I. Barbarossa 232
Friedrich II., Kaiser 182
Friedrich III., Kaiser 184

Frischenschlager, Friedhelm 212, 214
Fuchs, Hans-Georg 196
Fuchs, Walter 223
Gebert, Horst *333*
Genscher, Hans Dietrich 286
Gerstl, Alfred 271
Gmoser, Rupert 99-100, 202, 221, 235-236, 307, 345
Goetz, Diego Hanns 99
Gorbach, Alfons 52, 61, 66, 75, 117, 171, 308, 343, 345
Götz, Alexander 144, 289, 344
Grogger, Paula 175
Gross, Hans 152, 154, 202, 220, 305
Grosser, Alfred 97
Gruber, Winfried *158*

Hafner, Hans 109
Haider, Jörg 227, 240, 341-342, 344-345, 360
Handke, Peter 174
Harnoncourt, Nikolaus 277, *330*
Hasiba, Franz 12, 124-126, 129, 144, *262*, *332*, 339
Havel, Vaclav 245, 336
Heer, Friedrich 111
Heidinger, Helmut *262*
Heinrich der Löwe, Herzog 232
Hiermann, Gendarm 66
Hirn, Kajetan 25
Hirschmann, Gerhard 11-13, 125, 192-193, 204, 214-215, 222, 235, 248, 250, *262*, *263*, 304, 310-311, 318, *332*, 335, 338, 340, 350-354, 358, 362
Hitler, Adolf 50, 52, 66, 171
Hoess, Fritz 238, *334*
Hofmann-Wellenhof, Otto *171*
Höller, Ernst *331*
Hösele, Herwig 12, *263*
Hussein, König von Jordanien 268

Illig, Udo 117, 154
Iacocca, Lee *333*
Johann, Erzherzog 21, 178, 181, 198, 238, 241-242, 245-246, 275
Johannes Paul II., Papst *253-245*, 269
Johnston, William M. *331*
Jonas, Franz 134
Jones, Grace 272
Josef II., Kaiser v. Österr. 183
Jungwirth, Kurt 196, *261*, *262*, 337

Kahlbacher, Willi 104
Kalnoky, Lindi *332*
Kapellari, Egon 104
Karl II. Erzherzog von Innerösterreich, 21, 184, 275
Karl I., Kaiser 184
Kennedy, Ethel 271
Kennedy, John F. 93. 97, 270-271
Kennedy, Rose 271
Kennedy, Ted 271, *329*
Kennedy-Onassis, Jackie 272
Kepler, Johannes 275
Ki-Zerbo, Joseph 245
King, Martin Luther 93
Kirchschläger, Rudolf 186, 360
Kissinger, Henry 244
Klasnic, Waltraud 12, 149, 188, *262*, *264*, 273, 295, 310, 325, *332*, 338, 346, 350-357
Klaus, Josef 101, 114, 116
Klestil, Thomass *333*
Klug, Primarius 131
Knall, Dieter 176, *255*
Kohl, Helmut *257*, 268, 283, 286
Koiner, Simon 196
Kolakowski, Leszek 241
Koller, Franz 138
Kolleritsch, Alfred 174, *331*
Kolleritsch, Otto 277
König, Franz *255*

Koren, Hanns 18-19, 23, 109, 122, 129, 134, 138, 152, *156*, *171*, 179, 186, 196, 232, 238, 243, 277, 290, 293, *331*
Koren, Johannes 129, 249, 278
Korhel, Erna 89
Krainer, Anni 29, 32, *34, 36-37*, 51, 54, 67, 72, 86, 90, 132, 135
Krainer, Dorli *37,* 49, 87
Krainer, Ferdinand 112, *170,* 267, 336
Krainer, Franz 16, 112, *170,* 180, 266, *336*
Krainer, Fritz *36-37,* 49, 76, 84, 87
Krainer, Georg 112, *170,* 267, 336
Krainer, Heinz *36-37,* 49, 57-58, 76, 87, 139, 180
Krainer, Johanna 112, *170,* 266, 336
Krainer, Josef sen. 18, 24, 26, *34, 36-37,* 51-54, 60, 67-68, 73, 75, 79, 84, 86, 112, 116, 118, 126-128, 130--137, 140-141, 143, 152, *157, 160,* 186, 191, 195, 204, 246, 292, 305, 308, 317, 321, 350
Krainer, Josef (Sohn) *170, 336*
Krainer, Josefa *34, 36,* 84, 85-86
Krainer, Rosemarie (siehe Dusek) 16, *43-44,* 88, 90, 95, 96, 106, 112, *170,* 263, 265-267, 324, *336*, 360, 364
Krainer, Theresia 24-25
Kraus, Karl 185
Kreisky, Bruno 116, 118, 120-121, 134, 141, 185-187, 203-204, *260*, 287, 362
Krottmayer, vulgo Glirsch 68
Krömer, Professor 89
Krünes, Helmut 212
Kucan, Milan 281-282

Lechner, Hans 117
Lendl, Hubert *158*
Lendvai, Paul 245
Leopold I., Kaiser v. Österr. 246
Leopold V., Herzog 232
Leopold, Franz 80
Lichal, Robert 212, 219-220, 222-223
Lippe, Anton 112
Lopatka, Reinhold 12, *263*

Macchiavelli, Niccolò 247
Macharski, Kardinal Franciszek 269
Machold, Reinhard 70, 308
Magnago, Silvius *256*
Maitz, Karl 145
Mandela, Nelson 93
Mantl, Wolfgang 98, 112, 122-123, 229-230, 242, 288, 303, 319, *334*, 363
Maria Theresia, Kaiserin 181, 183
Maria von Bayern, Erzherzogin 21
Mauer, Otto 99, 104
Maurer, Andreas 117, 133
Maurer, Karl 218
Mauthe, Jörg 237
Mayer-Maly, Theo 219
Menem, Carlos 269
Meran, Franz Graf 198
Mesic, Stipe 294
Mitter, Heinrich 274, 276
Mitterand, François 268
Mock, Alois 116, 240, *261*, 285-286, 316, 319
Moro, Aldo 268
Moser, Josef 187
Moser, Raimund 24
Moswitzer, Gerhardt 357
Möse, Josef 218-219
Muster, Thomas *332*
Myrdal, Gunnar 120

Neubacher, Karl 129
Newman, John 103
Niederl, Fritz 23, 77, 125, 134-137, 138-146, 148, 150, 153, *161,* 171, 181, 196, 287, 290, 343
Nitze, Paul 97
Noelle-Neumann, Elisabeth 313

Olah, Franz 360
Oliva, Achille Benito 278
Otakar IV., Herzog 232
Ottokar II. Přemysl 183
Paul VI., Papst 120
Pannold, Wilhelm *158*
Peguy, Charles 103
Peltzmann, Anton 136, 138, 195
Pennitz, Willibald *35*, 59-61, 72, 80-81, 85, 106
Peter, Friedrich 121
Peterle, Lojze 244, *259*, 282, 285-286, 295
Pfrimer, Walter 45
Piffl-Perčević, Theodor 116-117
Pirchegger, Anton 77, 82
Pöltl, Erich 12, 352
Prirsch, Ferdinand 137, 142
Prisching, Manfred 200, 302
Pujol, Jordi 360
Purtscher, Martin 119

Raab, Julius 107, 127, 362
Rabl, Peter 220
Rahner, Karl 106-107
Rainer, Alfred 126
Ratzenböck, Josef 281
Reichenpfader, Ludwig 103
Renner, Karl 67
Riegler, Josef 105, 109, 117, 240, *261*, *262*, 319
Rintelen, Anton 46
Rodler, Willibald 102, 105

Rosegger, Peter 175, 181, 199
Roth, Gerhard 174
Rovan, Joseph 244
Rusk, Dean 93

Sallinger, Rudolf 117
Santer, Jacques *258*, 268, 282
Schachner-Blazizek, Alfred 305
Schachner-Blazizek, Peter 8, 15, 297, 304-306, 309, 323, 357
Schaller, Hermann 240
Schelch, Josef 66
Schellauf, Alois 130
Scherbaum, Gustav 133
Schilcher, Bernd 12, 112, 115, 123-124, 129, 148, 153, 180, 192, 194, 215, 220-221, 223, 248, *262*, 317-318, 326, 336
Schleinzer, Karl 117, 134
Schmid, Hans 50
Schmidt, Franz 112
Schoiswohl, Josef 101, *158*
Schuschnigg, Kurt *42*, 46, 50, 95
Schüssel, Wolfgang 102, *261*, 346-347
Schützenhöfer, Hermann 12
Schuy, Stefan 276
Schwarzenberg, Karl Fürst 175, 245-246, 248, *334*, 336, 362
Schwarzenegger, Arnold 270-272, *329*
Sebastian, Adalbert 140, 154, 308
Seipel, Ignaz 26
Sekanina, Karl 187
Shriver, Eunice 270
Shriver, Maria 270, *329*
Shriver, Sargent 272
Silajdžić, Haris 294
Silveri, Alexander *158*
Sinowatz, Fred 211-212
Smith, Jane 271
Sommaruga, Cornelio *334*
Sonnenfeldt, Helmut 244

Sonnleitner, Anna 54
Sonnleitner, Josefa, siehe
 Krainer, Josefa
Sorensen, Ted 272
Späth, Lothar 243
Spenger, Franz *39*
Stalin, Josef 67, 292
Stamm, Rudolf 242
Steiner, Hans *158*
Stepan, Karl Maria 46, 52, 61, 66, 172
Stevenson, Adlai 91
Stingl, Alfred *257*, 306, 345
Stourzh, Gerald 244
Streibl, Max 286
Strempfl, Franz 86
Strobl, Helmut 129
Strobl, Karl 104-105

Taaffe, Ludwig Patrick Graf 182
Taus, Josef 117
Tautscher, Anton 88, 111-112
Thatcher, Margaret *258*, 267-268
Thoma, Franz 117
Thorn, Gaston 269
Tito, Josip Broz 69, 71, 283, 287, 292
Tomasek, Erzbischof 269-270
Tropper, Alfons 124, 131, 145-147
Truman, Harry 91
Tschernomyrdin, Viktor 269
Tudjman, Franjo 282

Uiberreither, Sigfried 52
Ungar, Leopold 99
Vollmann, Benedikt 25, *39*, *44*, 49, 105, 112
Vorhofer, Kurt 76
Vranitzky, Franz 10, 13, 212, 219, 285, 346-347

Waldorf, Günter 350
Wallisch, Koloman 46
Wallner, Josef 113, 142
Wallnöfer, Eduard 133
Walters, Barbara 272
Warhol, Andy 272
Weber, Johann 31, 176, *254*
Weber, Max 226
Weber-Mzell, Kurt *158*
Wegart, Franz 85, 126-128, 136-137, 140, 147, *171*, 196, 204, 221, *332*, 236, *262*, 272, 306, 308-309, 317, 324-325, 346, 358
Weizsäcker, Richard von *256*, 268
Wickenburg, Alfred *158*
Withalm, Hermann 116
Wolkinger, Franz 218

Zankel, Ruth, siehe Feldgrill-Zankel, Ruth
Zernatto, Christof 281, 286
Zilk, Helmut 281
Zita, Kaiserin v. Österr. *260*
Zundritsch, Otto 94

Bildquellennachweis:

Amsüss, Contrast, Foto Hanns Ebner Jun., Franz Hubmann, Gerhard Ohrt, Peter Philipp - Foto-Boutique, Fotoarchiv Steirische Volkspartei, Harry Stuhlhofer, Stuhlhofer & Dusek, Steffen-Lichtbild
Foto Felici, Christian Jungwirth, Sigrid Brandner, Ferdinand Krainer
Familienarchiv Krainer

Ernst Trost

Das tausendjährige Österreich

Sachbuch

*304 Seiten, mit zahlreichen Abbildungen, gebunden,
Schutzumschlag 4fbg.
Format 14,5 x 21,6 cm
DM 52.-, öS 348.-, sFr 52.-
ISBN 3-900436-14-2*

Gottfried von Einem

Ich hab' unendlich viel erlebt

Autobiographie

*408 Seiten, 66 Abbildungen,
Schutzumschlag 4fbg.,
Format 13 x 21 cm
DM 59,-, öS 398,-, sFr. 59,-
ISBN 3-900436-20-7*

Therese von Schwarzenberg

Mein Weg zurück ins Leben

Bericht einer Ärztin

*248 Seiten, 29 Abbildungen, gebunden,
Schutzumschlag 4fbg. Format 13 x 21 cm
DM 38,-, öS 268,-, sFr 38,-
ISBN 3-900436-15-0*